U0128205

數位匯流之跨媒介敘事傳播

改編產業、故事品牌與人工智慧協力趨勢

作者：賴玉釵

本書為國科會〈「數位匯流之跨媒介敘事傳播：改編產業、故事品牌及迷因傳散」專書寫作計畫〉（MOST 110-2410-H-130 -035 -）研究成果

目　次

目次 iii

謝辭 v

第 1 章　跨媒介敘事傳播取徑綜述：改編產業、迷因共創、人工智慧熱潮

壹、跨媒介敘事與改編潮流 1

貳、跨媒介故事網絡：敘事延展、媒介延展 7

參、改編產業、跨媒介敘事與取材類別 11

肆、業餘閱聽人參與文化：身體感知與迷因創作 20

伍、統攝各取向之研究方法 23

陸、章節規劃 28

第 2 章　改編產業與「童話／民間故事」取材方向

壹、研究緣起 49

貳、文獻探索 53

參、研究方法與分析架構 65

肆、研究分析與討論 70

伍、結語 82

第 3 章　改編產業與「經典活化」取材方向

壹、文學轉譯、經典活化與 OTT 分齡策略 99

貳、經典文學轉譯與年長閱聽族群：BBC 活化經典文學
　　《福爾摩斯》 100

參、經典文學轉譯與兒少閱聽族群：OTT 影音與繪本閱
　　讀推廣 109

第 4 章　改編產業與原作者執筆 / 官方授權

壹、授權經濟與懷舊脈絡：以《哈利波特》系列為例 135

貳、文獻探索 138

參、研究方法 142

肆、研究分析與討論 146

伍、結語 158

第 5 章　閱聽人參與文化與迷因創作

壹、迷因再製與跨媒介故事網絡 171

貳、閱聽人身體感與迷因再製：「味覺想像」篇 172

參、閱聽人身體感與迷因再製：「聽覺想像」篇 176

肆、結語：閱聽人身體感知、迷因再製、跨媒介轉譯 200

**第 6 章　跨媒介敘事與展望：兼論人工智慧輔助創作之敘事
　　　　　素養**

壹、各章概述 211

貳、跨媒介敘事之新美學形態：人工智慧生成藝術 219

參、人工智慧生成內容趨勢之圖像敘事素養 229

肆、研究與實務建議 246

伍、本書貢獻 250

謝　辭

　　跨媒介敘事為流傳千古的類型，如《聖經》由口傳轉為文字、宗教畫、YouTube 牧師證道、臉書迷因等，即為顯著案例。隨著數位匯流興起，各家串流平台百花齊放，敘事者如何運用不同類型「轉譯」文本，也屬眾所關切焦點。近年更有「人工智慧生成內容」（AIGC）、「人工智慧生成藝術」（AIGA）等討論。人工智慧等科技如何協助影視產業工作者處理細節，讓敘事者更能專注於靈感創作發想，已為目前傳播領域、媒體藝術領域熱議話題。

　　本書以「改編產業」為出發點，分述跨媒介敘事之研究圖譜，討論面向包括「口傳文學／民間故事」、「特定文學巨擘的經典轉譯」、「授權經濟與故事資產」、「閱聽人參與文化」，再以「人工智慧輔助跨媒介產業」作結。

　　從歷史發展來說，敘事者轉譯文本為故事素材時，可從集體況味的「口傳文學」或民間故事著手，著名如德國《格林童話》、法國《鵝媽媽故事集》等皆屬之。此外，敘事者也可轉譯「經典文學」巨擘作品，運用影視、電玩、音樂創作等類型呈現，或衍生為 YouTube 影音串流作品，協助閱讀推廣。近年亦有故事原創者投入跨媒介產業，參與改編劇本團隊、共同思考影視美術設計等，展現「故事資產」及「授權經濟」面貌。再如「閱聽人參與」、迷群文化等表現，也屬故事宇宙之重要一環。如閱聽人的同人誌、再創作等，常連結身體感而詮釋原作，融入個人見解以展現作品面貌。本書試以聽覺及味覺向度出發，說明閱聽人的身體感知、詮釋文本及再現故事。

　　人工智慧生成內容爆發，除了引發好萊塢編劇等勞動權議題，也引發著

作權歸屬的討論。本書最終章試以「人類主導、掌控」及「AI 輔助」切入，說明人工智慧等科技（或素材）提供傳播敘事者之協助。如 2022 年「Hello Ouchhh：AI 數據藝術展」即有「人工智慧生成藝術」展品，土耳其創作團隊蒐集臺灣鯨豚生態資訊、融合臺灣民謠〈雨夜花〉及〈望春風〉等，轉譯為科技演算的媒體藝術。此外，雲門舞集五十周年劇作《波》與真鍋大度合作，導入人工智慧技術，「視覺化」舞者影像、打破編舞慣性。

藝術創作者以名家畫作為基底，結合生成式藝術、個人詮釋以轉譯名家作品。再如「双融域 AMBI SPACE ONE」之「Re：江賢二——數位冥想‧江賢二光影沈浸展」，即向藝術家江賢二致敬。展演團隊融入電腦程式撰寫、音樂搭配、雲門舞者影像等數位素材，再詮釋藝術家畫作。或如 2023 年「臺北美術獎」優選獎得主陳姿尹作品，援引「人工智慧」處理照片雜訊、提高照片清晰度等為例，試圖展現創作者的主體性、人與科技交互試探歷程。另如 2023 年當代藝術館展覽「你好，人類！Hello, Human!」集結眾多人工智慧生成藝術討論，真鍋大度、Lev Manovich、松尾公也 Koya Matsuo 等國際名家均提供不同思考面向，談論媒體藝術可能性。相關討論亦不停息，2023 年臺北雙年展即有 Samia Halaby 與鮑藹倫對話，思考人工智慧對於創作者考驗，或復刻既有作品，延伸更多文本轉譯可能。本書除了說明人工智慧與跨媒介敘事主題，並闡釋學理創見、教學實務貢獻等，盼更緊密銜接傳播產業脈絡。

本書之所以能順利出版，感謝國科會〈「數位匯流之跨媒介敘事傳播：改編產業、故事品牌及迷因傳散」專書寫作計畫〉（MOST 110-2410-H-130-035 -）挹助，也敬謝匿名評審惠賜寶貴建議。

其中〈第 1 章跨媒介敘事傳播取徑綜述：改編產業、迷因共創、人工智慧熱潮〉及〈第 6 章：跨媒介敘事與展望：兼論人工智慧輔助創作之敘事素養〉，同屬國科會〈「數位匯流之跨媒介敘事傳播：改編產業、故事品牌及

迷因傳散」專書寫作計畫〉（MOST 110-2410-H-130 -035 -）部分研究成果。筆者撰述人工智慧生成藝術、AI 與身體感、AI 美學時，聆聽臺北當代藝術館「你好，人類！Hello, Human!」之專家座談、策展人導覽。筆者聆聽「AI 不是藝術？」講座時，也請益 AI 藝術家真鍋大度的觀點；並在 2024/1/27 導覽結束後，請教策展人、數位藝術家林欣傑之見解。筆者整理 2022 年迄 2024 年之「人工智慧生成藝術」觀展筆記，涵蓋 AI 畫作、舞蹈展演、沉浸敘事空間等形態。筆者也整理「AI 不是藝術？」等多場講座之手寫筆記，並匯整 AI 生成藝術者之觀察（含筆者個別請益內容），寫就人工智慧生成內容、AI 美學等討論。

　　〈第 2 章：改編產業與「童話／民間故事」取材方向〉，出自下列國科會（科技部）計畫之部分研究結果：〈從想像、觀影到主題旅行：跨媒介故事網絡、閱聽人參與及美感體驗：以《哈利波特》為例〉（MOST 106-2410-H-130 -031 -）及〈跨媒介角色之故事網絡、紀實支線與閱聽人跨平台詮釋：以經典童話角色之再建構為例〉（MOST 107-2410-H-130-017 -）。本書也針對已出版期刊著作，深化「故事宇宙」等討論：賴玉釵（2020 年 4 月）。〈閱聽人詮釋跨媒介角色之紀實支線歷程初探：以經典童話角色為例〉。《新聞學研究》（TSSCI）。143: 55-111。

　　〈第 3 章：改編產業與「經典活化」取材方向〉出自國科會（科技部）計畫部分研究成果〈圖像敘事之跨媒介轉述與閱聽人美感反應：以繪本改編動畫之「媒介間互文性」為例〉（MOST 103-2410-H-130-036-MY2）。本章部分素材深化已出版之專章討論：賴玉釵（2016）。〈創新敘事策略與跨平台串流：以 BBC《新世紀福爾摩斯》跨媒介敘事網絡為例〉，彭芸（編），《創新、創意、創世紀論文集》，頁 165-191。台北：風雲論壇。

　　〈第 4 章：改編產業與原作者執筆／官方授權〉出自國科會（科技部）計畫成果〈從想像、觀影到主題旅行：跨媒介故事網絡、閱聽人參與及美感

體驗：以《哈利波特》為例〉（MOST 106-2410-H-130 -031 -），若干數位策展討論出自國科會（科技部）研究發現〈自然書寫（nature writing）、跨媒介故事網絡與閱聽人多平台詮釋：從自然素材「圖像化」談起〉（MOST 108-2410-H-130 -040 -）。本書參照已出版期刊論文，針對《哈利波特》故事宇宙近年發展，再增補後傳音樂劇《哈利波特：被咀咒的孩子》、前傳電影《怪獸與牠們的產地》系列，闡釋故事品牌建構歷程。作者深化論述篇目如下：

★賴玉釵（2018 年 10 月）。〈奇幻經典之跨媒介網絡建構及敘事策略初探：以《哈利波特》故事網絡為例〉。《新聞學研究》，137: 133-183。

★賴玉釵（2019 年 11 月）。〈閱聽人詮釋《哈利波特》故事網絡之跨媒介地景歷程初探：以虛構文本、文學地景及周邊為例〉。《傳播文化》。18: 44-93。

〈第 5 章：閱聽人參與文化與迷因創作〉出自國科會（科技部）〈「數位匯流之跨媒介敘事傳播：改編產業、故事品牌及迷因傳散」專書寫作計畫〉（MOST 110-2410-H-130 -035 -）研究成果。本書也針對已出版之期刊著作，深化「身體感知」等討論。參照期刊篇目包括：賴玉釵（2023 年 7 月）。〈跨媒介料理：互動性敘事中迷因再製之研究〉。《傳播研究與實踐》。13(2): 219-262。

作者也同時感謝銘傳大學之教學環境，力求學理與產業接軌。筆者敬謝銘傳大學之研究環境，讓作者全心投入專書寫作。作者也謝謝政治大學傳播學院名譽教授鍾蔚文教授開設「AI 讀書會」及「AI 與傳播前瞻計畫研究群」，讓筆者有機會接觸人工智慧、生成式藝術等課題。本書最終章的部分初稿內容，曾於「臺灣大學新聞研究所論壇」、政治大學傳播學院、文化大學新聞學系、世新大學「AI 與傳播創新：高等教育的趨勢與挑戰研討會」分享，也

在「繪本、生活、樂讀會」交流（書林出版社舉行）。筆者感謝師長先進惠賜建議，受益良多。

　　本書撰寫時，「人工智慧」與「著作權歸屬」熱議方興。筆者曾前往「鴻安法律事務所」與執業律師開會，請教法律資訊。筆者以手繪畫作衍生若干「人工智慧生成作品」，亦請律師提供初步法律評估。筆者聆聽大法官、司法官、執業律師等說明，參酌法律專業見解以投入後續「人工智慧生成內容」教學及研究。本書封面的女子讀書圖像，是由 AI 生成。作者以自己的作品提供給 Midjourney AI 系統，再讓 AI 模仿印象派畫風。作者以 AI 改作圖像時，考量台灣智慧財產局 1111031 函釋，乃以人工智慧軟體為輔助創作的工具。作者敬謝法律專家惠賜卓見，一併獻上十二萬分謝意。

賴玉釵

跨媒介敘事傳播取徑綜述：改編產業、迷因共創、人工智慧熱潮

壹、跨媒介敘事與改編潮流

一、跨媒介敘事產業的發展光譜

近年跨平台及內容供應等需求增加，IP（intellectual property；「智慧財產權」縮寫）開發需除考量「文學性」及「故事性」等基本元素，也需慮及載具「媒體性」、跨媒介「適應性」等流變能力（文化部，2021a，頁23）。數位匯流加速跨媒介敘事（transmedia storytelling）產製動力，內容與「媒體流變」等跨媒介敘事傳統淵遠流長，「耶穌故事」即為跨媒介轉述之顯例（包括讀圖詩、宗教畫及社群媒體傳散等）（Jenkins, 2006; Jenkins, Ford, & Green, 2013）。以「transmedia」意涵言之，拉丁文「trans」字首意謂超越及擴張，故「transmedia」實與媒介轉化相關（Resuloğlu, 2019）。

跨媒介敘事研究者 Henry Jenkins 於 2006 年提及漫威影業等「故事網絡」；再有其他研究者應用故事品牌概念到其他類型（如樂高積木／電玩、博物館、展覽等），並提出「授權經濟」等觀察（Freeman, 2019; Kidd, 2019; Thibault, 2019）。

跨媒介敘事產業衍生諸多風貌，如 Disney 改編動畫《101 忠狗》為真人電影《時尚惡女酷伊拉》（Cruella），闡釋反派的心路歷程（泰賀，2021 年 9 月 6 日）。Disney 也轉化／翻拍舊作「公主系列」，如動畫《仙履奇緣》（Cinderella）、《阿拉丁》（Aladdin）、《睡美人》（Sleeping beauty）、《小美人魚》（The little mermaid）、《愛麗絲夢遊仙境》（Alice

in wonderland）及《美女與野獸》（*Beauty and the Beast*）均在改編名單之列；其中不乏顛覆的視角呈現，如「小美人魚」不再獨尊白人、「睡美人」拯救者未必是王子、灰姑娘的壞繼母也有淒涼際遇（波波，2019 年 7 月 19 日；Solomon, 2017; Solomon & Branagh, 2015; Solomon & Hahn, 2015）。

除了以「闔家團圓」為訴求的 Disney+，Amazon Prime、Warner Media 及 Netflix 等串流媒體 OTT 業者也當仁不讓。Amazon Prime 購買小說《魔戒》版權，改編為電視劇版本，並於紐西蘭及英國拍攝，帶動「故事行銷」的觀光契機（張盛媛，2021 年 8 月 13 日）。Warner Media 結合 HBO 及華納兄弟影業（Warner Bros. Pictures）資源，集結《哈利波特》與《權力遊戲：冰與火之歌》等故事宇宙；後者也擬與原作者合作，拍攝龍族前傳、改編短篇小說為動畫《冰龍》（Wei，2018 年 5 月 24 日；邱韞蓁，2021 年 5 月 27 日；傅珮晴、錢玉紘，2021 年 8 月 13 日）。Netflix 希望取得全世界閱聽人共鳴，故融合普同文化及在地取材等形態（Hsu，2021 年 1 月 12 日；葉慧儀、威廉・李，2021 年 10 月 1 日）。Netflix 改編法國經典《亞森羅蘋》，並由法國演員擔綱主角，結合原作典故，貼近在地風格（魯皓平，2021 年 6 月 19 日）。本劇也融入偵探名作經典情節至現代場景，另由黑人偵探詮釋羅蘋，滿足閱聽人的創新期待。

改編產業風風火火發展，產製者競相購買版權以「一源多用」，改作為多種類型、開發周邊及主題樂園等契機。不禁令人好奇，有無理論統攝此「授權經濟」的現象？說故事的學理如何解釋「IP」興起呢？改編者陸續開發經典故事，發展為多種類型的影視產品，甚至建立商標為故事品牌（narrative brand）。產製者如何滿足閱聽人對好故事的想望？敍事理論如何看待此現象？

近年跨媒介敍事研究探索改編產業及「故事品牌」建構，觀察多元素材及對應文化脈絡（Fehrle, 2019; Jenkins, 2019）。產製者盼藉故事品牌強化收益，運用品牌效力激發閱聽人「跨媒介涉入」（transmedia engagement）

（Flanagan, Mckenny, & Livingstone, 2016; Harvey, 2012）。改編者取材多元，但似乎可歸納若干光譜：起初改編者取材「口傳文學」（童話／童謠、民間故事），匯集跨世代的文本初胚。其後，改編者轉化經典為「故事資產」及「故事品牌」，逐步融入營利及銷售等考量。隨數位匯流興起，閱聽人也為自媒體，擁有發聲的權力。閱聽人改編／顛覆先前版本，轉化為自己喜愛的同人誌、流佈「網路迷因」，展現參與文化。

　　本書由上述脈絡，說明數位匯流時代「跨媒介敘事傳播」研究取徑。本書依循跨媒介考掘（transmedia archaeology）脈絡，闡釋故事取材及發展系譜。創作者收集口語傳說等「文本初胚」，匯整集體創作如《格林童話》及《鵝媽媽故事集》等定稿，再由 Dinsey 等商業機構主導而發展故事驅動的產業形態（Solomon & Branagh, 2015; Solomon & Hahn, 2015）。隨著數位匯流興起，跨媒介敘事者拓展改編產業為「故事資產」；改編產業視文學為品牌發展利基，衍生新類型而延伸故事網絡（Freeman, 2017; Kidd, 2019）。易言之，「改編產業」若為一軸線，可從文化資產、故事資產起始，衍生到考量營利的故事品牌，最後再結合「閱聽人參與文化」，形成複雜的故事網絡（story network）。

　　若從故事取材言之，或許可粗略區分為四種向度。改編產業者可取自「童話／民間故事」（口傳文學／集體創作）；或由商營機構或公共媒體再述文學巨作，展現「經典活化」（特定作者之文學遺產）；另可商請原作者合作，透過「原作者執筆／官方授權」故事為經濟資產（Booth, 2016; Kidd, 2019; Kurtz, 2016; Long, 2016; Poore, 2019; Richards, 2016）。最後，改編作品也可能吸引閱聽人自創及投入，共同壯大故事體系（Kérchy, 2016; Monore-Cassel & Lehrer, 2012, 2015）。迷因出自希臘語「mimeme」，說明模仿再製文化元素，如複製特定觀念、服飾及音樂旋律等（Cannizzaro, 2016）。如眾所熟知的「梗圖」、「同人創作」或「粉絲改編」，均屬迷因創作的範疇。

近年如粉絲改編動畫《風之谷》為真人版電影，自備綠幕等設備、投入後製特效，即為「閱聽人參與文化」表現（波波，2019 年 5 月 28 日）。本書依循這四種取材方向，說明「跨媒介敘事傳播」的學理版圖。

以改編產業為例，敘事者可視口傳文學為「初胚」，作為長銷文本之始。「童話／民間故事」等口傳文學具集體創作之歷史淵源，或隨不同世代及價值觀演繹多種版本（Solomon & Branagh, 2015; Solomon & Hahn, 2015）。再如改編產業「經典活化」或出自名家巨擘文學遺產（原作者並未參與改編歷程）（Freeman, 2017; Kidd, 2019）；讓作者「個人」品牌更加鮮明，異於「童話／民間故事」具創作屬性。英國以 BBC 為首並跨媒介轉述古典文學，如改編狄更斯名著為「狄更斯故事宇宙」（Dickensian universe），引發討論熱度及關注（Christine, 2018; Poore, 2019）。「原作者執筆／官方授權」彰顯品牌行銷及經濟資產，改編團隊邀請作者加入編劇群以尋求背書，吸引原作閱聽人關注或認同（Revenson, 2019）。數位媒體興起提供閱聽人展演空間，展現「參與文化」（Jenkins, 2006）。閱聽人改編／轉化經典故事，延伸為迷因創作文本（Monore-Cassel & Lehrer, 2012, 2015）。

「敘事傳播」為傳播領域的重要議題，論及傳播者如何產製內容，並以合宜圖文符碼以轉述給閱聽人，達到美感反應等效應。近年如文化內容策進院倡議之「文本轉譯」，鼓勵台灣創作者轉化在地故事為漫畫，紮根本土文化視野。在「文本轉譯」及「知識轉譯」趨勢下，傳播者如何應用科技工具以轉化既定內容，開拓授權經濟、故事品牌，也為後續待深耕重心。

近年「人工智慧生成內容」（AIGC）衝擊影音產製，舉凡電影、漫畫、音樂、廣告行銷、舞蹈領域，皆可見 AI 輔助敘事者創作案例。以電影言之，好萊塢動畫《元素方城市》的火苗，即以 AI 特效生成；國外創作者自行拍攝上千張的攝影，交由 AI 生成圖像後，衍生「Discovery」森林生態風情的動畫。或如電影《芭比》改作雪梨歌劇院為粉色建築，當中更有許多古蹟為

AI 生成圖像。再以漫畫言之，日本漫畫《賽柏桃太郎》為 AI 作品，傳播者以指令（prompt）帶出粉紅頭髮男孩，並以 AI 試算漫畫版本；惟本漫畫也引發「作品」及「著作權」爭論，讓「著作權」議題成為討論焦點。近期如日本「Tezuka 2023 計畫」，創作者在取得授權情況下模仿手塚治虫作品，推出 AI 漫畫《怪醫黑傑克》。或如臺灣漫畫《赤月下的雙子》，出版方讓 AI 模仿內部畫師畫風，並開發系統以演算漫畫，避免著作權爭議。

　　整體來說，跨媒介敘事傳播的取材向度包括「童話／民間故事」、「經典活化」、「原作者執筆／官方授權」及「閱聽人參與（迷因創作）」（Kurtz, 2016; Poore, 2019; Richards, 2016）。改編產業之敘事者可取自「童話／民間故事」，涉及口傳文學等集體創作；改編產業亦可訴求「經典活化」，再詮釋古典文學；改編產業亦可邀請原作者「背書」，維持「官方授權」體系之權威度（Booth, 2016; Kidd, 2019; Kurtz, 2016; Long, 2016; Poore, 2019; Richards, 2016）。最後，閱聽人可改作文本為「梗圖」及「同人誌」，並於社群平台傳佈網路迷因，繼而帶動品牌行銷（GEMarketing，2020 年 4 月 28 日；Cannizzaro, 2016）。或如「人工智慧生成內容」、「人工智慧生成藝術」亦推動不同文化創意產業發展，同為跨媒介敘事領域的熱門議題。

二、本書統攝架構

（一）跨媒介故事網絡之組成架構為何？

　　本書說明跨媒介敘事傳播之組成元素，並闡釋改編產業主導之故事網絡等類別，作為統攝全文學理架構。以改編產業言之，跨媒介敘事可分「敘事延展」（the expansion of narratives）及「媒介延展」（media expansions）；前者如承襲原作角色、情節及道具等，後者則依不同載具之多模組資源轉化文本（Bourdaa, 2016; Scolari, Bertetti, & Freeman, 2014）。

隨著故事節點增多，改編者需依跨媒介互文（transmedia intertextuality）建構相互呼應之故事網絡（Harvey, 2015）。本書先說明，跨媒介產製者如何「敘事延展」及「媒介延展」，構成故事宇宙？本書隨之闡釋，探索「敘事延展」及「媒介延展」的研究工具，並為後續章節鋪路。

（二）改編產業之敘事者如何拓展故事網絡？取材方向為何？

若以商業導向言之，改編取材包括「童話／民間故事」、「經典活化」及「原作者執筆／官方授權」等面向（Booth, 2016; Kidd, 2019; Kurtz, 2016; Long, 2016; Poore, 2019; Richards, 2016）。本書分章節說明各取向意涵，並佐以代表案例，剖析改編取材與故事品牌建構關聯。本部分也依循前述研究工具，應用於不同改編取材案例，盼協助讀者理解研究方法的具體操作方式。

（三）閱聽人如何參與故事網絡？迷因行銷如何協助鞏固故事品牌？

若從素人創作「閱聽人參與」言之，閱聽人從經典作品找出「迷因」（梗），並再創作為同人誌、周邊、食品等粉絲經濟（泥仔，2020 年 10 月 14 日；Kérchy, 2016）。粉絲經濟未必與「正統」授權經濟截然二分，如閱聽人在社群媒體發佈創作，或許能引發討論聲量、刺激更多群體關注原作（Poore, 2019）。故而「迷因創作」或許是導流回原典，展現跨媒介參與的契機。本書希望選擇閱聽人「迷因創作」案例，理解創作者萃取何種迷因？如何回應原作「梗」？如何藉由迷因創作為「故事品牌」助攻，開展草根參與的「迷因行銷」？

貳、跨媒介故事網絡：敘事延展、媒介延展

　　跨媒介故事網絡如同星群般，經由多種故事節點組成，並由相似互文線索交錯構成（Harvey, 2015; Jagoda, 2016）。跨媒介敘事者結合多平台載具，並經由增補故事插曲等「敘事延展」、新增展演類型等「媒介延展」，逐步擴充故事網絡（Scolari, Bertetti, & Freeman, 2014）。以下先介紹「敘事延展」及「媒介延展」，並輔以著名案例，說明產製者如何構築故事宇宙。

一、敘事延展

　　跨媒介敘事者若想發展系列文本，需再增補故事內容、角色背景，或預埋「彩蛋」等伏筆。一般而言，敘事者若想發展跨媒介故事網絡，可依循「嚴謹跨媒介形態」及「跨文本分支」等方式：前者如承襲「正統」系譜之核心文本，如改編作品及系列劇集等；後者為輔助功能，如幕後花絮、拍攝說明及明星訪談等紀實資訊（Delwiche, 2016; Knox & Kurtz, 2016）。跨媒介敘事類別包涵甚廣，除了「嚴謹跨媒介形態」（hard transmedia）、「裝飾型跨媒介形態」（decorative transmedia），也包括「軟性跨媒介敘事」（soft transmedia stories）與「另類實境遊戲」（alternate reality games）類別（Delwiche, 2016）。本書希望探索較明確的系譜發展，故未選擇敘事設計較彈性的「軟性跨媒介形態」；同時也因全書未論及「另類實境遊戲」，故未完全依照 Delwiche 提及四種樣態分析。本書以「嚴謹跨媒介形態」及「裝飾型跨媒介形態」為主軸，探索故事形變之共時條件、歷時文史脈絡。

（一）嚴謹之跨媒介形態：正統改編系譜

　　跨媒介敘事者延伸原作為前傳及續集等系列文本，建構故事宇宙（Hancox, 2017; Ryan, 2014）。著名如小說《魔戒》（*The Lord of the*

rings）與《冰與火之歌》（*A song of ice and fire*）跨媒介轉述為影像；或如電影《星際大戰》、漫畫《蝙蝠俠》（*Batman*）、《蜘蛛人》（*Spiderman*）及漫威漫畫「超級英雄」等，增補角色背景、闡釋情節、敘明原作未言及處，造就專屬故事網絡（Flanagan, Mckenny, & Livingstone, 2016; Ryan, 2014）。

跨媒介敘事者可依基本設定，深化角色屬性、時空、道具及情節等構塑故事網絡（Thon, 2014）。以角色言之，角色「確切身分」指涉具體身分及外顯特徵；「主題身分」呼應故事旨趣；「關係身分」為角色群組互動；「共時身分」指涉所處時空；「虛構身分」涉及不同演員詮釋形態（Bertetti, 2014）。以時空設定言之，跨媒介敘事者可延伸角色成長的時間軸，轉換不同故事環境，繼而豐厚故事宇宙（Hancox, 2017; Kérchy, 2016）。以道具言之，跨媒介敘事者可具體呈現原作設定，補述道具新增功能（Kérchy, 2016）。以情節／衝突言之，敘事者可補充情節及插曲，填補原作未敘明的「故事間隙」（fill narrative gaps）（Kérchy, 2016; Scolari, Bertetti, & Freeman, 2014）。

敘事者運用「跨媒介互文」線索，協助閱聽人聯想先前伏筆、原作設定，維持故事網絡之連貫邏輯（Flanagan, Mckenny, & Livingstone, 2016; Kérchy, 2016）。敘事者可引用特定典故、經典話語或慣例圖像等，幫助閱聽人聯想故事系列的互文關聯（Harvey, 2015）。著名如漫威影業以「長程策略」（long-term approach to strategic planning）規劃五年後情節發展，產製者補述核心故事及插曲、持續推播新劇，鞏固故事品牌以求長期獲利（Flanagan, Mckenny, & Livingstone, 2016）。

（二）跨文本支線（transtext）：官方授權之輔助文本

敘事者透過「嚴謹跨媒介形態」及「跨文本支線」互涉，持續擴充故事

網絡（Kurtz & Bourdaa, 2016）。跨文本支線如官方授權之補敘版本，運用多平台串流等輔助故事網絡（Harvey, 2015; Kurtz & Bourdaa, 2016）。產製者出版之電影幕後紀實、美術設計等專書，補充跨媒介敍事者之創作理念，均為有力的跨文本支線。

二、媒介延展

　　跨媒介敍事者轉述原作為另一類型表現，新增多種載具以「媒介延展」，拓充故事網絡（Scolari, Bertetti, & Freeman, 2014）。科技載具常伴隨特定敍事資源，如多模組結構提供改作空間（Gibbons, 2017; Ryan, 2014）。

　　跨媒介敍事研究者盼比較相異類型之多模組資源，理解媒介載具提供機緣及限制（Thon, 2014）。常見如小說紙本涵蓋「圖文模組」；影視涵括「視覺模組」及「聽覺模組」，前者如演員肢體語言及臉部表情，後者如角色配音、語調及音樂等表現（Kress, 2010; Page, 2010）。著名漫威「超級英雄」系列自一九四〇年以漫畫起家，並依角色經濟衍生為電影及電視劇；再如經典文學《魔戒》跨媒介轉述為電影及電玩，持續召喚新世代融入故事網絡（Flanagan, Mckenny, & Livingstone, 2016; Harvey, 2015）。

　　再如數位類型常伴隨互動設計、超連結及動畫特效等模組，鼓勵閱聽人參與故事世界（Kérchy, 2016）。著名如電影《阿凡達》推出續集，也曾於2016-2017 年在台舉辦〈探索潘朵拉世界特展〉（Discover Pandora）。互動展覽整合電影片段等影像、音訊、文字及人機互動等設施，如展覽以「納美語」開場，教導閱聽人學習「納美語」日常用語，為進入奇幻世界暖身。展覽也結合文字模組，增補地球生物及潘朵拉星生物之相似處（如生命樹與地球「互聯」生態）。易言之，跨媒介敍事者參照地球生態體系，運用「互文」效果，協助閱聽人知悉潘朵拉地理情境。

　　或以音效來說，展覽也運用聲音元素表達「潘朵拉星球」風土民情。如展覽介紹藍笛等樂器，說明此為納美人與祖先神靈交流的媒介。閱聽人可按鈕後，能聆聽納美族樂器聲響，理解納美人文化脈絡。

　　再以互動裝置來說，展覽結合「遊戲化」設定，並增設模擬遊戲供閱聽人體驗潘朵拉登陸歷程。模擬遊戲沿用電影《阿凡達》畫面，呼應故事網絡。展覽提供實體參與空間，強化閱聽人「在其中」涉入感。遊戲模擬電影情節，閱聽人需適時操作機器，閃避潘朵拉星藤蔓才能前進。閱聽人以自身視角、觸覺、面臨危險情境，即讓閱聽人「化身」故事角色，鼓勵閱聽人以多種形態體驗故事。

　　展覽也規劃人機互動裝置，閱聽人擺動雙臂，可引導大螢幕之靈鳥振翅。展場也搭配電影靈鳥設定及說明，供閱聽人量身訂作自己的座騎。閱聽人可掃瞄面部特徵後，得知自己「阿凡達」長相，化身為尖耳、藍皮膚、黃眼的納美人。上述皆與「化身」（avatar）旨趣相繫，鼓勵閱聽人以納美人身分走入潘朵拉星。展覽結合「媒介延展」，閱聽人經親身互動、感知及詮釋，感受潘朵拉的奇幻世界。易言之，閱聽人依憑「身體感」，融入故事情境、成為故事網絡一員。

　　整體來說，改編產業發展故事網絡包括「敘事延展」及「媒介延展」，前者如「嚴謹跨媒介形態」（原作及改編文本「正統」系譜）及「跨文本支線」（如商營機構推出音樂、梗圖、Line 貼圖等網路傳散）；後者如改編者運用多模組敘事資源，轉化既有文本為他種類型。

參、改編產業、跨媒介敘事與取材類別

一、改編產業與童話／民間故事（口傳文學）

「童話／民間故事」多由口傳文學轉化：如〈伊利亞德〉（The Iliad）及海克力士等神話，或如格林兄弟匯整德國民間故事為文字定稿，皆屬顯例（Richards, 2016）。「童話／民間故事」屬集體共創之俗民文學（folk tradition），經由原作者及歷代閱聽人跨世代傳頌，逐步演變為眾所熟悉版本（Richards, 2016）。「童話／民間故事」具歷史淵源，故流傳已久而成閱聽人熟悉之跨媒介轉述素材（Solomon & Branagh, 2015; Solomon & Hahn, 2015）。

（一）敘事延展

1. 嚴謹跨媒介形態

跨媒介產製者以「角色為基礎」（character-based）衍生系列作品，提供閱聽人易親近之故事網絡（Freeman, 2017; Pearson, 2019）。跨媒介敘事者可循角色成長脈絡，補述前傳及續集等時序；也可選擇次要角色，變更敘事觀點、補充插曲而壯大故事體系（Atkinson, 2019; Duret, 2019）。

好萊塢部分影業改編經典童話為多種類型，盼喚起年長者之兒時回憶及懷舊情感，故改編動畫為音樂劇及真人版電影等系列作品，運用多媒材召喚閱聽人長年涉入（Hassler-Forest, 2019; Kérchy, 2019）。跨媒介敘事者盼維繫閱聽人忠誠度，延續故事品牌之賞析期限並創造收益（Edmond, 2015）。

以童話／民間故事等衍生為動畫、音樂劇、真人版電影、主題樂園及周邊為例，Disney 跨媒介角色發展為顯著趨勢（Jenkins, 2019; Kérchy, 2019）。Disney 近年積極改編／翻拍「童話／口傳文學」等舊作，兼具國際

大獎紀錄及亮眼票房成績；著名如真人版電影《黑魔女》（*Maleficent*）、《仙履奇緣》與《美女與野獸》均為顯例（Kérchy, 2019; Solomon, 2017）。易言之，Disney「視覺化」口傳文學／童話，參照既有角色設定而衍生「角色經濟」，授權多平台等發展「IP 價值」（Hassler-Forest, 2019）。如前所述，IP 為智慧財產權縮寫，跨媒介產製者依此發展授權經濟，衍生多類型創作而增加「IP 價值」（Freeman, 2017）。

若以傳統敘事公式為例，Disney 改編童話刪除道德爭議，強化善惡分明情節；另新增視聽娛樂效果（如模仿百老匯音樂劇元素），擘劃大團圓和樂結局（Kérchy, 2019）。Disney 角色構塑亦隨當代價值觀轉變，如「公主系列」最初目標閱聽人為兒童，晚近加入「女力崛起」元素（Richards, 2016）。再如 Disney 近年增加女性角色主導幅度，也調高有色人種比例，顯見開發多元市場等行銷考量（Schiller, 2018）。

2. 童話／民間故事（口傳文學）之跨文本支線

跨媒介敘事者可增加支線，運用多種素材而補述角色、道具及情節等官方版設定（Freeman & Gambarato, 2019; Pearson, 2019）。若以角色為例，跨媒介敘事者整合「角色導向之跨文本分支」（the character-driven approach to transtexts）增補背景說明，加速閱聽人理解故事世界（Knox & Kurtz, 2016）。常見跨文本支線如 TED Talks 等多平台串流而闡釋原作，延伸故事主軸、豐厚角色成長曲線（Delwiche, 2016; Knox & Kurtz, 2016）。常見跨文本支線包括電影出版品（如攝影集）、幕後紀實等拍攝解析，改編團隊附上照片、真實資訊補述虛構故事未言及處（Freeman, 2019; Knox & Kurtz, 2016）。

跨文本支線與粉絲經濟相繫，如結合明星及幕後花絮而激發網路社群討論。如官方發佈動圖 GIF、梗圖及影音等，均可成網路迷因而助故事品牌

行銷（GEMarketing，2020 年 4 月 28 日）。跨文本支線包括演員新聞、明星訪談及粉絲專頁等，如 Disney 建立特定角色臉書專區，並發佈演員資訊予閱聽人（Freeman, 2017）。著名如艾瑪華森擔任聯合國親善大使（United nations women's goodwill ambassador）、參與兩性平權運動（HeforShe campaign），公眾形象呼應 Disney 真人版《美女與野獸》主角「女性主義」定位，賦予經典角色新義（Kérchy, 2019）。易言之，改編者可彈性調整跨文本支線，建構電影／故事品牌（film-brand）新貌（Kerrigan & Velikovsky, 2016; Laurichesse, 2016）。

（二）媒介延展

跨媒介敘事者整合書籍、電影、電玩及主題樂園等，建構商業導向之故事網絡（Freeman, 2017, 2019）。以影視類型為例，Disney「視覺化」及「數位化」口傳文學／童話，如改編法國小說〈美女與野獸〉為動畫及音樂劇等文本（Kérchy, 2019; Solomon, 2017）。Disney 選擇暢銷曲目轉為百老匯音樂劇後，再整合魔法餐具歌舞表演而翻拍真人版電影，維繫音樂主導之創作傳統（Solomon, 2017）。

或以主題樂園為例，敘事者「再媒介化」影像為主題樂園場景，鼓勵閱聽人參與敘事空間（Kérchy, 2019; Richards, 2016）。如 Disney 等好萊塢影業從一九五〇年起始，便整合動畫、主題樂園及消費機制，轉化影視內容為旅遊景點（Freeman, 2019）。跨媒介敘事者萃取經典影視之角色及道具圖像，促成電影及主題樂園「商業互文」（commercial intertext）關聯（Kérchy, 2019）。閱聽人可在主題樂園與童話角色互動，或於電影描述之著名酒館用餐、購買經典角色「魔法商品」（Solomon, 2017）。易言之，主題樂園等「故事旅行」提供閱聽人親身參與空間，讓閱聽人感知「鑲嵌」於奇幻世界（Freeman, 2019）。

　　整體言之，跨媒介敘事者轉化虛構文本為多種類型，強化閱聽人多元體驗（Kérchy, 2019）。Disney 影業結合影視、美食及主題樂園等跨媒介網絡，並鼓勵閱聽人參與故事旅行（Solomon, 2017）。跨媒介敘事者整合主題樂園等「體驗經濟」，召喚閱聽人跨媒介消費、鞏固故事品牌（Freeman, 2019）。

二、改編產業與經典活化（特定作者之文學遺產）

　　「經典」（canonical）起源與改編方向均異於「童話／民間故事」。「童話／民間故事」乃源自共同文化資產，再由商業體系主導改編歷程；「經典」則為某位敘事者創作文本，大師名作等個人意味濃厚，再經由改編者轉述為跨媒介體系（Richards, 2016）。

　　以改編歷程言之，「經典活化」著眼原作精神，並慮及改編版本與原作忠誠度等關聯（Scolari, Bertetti, & Freeman, 2014）。如電影《小婦人》（*Little women*）重塑南北戰爭時期之裝束、食物及道具，主線圍繞在林區家族情誼（McIntyre, 2019）。電影導演加入原作者現身場景，闡釋《小婦人》原先設定喬（Jo）獨立自主、終身不嫁，新增女性意識等辨證；後因《小婦人》作者受限於出版商喜愛羅曼史之期待，方才出現「傘下情」等插曲（McIntyre, 2019）。易言之，改編者可依循原作設定，並結合外部文本而賦予經典文學新義（Freeman, 2017）。如電影《小婦人》設計喬服裝時，刻意加入南北戰爭「軍人」元素，塑造喬寫作時宛若在戰場衝鋒陷陣（McIntyre, 2019）。下文由敘事延展、媒介延展，闡釋改編者如何活化經典文學。

（一）敘事延展

1. 嚴謹跨媒介形態

「經典文學」改編方向與「童話／民間故事」相異，前者以特定作者（群）

巨作起始，後者則為跨世代之集體創作（Richards, 2016）。改編者取材經典文學，故更易被放大檢視，再現／再述原作的合宜性。如影評或許考量經典文學高度、文學史份量，據此評價改編版本優劣，此為「童話／民間傳說」較少面對挑戰。

著名如 BBC 長期投入文學改編領域，引發學術社群關注（Jenkins, 2016; McKernan, 2018）。BBC 跨媒介改編經典文學，參照原作典故以發揚傳統文化及藝術價值（Person, 2015）。BBC 曾改編英國經典文學《傲慢與偏見》、珍奧斯汀小說、莎士比亞劇集及狄更斯名著等；如跨媒介敘事者重組情節而讓文學角色跨時空相遇，構築經典「小說故事宇宙」（Christine, 2018; Levenson & Ormsby, 2017; Poore, 2019; Schober, 2019）。

改編者轉化經典需考量「跨媒介互文」，援引原作角色名稱、引述、典故及情節及道具等（Pearson, 2019），協助原作閱聽人聯想「忠於經典」道統。以「引述」為例，改編者常引用原作詞彙及文句，或再現原典描繪視覺意象（Holthuis, 2010）。如《新世紀福爾摩斯》劇集引述原作經典語句，並融入維多利亞時期場景設計，維繫經典文學及改編戲劇「跨媒介互文」傳承（Person, 2015）。

以「重構情節」為例，改編者重組／更動特定橋段，建構角色互涉交錯之故事橋段（Christine, 2018; Scolari, Bertetti, & Freeman, 2014）。BBC 於2015 年製播電視劇《狄更斯世界》（*Dickensian*），以 20 集重現「狄更斯故事宇宙」；BBC 改編狄更斯名作，並讓狄氏不同作品之著名角色交錯出現，穿插經典對話（Christine, 2018）。

以「轉化典故」為例，跨媒介敘事者結合文學典故及通俗文化，協助閱聽人重新詮釋經典（Holthuis, 2010; Poore, 2019）。BBC 第二頻道製播劇集《再述莎士比亞》（*The Shakespeare ReTold*）結合獨幕劇及電視劇公式，

考量閱聽人熟悉之電視劇形態而重現劇作《馬克白》（Levenson & Ormsby, 2017）。

若以「重構道具」言之，改編者拆解／重組文本元素，並融入特定文史情境（Poore, 2019）。BBC系列影集《虛妄之冠》（*The hollow crown*）改編自莎士比亞《亨利四世》，拆分莎翁原典為《理查二世》、《亨利四世》及《亨利五世》等劇目播映（Levenson & Ormsby, 2017）。BBC劇組結合大教堂及城堡等地景，再現彼時英國情境（Levenson & Ormsby, 2017）。

2. 經典活化之跨文本支線

跨媒介敘事者可依「角色導向」（character-oriented）設計故事支線，更多面呈現經典文學角色（Bertetti, 2014, 2019）。BBC電視劇集增補幕後訪談等跨平台支線，協助閱聽人知悉劇組重塑經典角色的動機（Lamerichs, 2012; Mittell, 2014）。易言之，跨媒介敘事者延伸多種跨文本支線，補述覆寫角色特質的緣由，增加經典文學流佈程度（Scolari, Bertetti, & Freeman, 2014; Tribe, 2014）。經典活化「跨文本支線」亦可結合網路迷因，如戲劇FB官網釋出梗圖、明星問安「長輩圖」。故「經典活化」跨文本支線包括官方釋出之網路迷因，融合日常素材及「時事梗」，引動粉絲注意力而帶動故事行銷。

（二）媒介延展

跨媒介敘事者策略式規劃故事世界，並結合相異類型之敘事資源，吸引多元消費族群（Bertetti, 2019）。如BBC植基文學傳統並改編為劇集，劇組希望激發閱聽人接觸經典動機（跨媒介參與）（Harvey, 2012; Poore, 2019）。

若單以電視劇類型為例，電視系列劇集由眾多敘事單元（narrative

segment）組成，並以分季／周期形態呈現；故敘事者可有更多空間安排插曲、編寫開放式結局（或延遲結局）等，持續擴充角色特質及情節發展（Keinonen, 2016）。易言之，電視劇分季呈現常有未敘明處，供敘事者再增補關鍵事件、延伸新插曲（Bourdaa, 2019）。

跨媒介敘事者以視聽模組展現角色、場景及設置，或以聽覺模組再現對白、音樂及聲效（Herman, 2010; Kress, 2010）。以視覺模組為例，BBC 劇集《虛妄之冠》選擇具歷史典故之媒介地景拍攝，再現特定朝代風情（Levenson & Ormsby, 2017）。以聽覺模組言之，音樂可助閱聽人聯想角色特質，或激發閱聽人聯想熟悉觀影情境（Tarasti, 2004）。BBC 劇組著眼故事旨趣與配樂關聯，如搭配原作主角思考時常彈奏小提琴習慣，據此編寫符合角色特質之弦樂曲目（Tribe, 2014）。

以影視旅行為例，跨媒介敘事者參照核心情節而規劃故事旅遊景點（Freeman, 2017）。跨媒介敘事者提供「實質」存在事物，讓閱聽人如同化身故事角色、參與關鍵時刻（Knox & Kurtz, 2016; Porter, 2012）。閱聽人可參觀 BBC 劇組拍攝之真實街道等城市造景，走入戲劇再現之經典文學地景（Porter, 2012）。

三、改編產業與原作者執筆／官方授權

「經典活化」聚焦年代久遠著作，未必經由原作者授權；「原作者執筆／官方授權」則涉及原作者與商業機構合作，共創故事品牌（Booth, 2016; Kurtz, 2016; Kurtz & Bourdaa, 2016; Richards, 2016）。如奇幻文學時空常設於異次元，此時改編團隊需詢及原作者以理解隱喻及指涉功能，方能更順利拓展故事宇宙（Freeman, 2017; Tulloch & Jenkins, 1995）。「原作者執筆／官方授權」意謂權威論述，維持詮釋精確度，盼能說服原作閱聽人；此取向異於閱聽人參與之「多種觀點」（包括質疑與挑戰）（Kurtz, 2016）。

（一）敘事延展

1. 嚴謹跨媒介形態

原作者執筆／官方授權之改編方向多訴求「品牌辨識度」，協助閱聽人聯想熱門角色及行動（Flanagan, Mckenny, & Livingstone, 2016; Freeman, 2017）。跨媒介敘事者常以特定角色及相仿視聽元素（如角色專屬 logo 及圖像風格等），建立品牌識別（Laurichesse, 2016）。如漫威影業「超級英雄」具外顯表徵、背景故事、自身認同、人格特質或超能力，據此建構為角色品牌（Flanagan, Mckenny, & Livingstone, 2016; Freeman, 2017）。漫威超級英雄為官方授權之漫畫家構塑（官方創作集群未必僅有一人），發展特定角色及視覺形態（如美國隊長、盾牌同國旗顏色）；改編團隊並依角色成長歷程增補彩蛋及插曲，循角色經濟拓展故事品牌（Flanagan, Mckenny, & Livingstone, 2016）。

原作者執筆／官方授權之改編取材考量，如運用相同角色、背景設定、影像地理等空間設置，召喚閱聽人持續投入故事熱忱，維持「品牌忠誠度」（Laurichesse, 2016）。敘事者多留意故事間隙（原作未敘明處），或由原作者背書以合理化故事發展，彰顯「官方」權威正統重要性（Booth, 2016; Flanagan, Mckenny, & Livingstone, 2016; Kurtz, 2016）。相較於「童話／民間故事（集體口傳文學）」改編取向，「原作者執筆／官方授權」之改編文本更在意經濟資產考量，聚焦於「品牌辨識」及「品牌忠誠度」。

2. 原作者執筆／官方授權之跨文本支線

以原作者執筆／官方授權之改編方向來說，產製者常提供閱聽人再創作素材（Voigts, 2019; Thibault, 2019）。跨文本支線常與網路迷因結合，原作者／官方授權若干圖像供社群轉載。如《哈利波特》發行二十周年之各國新版封面呈現，即為網路迷因傳散顯例。J. K. Rowling 規定新版封面設計不

能模仿電影樣貌，需結合各國文化而推陳出新；且各國封面皆需徵得 J. K. Rowling 團隊核可，方能正式發行（LEE，2020 年 8 月 12 日）。台版封面結合阿里山火車頭，塑造「霍格華茲特快車」形貌，引發網路熱議、展現官方主導之迷因傳散（LEE，2020 年 8 月 12 日）。

再如好萊塢影業授權樂高電玩仿造電影情境，讓玩家成為「自由建造者」重構故事環境（Thibault, 2019）。官方授權電玩敘事承襲原作情節，並運用電影視聽元素等互文線索，建構跨媒介地景（Catania, 2015; Wooten, 2013）。閱聽人再造樂高電玩地景，或可融入兒時組裝積木回憶，維持故事品牌與情感的聯繫鈕帶（Stein, 2016; Thibault, 2019）。

（二）媒介延展

若以電玩為例，好萊塢影業「故事品牌」結合樂高遊戲即為成功案例（Thibault, 2019）。跨媒介敘事者透過樂高積木符徵，細緻呈現建築及造景，鼓勵閱聽人參與故事環境（Fehrle, 2019; Wooten, 2013）。跨媒介敘事者可整合樂高電玩之多模組資源，並承襲原作之互文元素（擬仿暢銷動畫造景及情節），建構互動之故事世界（Thibault, 2019）。

如好萊塢影業轉述電影《星際大戰》為樂高電玩，透過樂高積木模擬電影世界特徵（Thibault, 2019; Wooten, 2013）。樂高電玩賦予閱聽人探索及操控遊戲權限，供閱聽人變造電影圖像設計，滿足年輕世代消費者偏好互動之需（Thibault, 2019; Wooten, 2013）。易言之，跨媒介敘事者整合樂高遊戲，召喚較年長族群重溫樂高積木等兒時回憶，也藉電玩品牌吸引年輕消費者投入（Wooten, 2013）。

跨媒介產業常結合旅行及休憩市場，如主題公園等延伸故事宇宙（brand universe）（Atkinson, 2019; Freeman, 2019）。好萊塢影業推出「華納兄弟倫敦行：《哈利波特》拍攝歷程」（The Warner Bros. Studio Tour London-

The making of Harry Potter），跨媒介敘事者透過展品再現虛構空間，供閱聽人涉入奇幻世界（Freeman, 2019）。

肆、業餘閱聽人參與文化：身體感知與迷因創作

前文介紹「童話／民間故事」、「經典活化」及「原作者執筆／官方授權」等取材方向，多以改編產業考量出發。跨媒介敘事傳播也著重非營利、粉絲創作，如「閱聽人參與文化」及迷因創作為近年趨勢（Poore, 2019; Richards, 2016; Sharma, 2018）。隨數位匯流興起，閱聽人參與／詮釋文本機會增多，創作網路迷因、改編類型，共構故事體系（Poore, 2019; Richards, 2016; Sharma, 2018）。

如《哈利波特》劇迷模仿故事情節、復刻電影角色造型，自製音樂劇並於網站發表（Stein, 2016）。此即劇迷因應多媒體平台優勢，模擬文學及影視迷因而再創作。再如《哈利波特》粉絲配合「原作梗」等情節，構思「魔法食品」並撰述食譜（如巧克力大釜、南瓜果汁等）。故閱聽人也可延伸「改編產業」故事元素，創作迷因文本以參與故事體系。閱聽人迷因創作可於社群媒體傳散，激發更多討論、點擊率及分享數，有助延續「故事品牌」網路聲量。故業餘迷因創作可為「閱聽人參與文化」展現，也有助故事品牌推廣。

就再創作歷程言之，閱聽人迷因創作常與「想像力」及「生命經歷」相繫（Harvey, 2015; Lippitz, 2019）。以「想像力」為例，閱聽人追劇時若遇情節未言明處，可能「腦洞大開」，思索角色可能的行事動機、後續發展。閱聽人若將「腦補」結果撰寫成文，即為眾所熟知的同人誌。故閱聽人轉化「影劇元素」為「小說文字」或「音樂創作」，同屬跨媒介敘事之展現（Monore-Cassel & Lehrer, 2012; Monroe-Cassel, 2015; Stein, 2016）。

　　若就「生命經歷」為例，閱聽人所屬之文化情境、知識社群，或賦予閱聽人再詮釋之養份。如閱聽人接收經典文學，或因身處跨文化情境而有不同解讀。閱聽人若熟知「華人俠幻文化」，或許更易理解金庸武俠之黃蓉研製「美食」書寫，並對應詩詞篇章而揣摩意境。再如閱聽人共同討論之「知識社群」也扮演要角，社群成員提供文化資本（如其他相關經典）、或提供「再創作」初步建議及回饋（Bourdaa, 2016; Schober, 2019; The Inn at the crossroads, 2012, May 10）。

　　閱聽人迷因創作也能回饋至改編產業，如媒體組織依循粉絲社群等「網路聲量」，決定角色後續發展、劇情推演等參考（Fehrle, 2019; Tribe, 2014）。再如閱聽人參與之粉絲團、轉文討論等方向，也常為「社群網絡分析」（social network analysis）來源。「社群網絡分析」探索特定粉絲團之轉文頻率、貼文流動形態，或結合「關鍵詞」等聲量以分析「網路熱門討論」。上述「社群網路分析」及「關鍵詞」（文字雲）等，常成為「故事品牌」研發續篇情節、擬定社群行銷策略之參考（NMEA 新媒體暨影視音發展協會，2019 月 12 月 26 日）。故閱聽人迷因創作成果亦能回饋改編產業，數據分析結果或有助延伸「故事品牌」。

　　本書歸納「跨媒介敘事傳播」領域，略分為「改編產業」及「閱聽人參與」兩者。改編產業涵括「童話／民間故事」、「經典活化」及「原作者執筆／官方授權」，業餘閱聽人參與涵括「迷因創作」等社群表現。

　　本書研究架構圖如圖 1.1 所示：

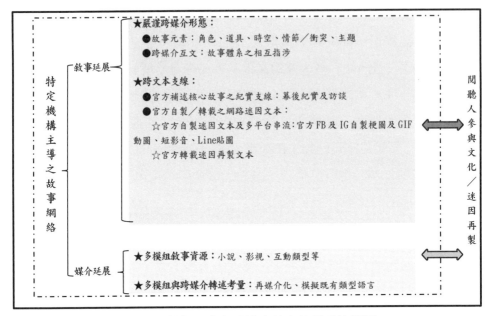

圖 1.1　數位匯流之跨媒介敘事傳播系統概圖

資料來源：本研究整理

　　跨媒介故事網絡包括「敘事延展」及「媒介延展」，前者如「嚴謹跨媒介形態」（原作及改編文本「正統」系譜）及「跨文本支線」（如官方推出音樂、梗圖、Line 貼圖等網路迷因傳散）；後者如改編者運用多模組敘事資源，轉化既有文本為他種類型。隨閱聽人參與文化興起，閱聽人亦可接續既有故事網絡，對應「敘事延展」及「媒介延展」推出迷因創作。迷因創作亦可影響既有設定，故上圖「改編產業主導之故事網絡」及「閱聽人參與文化（迷因創作）」框格分以虛線表之。

伍、統攝各取向之研究方法

一、跨媒介故事網絡綜述：「敘事延展」及「媒介延展」

　　跨媒介敘事者因應多模組形態再述故事，整合圖文、影音及互動類型等多媒材，開發原作多元風貌（Freeman, 2019; Harvey, 2015; Jewitt, 2012）。多模組文本分析（Multimodal discourse analysis, MDA）探索科技載具之敘事潛力，亦論及媒介類型與多媒體素材等表達可能性（Herman, 2010; Painter, Martin, & Unsworth, 2013）。近年「圖像轉向」（pictorial turn）潮流興起，文學作品「圖（影）像化」等改編類型均受矚目（Kérchy, 2016）。故在著重「媒介」導向訴求下，多模組文本分析聚焦媒介載具之敘事機緣，並探索特定類型涵括素材、各元素組合及綜效（Herman, 2010; Jewitt, 2012; Painter, Martin, & Unsworth, 2013）。

　　若依「敘事延展」言之，故事體系包括「嚴謹跨媒介形態」及跨文本支線，前者如正統改編系列，後者如官方出版紀實素材（Kurtz & Bourdaa, 2016; Solomon, 2017）。跨媒介研究者可參照多種版本，理解「故事（角色）形變」樣貌，剖析形變對映當代文化脈絡；該領域研究者亦可探索跨文本支線，如分支補述何種紀實素材而擴充故事設定（Richards, 2016; Solomon, 2017）。以「媒介延展」言之，跨媒介研究者可探索改編類型之媒材屬性及優勢，如同一文本若轉為圖像、電影、展演及實體環境等多種形態，相異媒材增補故事表達利基、展現「一源多用」功能（Harvey, 2012; Merlo, 2014）。

二、多媒介模組分析與敘事延展

　　跨媒介敘事之核心故事與支線分散式存於多平台，供閱聽人整合故事圖譜（Edmond, 2015; Jenkins, 2016）。若以「敘事延展」為例，跨媒介敘事

者可探索「嚴謹跨媒介形態」（核心文本）及「跨文本支線」（輔助支線）如何相互唱和。

（一）嚴謹跨媒介形態之分析指標

　　跨媒介研究者可比對不同文本之共享基因，即從「跨媒介互文」機制起始，梳理改編者參照何種相似元素而建構故事網絡（Harvey, 2012; Young, 2008）。跨媒介研究者拆解「故事網絡」組成形式，探索改編版本如何擴充原作角色、年代、場景、道具、情節及題旨等（Dowd, Fry, Niederman, & Steiff, 2013; Mittell, 2014）。見表 1-1。

表 1-1　嚴謹跨媒介形態之分析類目

分析類目	類目意涵
跨媒介改編之角色	改編版本之角色特質，如名稱、出身背景、關係網絡等設定。
跨媒介改編之年代及場景	改編版本之時地元素，如因應特定敘事目標而設置真實／架空之時代環境。
跨媒介改編之道具	改編版本呈現道具樣貌，如何因應原作而「視覺化」呈現。再如改編版本的道具設定，是否增加特殊功能，呼應故事曲線的發展。
跨媒介改編之關鍵情節／衝突	改編版本增補關鍵情節及插曲，或新增若干故事衝突，拓展故事宇宙。
跨媒介改編之故事旨趣	改編版本是否延續原作題旨，維持系列作品之一貫基調。
跨媒介改編之增刪元素	改編版本強化／刪減故事元素，或因應媒介屬性而特別突顯之表現效果。

（續上表）

分析類目	類目意涵
跨媒介改編之敘事策略	改編版本若增刪原作故事元素，轉述者保有／增刪之敘事考量。

資料來源：本研究整理（Freeman, 2017; Gambarato, Alzamora, & Tárcia, 2018; Harvey, 2015; Lindstrand, Insulander, & Selander, 2016; Mittell, 2014; Simons, Dhoest, & Malliet, 2012）。

（二）跨文本支線之分析類目

　　跨媒介敘事者依核心情節增設「跨文本支線」，補充紀實素材及背景資訊等旁枝（Kerrigan & Velikovsky, 2016; Kurtz, 2016）。跨媒介研究者可探索支線對故事網絡助益，說明增補支線之動機及訴求（Simons, Dhoest, & Malliet, 2012）。改編者常運用之「跨文本支線」及意涵，如表 1-2 所示。

表 1-2　跨文本支線之分析類目

分析類目	類目意涵
網路迷因傳散	1. 敘事者結合網路熱點或熱門「梗」，創造「網路迷因文本」，激發閱聽人轉傳及分享。 2. 敘事者發行貼圖、行動載具之主題封面等，增加圖像傳散程度。
明星資訊	敘事者搭配明星報導或粉絲專頁，協助閱聽人多面認識故事角色，作為引薦故事設定的官方指南。
幕後花絮等紀實影音	敘事者搭配TED Talks及YouTube等頻道，補述幕後花絮與訪談。敘事者亦可出版角色傳記、官方美術設定等圖輯，闡釋跨媒介轉述之選材考量。

資料來源：本研究整理（GEMarketing，2020 年 4 月 28 日；Delwiche, 2016; Freeman & Gambarato, 2019; Kurtz, 2016; Simons, Dhoest, & Malliet, 2012）。

三、多媒介模組分析與媒介延展

（一）跨媒介轉述為圖文類型

　　「圖像轉向」為近年潮流，文學作品「視覺化」也為熱門趨勢。跨媒介敘事者可圖像模組，運用色彩、形狀、圖框及媒材等視覺元素，呈現空間形式召喚閱聽人融入故事（Unsworth & Cléirigh, 2012）。文字模組則能延伸圖義，補述為何、何時／何地、如何等詳細說明（Unsworth & Cléirigh, 2012）。跨媒介研究者可探討多模組綜效，如圖文整合形態及敘事效果（Kérchy, 2016; Unsworth & Cléirigh, 2012）。圖文模組關聯如對稱（圖文意義重疊）、獨立（圖文分述不同意義）、延伸（文字延伸圖義、圖像補充文字未敘明處）、反諷等，均為圖文相互唱和之顯例（Painter, Martin, & Unsworth, 2013）。

（二）跨媒介轉述為影音類型

　　跨媒介敘事者若轉述文字為影像，需整合視聽模組而再述故事（Painter, Martin, & Unsworth, 2013）。以視覺模組為例，改編者可參照原作角色、道具、時空、情節及題旨等元素，具像化呈現故事環境（Edmond, 2015; Kérchy, 2016）。以聽覺模組為例，改編者可新增台詞而助角色更立體呈現；改編者也可加入音樂及音效，描摹角色內心戲、情緒起伏、情感狀態（McErlean, 2018）。著名如 Video Podcast 及 Podcast 興起，跨媒介敘事者轉述小說及影集為廣播劇等形態，以「聲音」行銷故事品牌。

（三）跨媒介轉述為舞台劇

　　以舞台劇為例，跨媒介敘事者可調度場面及時空設定，並結合多媒體設置等建構空間環境（Kérchy, 2016; Lindstrand, Insulander, & Selander,

2016）。芭蕾舞劇《愛麗絲夢遊仙境》融合芭蕾劇目表現（如舞蹈動作及台步），並整合動畫及特效呈現「掉進兔子洞」等舞台設計，具體呈現奇幻空間等視覺奇觀（Kérchy, 2016）。再如 Disney 動畫改編之音樂劇，多沿用暢銷電影名曲、新增合唱歌隊等表達演員內心戲，突顯「音樂先行」等品牌策略（Solomon, 2017）。或如跨媒介敘事者也可結合「演員模組」，突顯演員表情、姿態及動作等非口語表現（Bertetti, 2014; Lindstrand, Insulander, & Selander, 2016）。

（四）跨媒介轉述為實體空間：主題樂園、博物館及策展

跨媒介敘事者可轉化虛構故事為具體實景，供閱聽人參與敘事環境（Kérchy, 2016）。敘事者可結合博物館及展覽空間，設置角色活動之重要景點、工作環境介紹等，鼓勵閱聽人置身其中而感身歷其境（Freeman, 2019; Solomon, 2017）。或如改編劇集拍攝地及造景，常轉化影像旅行而增加觀光效益（Tribe, 2014）。以實景空間為例，跨媒介研究者可解析如何結合故事元素及具體場景（並非僅挪用符徵），供閱聽人涉入「虛實交錯」故事情景。

（五）跨媒介轉述為周邊／飲食

跨媒介敘事者可參照經典文學及影劇設計，轉化「虛構文本美食書寫」為具體食品等周邊（Monore-Cassel & Lehrer, 2012）。著名如 Disney 主題樂園轉化動畫《美女與野獸》空間設計為餐廳格局；主題樂園並沿用動畫《美女與野獸》代表圖像「玫瑰花」，作為設計童話料理依據（Solomon, 2017）。故跨媒介敘事者整合多媒材形態，盼引動閱聽人多重感官聯想（如視覺、嗅覺及味覺等），進一步形塑「體驗經濟」。

陸、章節規劃

　　本書考量「改編產業」及「閱聽人參與文化」等面向，說明跨媒介產業之文史淵源、科技及知識社群脈絡。以「改編產業」為例，本書論及「童話／民間故事」、「經典活化」及「原作者執筆／官方授權」等多種素材，說明集體智慧、文化遺產、故事資產等光譜。以「閱聽人參與文化」言之，本書以「迷因創作」為起點，說明創作者之身體感及再詮釋，轉化好萊塢動畫為網路影音作品。專書章節規劃如下：

一、〈第 1 章：跨媒介敘事傳播取徑綜述：改編產業、迷因共創、人工智慧熱潮〉

　　〈第 1 章：跨媒介敘事傳播取徑綜述：改編產業、迷因共創、人工智慧熱潮〉以「敘事延展」及「媒介延展」為軸，說明「跨媒介故事網絡」意涵。跨媒介敘事者藉「敘事延展」（增補故事插曲）及「媒介延展」（增補播映平台及媒介類型），建構遙相呼應之文本星群、拓展故事宇宙。以「敘事延展」為例，網絡狀文本結構包括「嚴謹跨媒介形態」及「跨文本支線」。「嚴謹跨媒介形態」多為「正宗」改編系列，「跨文本支線」則屬增補核心故事的旁枝。近年「跨文本支線」常與網路迷因結合，產製者考量網路聲量而搭配「時事梗」及「關鍵詞 #hash tag」，流佈通路包括 Podcast、FB 及 IG 梗圖等。本章也揭示「多模組分析」等研究方法，統攝各章結構。

　　全書架構圖如圖 1.2：

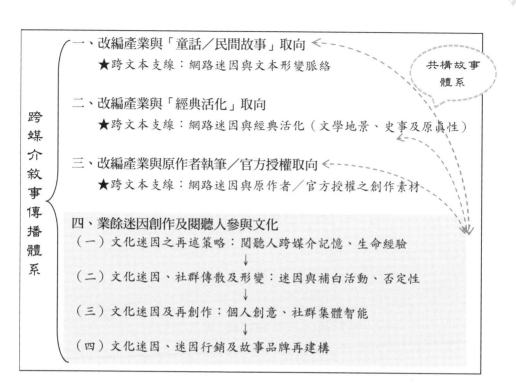

圖 1.2　數位匯流之「跨媒介敘事傳播」研究架構圖

資料來源：本研究整理。「業餘迷因創作及閱聽人參與文化」或可透過迷因行銷，回饋至「原作者執筆／官方授權」等改編取向；「原作者執筆／官方授權」亦可吸納業餘創作，共構故事品牌。上圖暫以虛線標示「改編產業主導」及「業餘迷因創作」互動形態。

　　圖 1.2 指陳「跨媒介敘事傳播體系」結構，筆者藉此反思「傳統敘事學」本體論、認識論及方法論。

（一）反思「傳統結構主義敘事學」本體論

　　跨媒介敘事學（transmedial narratology）著重故事網絡建構，產製者可增補插曲而敘事延展，並依多模組資源而媒介延展（Jagoda, 2016; Ryan, 2014）。以本體論言之，跨媒介敘事組成元素為故事節點，各節點宛若星群

集結，並藉互文指涉為網狀結構（Beddows, 2012; Jagoda, 2016）。跨媒介敘事學聚焦多平台、系列文本及輔助支線等架構，此想像異於傳統結構主義敘事學；傳統結構主義敘事學主張文本為封閉體系、情節多線性發展（Ryan, 2014）。易言之，跨媒介網絡意涵異於傳統「結構主義敘事學」本體論，也轉變敘事學文本分析形式（Ryan, 2014）。本書論及跨媒介網絡意涵，闡釋故事彈性增生等動態歷程，反思傳統結構主義敘事本體論。

(二) 反思「傳統結構主義敘事學」認識論

以認識論言之，跨媒介敘事為「系列化之文本結構」（a serialized structure），眾多節點互涉而建立故事宇宙（Jagoda, 2016）。敘事者可從單一節點再延伸系列作品，不斷增生文本結構，讓故事網絡處於彈性變異狀態（Thon, 2019）。跨媒介研究者分析故事網絡，聚焦動態系統之故事元素互動；此主張異於「傳統結構主義敘事學」想像，傳統敘事學視文本為靜態體系，箇中元素可清楚切割區分、獨立於外在情境（Jagoda, 2016）。本書著眼跨媒介系列文本之動態發展，反思傳統敘事學對故事認識。

(三) 反思「傳統結構主義敘事學」方法論

跨媒介敘事學強調「媒介」引導說故事形態，探索「跨越媒體之敘事形態」意涵，提供理論及方法論建議（Thon, 2019）。以「方法論」言之，跨媒介敘事方法論著重「（跨）媒介」特質，如以科技取徑（technical approach）探索載具對敘事影響，剖析科技賦予敘事資源及限制（Jagoda, 2016; Smith, 2018）。該領域倡議發展「跨媒介敘事分析」框架，探索故事如何於不同載具「形變」，細緻說明媒介特質與改編歷程關聯（Ryan, 2014; Thon, 2019）。本書以「跨媒介模組分析」統攝整體架構，異於傳統結構主義敘事學著重單一文本、探索個別故事元素，此屬學理創新及貢獻。

二、〈第 2 章：改編產業與「童話／民間故事」取材方向〉

角色圖像即為跨域整合趨勢，近年如日本角色銀行公司（Character Data Bank）興起，發動角色圖像經濟等數據分析；再如公私部門合辦「日本角色大賞」等，激發創作者、授權者投入「角色」為核心之文創產業（文化部，2021a，頁 23）。〈第 2 章：改編產業與「童話／民間故事」取材方向〉則以「角色」為軸，探索角色圖像、影業及故事品牌等關聯；如改編產業如何運用「角色 IP」，引動後續影音及遊戲連動等模式。本章以「口傳文學」等集體智慧為例，探索童話／民間故事轉化為影視產業歷程，融合「跨媒介考掘學」（transmedia archelogy）闡釋故事形變映射的文史脈絡。本章以 Disney 跨媒介轉述童話為動畫、百老匯音樂劇、真人版（擬真版）電影為例，說明童話「形變」為故事（經濟）資產等敘事策略。

本章部分內容出自科技部計畫研究結果（MOST 106-2410-H-130 -031 -及 MOST 107-2410-H-130-017 -），並增補動畫《獅子王》（*The lion king*）及《阿拉丁》等跨媒介改編案例。改編產業之敘事者可取自「童話／民間故事」，並依主流價值觀再塑文本，再成閱聽人詮釋跨世代傳說依據；如 Disney 改編《睡美人》及《仙履奇緣》為動畫及真人版，均成閱聽人解讀故事之重要參考依據，鞏固 Disney 造夢工廠地位（Solomon & Branagh, 2015; Solomon & Hahn, 2015）。

以「敘事延展」為例，改編者構連主流社會價值觀再述童話，並結合「音樂先行」品牌策略，賦予長銷經典新義。若以「跨文本支線」為例，Disney 擷取動畫元素為 Line 貼圖、或轉為 Tsum Tsum 可愛版「俄羅斯方塊」手遊等，試圖滲入閱聽人日常熟悉媒介、促成（網路）迷因傳散。或如官方幕後製作等逗趣影音，也可成輔助核心故事之補述插曲。

以「媒介延展」言之，Disney 影業慮及長銷動畫已累積多年觀影人口，

且昔日閱聽人已逐漸步入中年。故 Disney 影業有計畫翻拍經典動畫為真人版電影、百老匯音樂劇，召喚年長閱聽人之兒時觀影記憶及懷舊情感（Solomon & Branagh, 2015; Solomon & Hahn, 2015）。再如 Disney 影業也致力開發年輕世代之消費者，常結合 3D 特效塑造視覺奇觀（Solomon, 2017）。本書梳理 Disney 近年改編「童話動畫」為百老匯音樂劇、真人版電影，試圖探索「文本形變」之歷史文化理路。本書選取之討論案例也受專業領域推崇，如電影曾獲奧斯卡獎提名、舞台劇曾獲東尼獎提名等，盼達研究顯著性。

三、〈第 3 章：改編產業與「經典活化」取材方向〉

〈第 3 章：改編產業與「經典活化」取材方向〉探索文學巨擘之人文遺產與形變，說明改編者如何兼顧經典「原真性」、文創加值及新義。英國影視產業也著重「IP 發展」，如培養影視、互動遊戲及 IP 產業等養成，並適時分析 IP 孵化戰略（文化部，2021b，頁 63）。BBC 跨媒介改編為近年學界關切焦點，如狄更斯之改編作品「顛覆書寫」，或如《新世紀福爾摩斯》結合數位生活再現經典（賴玉釵，2016；Christine, 2018; Poore, 2019）。

本章以 BBC 跨媒介改編經典文學為例，闡釋活化文學遺產等敘事形態。以「敘事延展」為例，如 BBC 結合文學原作之典故及對白於新劇作，塑造「承襲經典」等文學系譜。再如 BBC 也整合「跨文本支線」，如以 YouTube 及 APP 等跨平台串流影音，播映知名演員及編劇等訪談短篇；或如演員結合「粉絲專頁」，套用先前主演影片之梗圖等網路迷因，增加新劇傳播效力。

以「媒介延展」為例，英國改編產業常與經典文學相繫，如狄更斯作品跨媒介轉述為多種類型，並設有「狄更斯博物館」（The Charles Dickens museum）供閱聽人走訪實景（Kidd, 2019）。或如珍・奧斯汀小說改編為電影、電視劇及舞台劇，改編者結合「珍・奧斯汀文學館」（Jane Austen's

house musem）及 YouTube 等串流片段，供閱聽人參與故事網絡（Kidd, 2019）。

四、〈第 4 章：改編產業與原作者執筆／官方授權〉

〈第 4 章：改編產業與原作者執筆／官方授權〉著重原創者參與及詮釋，鞏固改編系列的權威感。「原作者執筆／官方授權」之詮釋權常取決於作者及商業機構（含改編團隊），跨媒介產製者也常讓原作者背書、參與改編系列創作，增加忠於原典「權威度」（Kurtz, 2016; Richards, 2016）。本書考量 J. K. Rowling 長年參與改編團隊，經手小說《哈利波特》改編電影及舞台劇等情節、撰述外傳《怪獸與牠們的產地》電影劇本。故以《哈利波特》系列為本章「改編產業與原作者執筆／官方授權」分析個案，彰顯原作者「話語權」與授權經濟等關聯。

本章部分研究成果出自科技部計畫〈從想像、觀影到主題旅行：跨媒介故事網絡、閱聽人參與及美感體驗：以《哈利波特》為例〉（MOST 106-2410-H-130 -031 -）。以「敘事延展」為例，本章以《哈利波特》改編電影、後傳音樂劇《哈利波特：被咀咒的孩子》、前傳電影《怪獸與牠們的產地》為例，說明 J. K. Rowling 如何維持魔法世界「原真性」，鞏固「個人品牌」及「故事品牌」。或以跨文本支線為例，J. K. Rowling 與改編團隊常結合網路迷因，引動社群媒體聲量。如音樂劇《哈利波特：被詛咒的孩子》選角引發社群討論，女角為黑人演員飾演，異於電影再現角色形象（Milvy, 2019, December 1）。J. K. Rowling 在 Twitter 為音樂劇選角背書，如小說《哈利波特》曾未說明妙麗是白人，僅提及妙麗頭髮蓬鬆、還有兔寶寶門牙（Milvy, 2019, December 1）。易言之，原作者及改編團隊運用社群熱度加速迷因傳散，帶動故事品牌行銷。

以「媒介延展」為例，也可見 J. K. Rowling 掌握美術設計等細節，力

求圖景貼近作者想像。舉凡電影之哈利波特閃電疤痕形貌、活米村與霍格華茲校園等相對地理、外傳的怪物造型設計，J. K. Rowling 均曾親筆手繪圖像予改編團隊（British Library, 2017; Nathan, 2016; Revenson, 2015; Sibley, 2012）。本章論及原作者話語權及授權經濟關聯，推動改編產業發展也一併鞏固「個人品牌」，此與前述改編取向大異其趣。

五、〈第 5 章：閱聽人參與文化與迷因創作〉

〈第 5 章：閱聽人參與文化與迷因創作〉則以業餘創作起始，探索閱聽人如何轉化故事為網路迷因，共構故事宇宙。由於迷因創作研究較少論及閱聽人「追劇活動」、「懸念」及「創作」關聯，本章則以閱聽人靜候結局之懸念為例，探索閱聽人如何藉迷因創作展現「腦補歷程」（補白）。

本章論及閱聽人試以「食材」為媒介，銜接虛構文學及真實日常疆界。閱聽人結合小說及改編影視等「跨媒介記憶」，整合菜色與地理環境等「生命經驗」。再如閱聽人轉化文學書寫為具體美食，參照文史知識以「補白」；也可顛覆既有迷因設定，發揮「否定性」革新文本。易言之，閱聽人「迷因創作」除與個別創意相繫，也與知識社群等集體智能相繫。

本章以武俠小說為例，探索迷因創作者長年追劇之「美食書寫」及「美食製作」等實踐。本章分析閱聽人依「味覺」等身體感想像，擴充飲食敘事，探索創作者藉「美食」展現夢想國度。本章也以《料理鼠王》的迷群創作為例，說明社群原生音樂劇的類型特色。閱聽人循「聽覺」等身體感想像，整合濾鏡等軟體運用，推出音樂劇版本並於百老匯核可平台映演。故業餘創作亦可回饋「主流」故事體系，展現迷因行銷之多種可能。

六、〈第 6 章：跨媒介敘事與展望：兼論人工智慧輔助創作之敘事素養〉

　　〈第 6 章：跨媒介敘事與展望：兼論人工智慧輔助創作之敘事素養〉概述本書論及改編取向，闡釋「跨媒介敘事與 IP 授權經濟」為未來態勢。如 IP 經濟常與閱聽人多種感官體驗相繫，閱聽人與文本多方交流後，方能感知商品特質、引動美感反應，形塑對特定「IP」整體理解（文化部，2021a，頁 26）。改編者經由影視及策展等多方管道，推廣特定故事及品牌，促成「跨媒介敘事」產業興起（Freeman, 2019）。

　　本章綜述「故事品牌」建構形態，改編產業整合「童話／民間故事」、「經典活化／文學遺產」、「原作者執筆／官方授權」形態，也可藉助「業餘參與文化」共構故事宇宙。本書也論及「迷因行銷」與「跨文本支線」等重要性，強調跨媒介敘事研究少觸及層面。網路迷因創作者常運用梗圖、社群媒體貼圖、GIF 動圖、短影音等形態，試與通俗文化接枝並致力於社群媒體傳散（GEMarketing，2020 年 4 月 28 日；Liu，2018 年 7 月 25 日）。網路迷因雖為零散及片段呈現，但亦可作為「流動」與「即時」之跨文本支線，不失為「助攻」利器。

　　本書最終章論及，創作者可選擇 AI 系統採樣標準、模組套件，導入手繪稿、2D 及 3D 素材等，彰顯「人類為主導」、「掌控生圖歷程」之旨趣。或以動畫／影像言之，迄 2024 年 1 月底前，AI 影像軟體已逾二十種。若以 AIGC 導向之敘事傳播言之，課程內容可有哪些更新？AIGC 輔助之敘事形態為何？此皆為跨媒介敘事研究、教學實踐之重要議題。

【參考書目】

文化部（2021a）。〈第伍部分、重要國家文化產業情勢動態〉，《國內外文化創意產業訊息及趨勢分析》，*110*(3): 37-85。

文化部（2021b）。〈二、【出版】從 2021 年文博會看我國原創圖像角色產業的發展現況與未來契機：專訪基礎創意科技張嘉倫總監〉，《國內外文化創意產業訊息及趨勢分析》，*110*(3): 19-24。

賴玉釵（2016）。〈創新敘事策略與跨平台串流：以 BBC《新世紀福爾摩斯》跨媒介敘事網絡為例〉，彭芸（編），《創新、創意、創世紀論文集》，頁 165-191。台北：風雲論壇。

波波（2019 年 5 月 28 日）。〈【DQ 專訪】王蟲、腐海神還原他花四年拍攝《風之谷》真人版〉，《地球圖輯隊》。取自 https://dq.yam.com/post.php?id=11146

波波（2019 年 7 月 19 日）。〈《小美人魚》真人版選角風波為什麼人魚不能是黑人？〉，《地球圖輯隊》。取自 https://qd.yam.com/post.php?id=11363

泥仔（2020 年 10 月 14 日）。〈【迷因專題 02】那些年，我們一起看過的經典迷因（族繁不及備載）〉，《地球圖輯隊》。取自 https://dq.yam.com/post.php?id=13086

邱韞蓁（2021 年 5 月 27 日）。〈龍母＋蝙蝠俠，能挑戰 Netflix？Discovery 和華納合併搶串流，4 大優勢全齊〉，《商周》。取自 https://www.businessweekly.com.tw/international/blog/3006616

魯皓平（2021 年 6 月 19 日）。〈《亞森羅蘋》紅什麼？他用最縝密的佈局，揭開社會寫實的真相〉，《遠見》。取自 https://www.gvm.com.tw/article/80300

張盛媄（2021 年 8 月 13 日）。〈紐西蘭政府不開心！亞馬遜工作室宣佈：《魔

戒》影集第二季將移至英國拍攝〉，**《風傳媒》**。取自 https://www.storm.mg/article/3878661?mode=whole

傅珮晴、錢玉紘（2021 年 8 月 13 日）。〈Disney+ 強勢登台、HBO Max 也緊追在後！旗下強檔好戲、收費方案一次比較〉，**《數位時代》**。取自 https://www.bnext.com.tw/article/64495/disney-hbo-compare

泰賀（2021 年 9 月 6 日）。〈【擊客來評】庫伊拉的死與新生——《時尚惡女：庫伊拉》〉，**《娛樂重擊 Punchline》**。取自 https://punchline.asia/archives/59617

葉慧儀、威廉・李（2021 年 10 月 1 日）。〈魷魚遊戲：Netflix 新劇為何席捲全球〉，**《BBC NEWS 中文》**。取自 https://www.bbc.com/zhongwen/trad/world-58759559

GEMarketing（2020 年 4 月 28 日）。〈社群行銷｜迷因是什麼？如何用迷因經營社群形成強大擴散力？〉，**《GEMarketing》**。https://www.gemarketing.com.tw/article/social/meme/

LEE（2020 年 8 月 12 日）。〈《哈利波特》20 週年繁體中文紀念版正式發售！封面融入台灣阿里山小火車設計元素、書背暗藏 7 集畫面彩蛋〉，**《哈潑時尚》**。取自 https://www.harpersbazaar.com/tw/culture/lifestyle/g33579715/20th-anniversary-harry-potter-chinese-edition/

Liu（2018 年 7 月 25 日）。〈故宮 LINE 貼圖登場！「清明上河圖之小人物心聲」貼圖讓古人幫你說出「人生好難」心裡話〉，**《La Vie》**。取自 https://www.wowlavie.com/Article/AE1801577

Hsu（2021 年 1 月 12 日）。〈【GQ科普】實際的「亞森羅蘋」是什麼樣子？Netflix 影集做了哪些改編？〉，**《GQ》**。取自 https://www.gq.com.tw/entertainment/article/%E4%BA%9E%E6%A3%AE%E7%BE%85%E8%98%8B-netflix-%E7%B6%B2%E9%A3%9B-%E5%BD%B1%E9%9B%86

NMEA 新媒體暨影視音發展協會（2019 月 12 月 26 日）。〈數據助攻！揭

開《返校》破億票房的行銷秘訣〉，《數位時代》。取自 https://www.bnext.com.tw/article/56064/nmea_topic_03

Wei（2018 年 5 月 24 日）。〈《冰與火之歌》系列小說作者的童書《冰龍》將由華納兄弟拍成動畫電影〉，《GNN 新聞》。取自 https://gnn.gamer.com.tw/detail.php?sn=163023

Atkinson, S. (2019). Transmedia film: From embedded engagement to embodied experience. In M. Freeman & R. R. Gambarato (Eds.), *The Routledge companion to transmedia studies* (pp. 15-24). New York, NY: Routledge.

Beddows, E. (2012). Consuming transmedia: *How audiences engage with narrative across multiple story modes.* Thesis doctoral, Swinburne University of Technology.

Bertetti, P. (2014). Toward a typology of transmedia characters. *International Journal of Communication, 8*, 2344-2361.

Bertetti, P. (2019). Transmedia archaeology: Narrative expansions across media before the age of convergence. In M. Freeman & R. R. Gambarato (Eds.), *The Routledge companion to transmedia studies* (pp. 263-271). New York, NY: Routledge.

Booth, P. (2016). BioShock: Rapture through transmedia. In B. W. L. D. Kurtz & M. Bourdaa (Eds.), *The rise of transtexts: Challenges and opportunities* (pp. 153-168). London, UK: Routledge.

Bourdaa, M. (2016). "I and not a tribute": the transmedia strategy of The Hunter games versus fan activism. In B. W. L. D. Kurtz & M. Bourdaa (Eds.), *The rise of transtexts: Challenges and opportunities* (pp. 90-103). London, UK: Routledge.

Bourdaa, M. (2019). Transmedia storytelling: Character, time, and world-The case of Battlestar Galactica. In M. Freeman & R. R. Gambarato (Eds.), *The*

Routledge companion to transmedia studies (pp. 133-140). New York, NY: Routledge.

British Library. (2017). *Harry Potter: A journey through a history of magic.* New York, NY: Bloomsbury Childrens.

Cannizzaro, S. (2016). Internet memes as internet signs: A semiotic view of digital culture. *Sign Systems Studies, 44*(4), 562-586.

Catania, A. (2015). Serial narrative exports: US television drama in Europe. In R. Pearson & A. N. Smith (Eds.), *Storytelling in the media convergence age: Exploring screen narratives* (pp. 205-220). New York, NY: Palgrave Macmillan.

Christine, I. (2018). Introduction to Dickensian: An intertextual universe. In I. Christie & A. van den Oever (Eds.), *Stories: Screen narrative in the digital era* (pp. 181-182). Amsterdam, Netherlands: Amsterdam Univ Pr.

Delwiche, A. (2016). Still searching for the Unicorn: Transmedia storytelling and the audience question. In B. W. L. D. Kurtz & M. Bourdaa (Eds.), *The rise of transtexts: Challenges and opportunities* (pp. 33-48). London, UK: Routledge.

Dowd, T., Fry, M., Niederman, M., & Steiff, J. (2013). *Storytelling across worlds: Transmedia for creatives and producers*. Burlington, MA: Focal Press.

Duret, C. (2019). Transfictionality, thetic space, and doctrinal transtexts: The procedural expansion of Gor in Second life's gorean role-playing games. In F. Fuchs & J. Thoss (Eds.), Intermedia games: *Games inter media: Video games and intermediality* (pp. 249-270). New York, NY: Bloomsbury.

Edmond, M. (2015). All platforms considered: Contemporary radio and transmedia engagement. *New Media & Society, 17*(9), 1566-1582.

Fehrle, J. (2019). Introduction: Adaptation in a convergence environment. In A. Fehrle & W. Schäfke-Zell (Eds.), *Adaptation in the age of media convergence* (pp. 7-30). Amsterdam, Netherlands: Amsterdam Univ Pr.

Flanagan, M., Mckenny, M., & Livingstone, A. (2016). *The Marvel Studios phenomenon: Inside a transmedia universe.* New York, NY: Bloomsbury.

Freeman, M. (2017). *Historicising transmedia storytelling: Early twentieth-century transmedia story worlds.* London, UK: Routeldge.

Freeman, M. (2019). Transmedia attractions: The case of Warner Bros. studio tour–The making of Harry Potter. In M. Freeman & R. R. Gambarato (Eds.), *The Routledge companion to transmedia studies* (pp. 124-130). New York, NY: Routledge.

Freeman, M., & Gambarato, R. R. (2019). Introduction: Transmedia Studies–Where Now?. In M. Freeman & R. R. Gambarato (Eds.), *The Routledge companion to transmedia studies* (pp. 1-12). New York, NY: Routledge.

Gambarato, R. R., Alzamora, G. C., & Tárcia, L. T. P. (2018). 2016 Rio Summer Olympics and the transmedia journalism of planned events. In R. R. Gambarato & G. C. Alzamora (Eds.), *Exploring transmedia journalism in the digital age* (pp. 126-146). Hershey, PA: Information Science Reference.

Gibbons, A. (2017). Reading S. across media: Transmedia storyworlds, multimodal fiction, and real readers. *Narrative, 25*(3), 321-341.

Hancox, D. (2017). From subject to collaborator: Transmedia storytelling and social research. *Convergence: The International Journal of Research into New Media Technologies, 23*(1), 49-60.

Harvey, C. B. (2012). Sherlock's webs: What the detective remembered form the Doctor about transmediality. In L. E. Stein & K. Busse (Eds.), *Sherlock and transmedia fandom: Essays on the BBC series* (pp. 118-132).

Jefferson, NC: McFarland.

Harvey, C. B. (2015). *Fantastic transmedia: Narrative, play and memory across science fiction and fantasy storyworlds.* New York, NY: Palgrave Macmillan.

Hassler-Forest, D. (2019). Transmedia politics: Star Wars and the Ideological battlegrounds of popular franchises. In M. Freeman & R. R. Gambarato (Eds.), *The Routledge companion to transmedia studies* (pp. 297-305). New York, NY: Routledge.

Herman, D. (2010). Word-image/ utterance-gesture: Case studies in multimodal storytelling, In R. Page (Ed.), *New perspectives on narrative and multimodality* (pp. 78-98). London, UK: Routledge.

Holthuis, S. (2010). Intertexualtiy and meaning constitution. In J. S. Petöfi & T. Olivi (Eds.), *Approaches to poetry: Some aspects of textuality, intertexuality and intermediality* (pp. 77-93). New York, NY: Palgrave Macmillan.

Jagoda, P. (2016). *Network aesthetics.* Chicago, IL: University of Chicago Press.

Jenkins, H. (2006). *Convergence culture: Where old and new media collide.* New York, NY: New York University Press.

Jenkins, H. (2016). Transmedia logics and locations. In B. W. L. D. Kurtz & M. Bourdaa (Eds.), *The rise of transtexts: Challenges and opportunities* (pp. 220-240). London, UK: Routledge.

Jenkins, H. (2019). Foreword. In M. Freeman & R. R. Gambarato (Eds.), *The Routledge companion to transmedia studies* (pp. xxvi-xxx). New York, NY: Routledge.

Jenkins, H., Ford, S., & Green, J. (2013). *Spreadable media: Creating value and meaning in a networked culture.* New York, NY: New York University Press.

Jewitt, C. (2012). An introduction to multimodality. In C. Jewitt (Ed.), *The Routledge handbook of multimodal analysis* (pp. 14-25). London, UK: Routledge.

Keinonen, H. (2016). From serial drama to transmedia storytelling: How to re-articulate television aesthetics in the post-broadcast era. *Northern Lights, 14,* 65-81.

Kérchy, A. (2016). *Alice in transmedia wonderland*: *Curiouser and curiouser new forms of a children's classic.* Jefferson, NC: McFarland Publishing.

Kérchy, A. (2019). Transmedia Commodification: Disneyfication, magical objects, and Beauty and the Beast. In M. Freeman & R. R. Gambarato (Eds.), *The Routledge companion to transmedia studies* (pp. 223-232). New York, NY: Routledge.

Kerrigan, S., & Velikovsky, J. T. (2016). Examining documentary transmedia narratives through The Living History of Fort Scratchley project. *Convergence: The International Journal of Research into New Media Technologies, 22*(3), 250-268.

Kidd, J. (2019). Transmedia heritage: Museums and historic sites as present-day storytellers. In M. Freeman & R. R. Gambarato (Eds.), *The Routledge companion to transmedia studies* (pp. 272-278). New York, NY: Routledge.

Knox, S., & Kurtz, B. W. L. D. (2016). Texture, realism, performance: Exploring the intersection of transtexts and the contemporary sitcom. In B. W. L. D. Kurtz & M. Bourdaa (Eds.), *The rise of transtexts: Challenges and opportunities* (pp. 49-67). London, UK: Routledge.

Kress, G. (2010). *Multimodality: A social semiotic approach to contemporary communication.* London, UK: Routledge.

Kurtz, B. W. L. D. (2016). Set in stone: Issues of canonicity of transtexts. In B. W. L. D. Kurtz & M. Bourdaa (Eds.), *The rise of transtexts: Challenges and opportunities* (pp. 104-118). London, UK: Routledge.

Kurtz, B. W. L. D., & Bourdaa, M. (2016). The world is changing···and transtexts are rising. In B. W. L. D. Kurtz & M. Bourdaa (Eds.), *The rise of transtexts: Challenges and opportunities* (pp. 1-11). London, UK: Routledge.

Lamerichs, N. (2012). Holmes abroad: Dutch fans interpret the famous detective. In L. E. Stein & K. Busse (Eds.), *Sherlock and transmedia fandom: Essays on the BBC series* (pp. 179-193). Jefferson, NC: McFarland.

Laurichesse, H. (2016). Considering transtexts as brands. In B. W. L. D. Kurtz & M. Bourdaa (Eds.), *The rise of transtexts: Challenges and opportunities* (pp. 187-203). London, UK: Routledge.

Levenson, J. L., & Ormsby, R. (2017). *The Shakespearean world.* London, UK: Taylor & Francis.

Lindstrand, F., Insulander, E., & Selander, S. (2016). Multimodal representations of gender in young children's popular culture. *Journal of Media and Communication Research, 61*, 6-25.

Lippitz, A. (2019). Lost in the Static?: Comics in video games. In F. Fuchs & J. Thoss (Eds.), *Intermedia games: Games inter media: Video games and intermediality* (pp. 115-132). New York, NY: Bloomsbury.

Long, G. (2016). Creating worlds in which to play: Using transmedia aesthetics to grow stories into storyworlds. In B. W. L. D. Kurtz & M. Bourdaa (Eds.),

The rise of transtexts: Challenges and opportunities (pp. 139-152). London, UK: Routledge.

McErlean, K. (2018). *Interactive narratives and transmedia storytelling: Creating immersive stories across new media platforms.* London, UK: Routledge.

McIntyre, G. (2019). *Little women: The official movie companion.* New York, NY: Arams Books.

McKernan, L. (2018). The lives of the characters in Dickensian. In I. Christie & A. van den Oever (Eds.), *Stories: Screen narrative in the digital era* (pp. 183-192). Amsterdam, Netherlands: Amsterdam Univ Pr.

Mclean, J. (2015). *The art and making of Hannibal: The television series.* London, UK: Titan Books.

Merlo, S. (2014). *Narrative, story, intersubjectivity: Formulating a continuum for examining transmedia storytelling.* Unpublished doctoral dissertation, Murdoch University.

Milvy, E. (2019, December 1). Nine black Hermiones, and "Harry Potter and the cursed child" still won't talk race. *Los Angeles Times.* Retrieved from https://www.latimes.com/entertainment-arts/story/2019-12-01/black-hermione-harry-potter-cursed-child

Mittell, J. (2014). Strategies of storytelling on transmedia television, In M. Ryan & J. Thon (Eds.), *Storyworlds across media: Toward a media- conscious narratology* (pp. 253-277). Lincoln, NE: University of Nebraska Press.

Monore-Cassel, C., & Lehrer, S. (2012). *A feast of Ice and fire: The official companion cookbook.* New York, NY: Bantam Books.

Monroe-Cassel, C. (2015). *From the sands of Dorne: A feast of ice & fire companion cookbook.* London, UK: Bantam.

Nathan, I. (2016). *Inside the magic: The making of Fantastic beasts and where to find them.* London, UK: Harper Design.

Page, R. (2010). Introduction. In R. Page (Ed.), *New perspectives on narrative and multimodality* (pp. 1-13). London, UK: Routledge.

Painter, C., Martin, J. R., & Unsworth, L. (2013). *Reading visual narratives: Image analysis of children's picture books.* London, UK: Equinox.

Pearson, R. (2019). Transmedia characters: Additionality and cohesion in transfictional heroes. In M. Freeman & R. R. Gambarato (Eds.), *The Routledge companion to transmedia studies* (pp. 148-156). New York, NY: Routledge.

Person, R. (2015). A case of identity: Sherlock, Elementary and their national broadcasting systems. In R. Pearson & A. N. Smith (Eds.), *Storytelling in the media convergence age: Exploring screen narratives* (pp. 122-148). New York, NY: Palgrave Macmillan.

Poore, B. (2019). Masters of the universe? Viewers, the media, and Sherlock's lead writers. In A. Fehrle & W. Schäfke-Zell (Eds.), *Adaptation in the age of media convergence* (pp. 133-158). Amsterdam, Netherlands: Amsterdam Univ Pr.

Porter, L. (2012). Welcome to London: The role of the cinematic tourist. In L. Porter (Ed.), *Sherlock Holmes for the 21st century: Essays on new adaptations* (pp. 164-180). Jefferson, NC: McFarland and Company.

Resuloğlu, F. (2019). A song of transmedia storytelling: A case study on Game of Thrones TV series. In R. Yilmaz, M. N. Erdem & F. Resuloğlu (Eds.), *Handbook of research on transmedia storytelling and narrative strategies* (pp. 72-90). New York, NY: Information Science Reference.

Revenson, J. (2015). *Harry Potter: Magical places from the films: Hogwarts,*

Diagon Alley, and beyond. London, UK: Harper Design.

Revenson, J. (2019). *Harry Potter and the cursed child: The journey: Behind the scenes of the award-winning stage production.* NY, New York: Scholastic.

Richards, D. (2016). Historicizing transtexts and transmedia. In B. W. L. D. Kurtz & M. Bourdaa (Eds.), *The rise of transtexts: Challenges and opportunities* (pp. 15-32). London, UK: Routledge.

Ryan, M. (2014). Storyworlds across media: Introduction, In M. Ryan & J. Thon (Eds.), *Storyworlds across media: Toward a media- conscious narratology* (pp. 1-21). Lincoln, NE: University of Nebraska Press.

Salisbury, M. (2016). *The case of beasts: Explore the film wizardry of Fantastic beasts and where to find them.* London, UK: Harper Design.

Schiller, M. (2018). Transmedia storytelling: New practices and audiences. In I. Christie & A. van den Oever (Eds.), *Stories: Screen narrative in the digital era* (pp. 97-197). Amsterdam, Netherlands: Amsterdam Univ Pr.

Schober, R. (2019). Adaptation as connection: A network theoretical approach to convergence, participation, and co-production. In A. Fehrle, & W. Schäfke-Zell (Eds.), *Adaptation in the age of media convergence* (pp. 31-56). Amsterdam, Netherlands: Amsterdam Univ Pr.

Scolari, C. A., Bertetti, P., & Freeman, M. (2014). Introduction: Towards an archaeology of transmedia storytelling. In C. A. Scolari, P. Bertetti & M. Freeman (Eds.), *Transmedia archaeology: Storytelling in the borderlines of science fiction, comics and pulp magazines* (pp. 1-14). New York, NY: Palgrave Macmillan.

Sibley, B. (2002). *The lord of the rings: The making of the movie trilogy.* London, UK: Harper Collins.

Simons, N., Dhoest, A., & Malliet, S. (2012). Beyond the text: Producing cross- and transmedia fiction in Flanders. *Northern Lights, 10*, 25-40.

Smith, A. N. (2018). *Storytelling industries: Narrative production in the 21st century.* London, UK: Palgrave Macmillan.

Solomon, C. (2017). *Tales as old as time: The art and making of Beauty and the Beast. California,* CA: Disney Editions.

Solomon, C., & Branagh, K. (2015). *A wish your heart makes: From the Grimm Brothers' aschenputtel to Disney's Cinderella.* California, CA: Disney Editions.

Solomon, C., & Hahn, D. (2015). *Once upon a dream: From Perrault's sleeping beauty to Disney's Maleficent.* California, CA: Disney Editions.

Stein, L. E. (2016). Fandom and the transtext. In B. W. L. D. Kurtz & M. Bourdaa (Eds.), *The rise of transtexts: Challenges and opportunities* (pp. 71-89). London, UK: Routledge.

Tarasti, E. (2004). Music as a narrative art. In M. Ryan (Ed.), *Narrative across media* (pp. 283-303). Lincoln, Neb.: University of Nebraska Press.

The Inn at the crossroads. (2012, May 10). Olla Podrida: Don Quixote, 1655. *The Inn at the crossroads.* Retrieved from http://www.innatthecrossroads. com/olla-podrida-don-quixote-1655/

Thibault, M. (2019). Transmediality and the brick: Differences and similarities between analog and digital Lego play. In F. Fuchs, & J. Thoss (Eds.), *Intermedia games: Games inter media: Video games and intermediality* (pp. 231-248). New York, NY: Bloomsbury.

Thon, J. (2014). Subjectivity across media: On transmedial strategies of subjective representation in contemporary feature films, graphic novels, and computer games, In M. Ryan & J. Thon (Eds.), *Storyworlds across*

media: Toward a media- conscious narratology (pp. 67-102). Lincoln, NE: University of Nebraska Press.

Thon, J. (2019). A narratological approach to transmedial storyworlds and transmedial universes. In M. Freeman & R. R. Gambarato (Eds.), *The Routledge companion to transmedia studies* (pp. 375-382). New York, NY: Routledge.

Tribe, S. (2014). *Sherlock: The chronicles.* London, UK: Random House.

Tulloch, J., & Jenkins, H. (1995). *Science fiction audiences: Watching doctor who and StarTrek.* London, UK: Routledge.

Unsworth, L., & Cléirigh, C. (2012). Multimodality and reading: The construction of meaning through image-text interaction. In C. Jewitt (Ed.), *The Routledge handbook of multimodal analysis* (pp. 151-163). London, UK: Routledge.

Voigts, E. (2019). From paratext to polyprocess: The "quirky" mashup novel. In A. Fehrle & W. Schäfke-Zell (Eds.), *Adaptation in the age of media convergence* (pp. 87-110). Amsterdam, Netherlands: Amsterdam Univ Pr.

Wooten, D. (2013). *How Lego constructs a cross-promotional franchise with video games.* Unpublished theses and dissertations, The University of Wisconsin-Milwaukee.

Young, P. (2008). Film genre theory and contemporary media: Description, interpretation, intermediality. In R. Kolker (Ed.), *The Oxford handbook of film and media studies* (pp. 224-259). New York, NY: Oxford University Press.

2 改編產業與「童話／民間故事」取材方向

壹、研究緣起

一、Disney 故事品牌建構策略

　　跨媒介敘事者可發展授權經濟，轉化原作為多種模組，呼應「敘事即品牌」（narrative are brands）潮流（Beddows, 2012; Smith, 2011）。跨媒介產製者可沿用角色「品牌辨識度」，如閱聽人熟知視聽元素，協助閱聽人聯想互文體系（Laurichesse, 2016）。改編者亦可參照系列文本之敘事線索（narrative references），再述關鍵片段及插曲，獲取閱聽人關注、聯想舊作美學成份（Freeman, 2017; Laurichesse, 2016）。

　　跨媒介敘事者亦需慮及閱聽人「忠誠度」，如沿用角色、相仿故事背景及區域設定，喚起閱聽人情感而經營長久品牌涉入關係（Laurichesse, 2016）。好萊塢跨媒介產製模式多出自特定文本，並以市場反應等經濟脈絡為改編／翻拍考量，改作暢銷文本至多平台（Jenkins, 2016）。Disney 持續創作、產製及販賣故事，如動畫《白雪公主》、《仙履奇緣》及《睡美人》同為 Disney 童話經典（Solomon & Hahn, 2015）。

　　Disney 改編團隊以闔家觀賞、家庭娛樂為訴求，另因應當代價值觀，改變 Disney 品牌之角色表徵及旨趣（Solomon, 2017）。Disney 早年動畫之目標閱聽人為兒童，如取自經典童話《白雪公主》及《睡美人》；近年則考量女力覺醒等文化脈絡，故再媒介化舊作、建構獨立女英雄角色（Richards, 2016）。易言之，跨媒介敘事者可依文化脈絡，彈性調整「電影品牌」

（film-brand）（Laurichesse, 2016）。

二、跨媒介敘事之學理及產業趨勢：角色為改編核心

　　跨媒介敘事學整合「媒介」及「敘事」，創作者融合多種媒介形態，延伸主題、角色及故事世界（Kerrigan & Velikovsky, 2016）。敘事者以跨媒介互文機制而模仿既有成品之主題、典故及符碼，構成媒介間相互指涉（Grishakova & Ryan, 2010; Rajewsky, 2010）。敘事者依跨媒介互文機制而詮釋舊版本，並承接作品系譜、建構故事網絡（Harvey, 2015）。

　　跨媒介敘事可分為「嚴謹跨媒介形態」（hard transmedia）及「裝飾型跨媒介形態」（decorative transmedia），前者運用跨媒介互文串接各平台連結，延伸故事線、增設媒介形態而闡釋故事世界；後者則依跨文本支線補述故事世界，如紀實類型 TED Talk 詮釋特定事件，輔助「嚴謹跨媒介形態」故事主軸（Delwiche, 2016）。

　　故事角色常轉化為多平台版本，且系列改編常超越原作收益，促成「跨媒介角色」（transmedia character）興起（Bertetti, 2014; Flanagan, Mckenny, & Livingstone, 2016）。以「嚴謹跨媒介形態」言之，敘事者延伸故事線，模仿既有角色設定（如圖像、背景及動作），促成跨媒介互文效果（Bertetti, 2014; Delwiche, 2016）。經典角色因深植民心，改編者可藉角色帶入背景、行事模式及情節；改編者若更換敘事情境（如真人版），可引發消費者注意及新生代好奇（Flanagan, Mckenny, & Livingstone, 2016; Solomon, 2017）。再如「翻拍」（a remaking of a film）為常見故事品牌之延續及運用，如產製者融入特定角色觀點及主題而重新詮釋經典作品（Herbert, 2017）。翻拍或與「文化懷舊」相繫，跨媒介產製者可改作既有文本，喚起閱聽人熟悉記憶與情感（Evans, 2011; Herbert, 2017）。以近年趨勢為例，真人版電影《仙履奇緣》及《黑魔女：沉睡魔咒》（*Maleficent*）均改編經典文學，擴充角

色背景而予反派高度（Solomon, 2017）。改編者融合當代歷史文化情境，改作／翻拍系列電影以塑造角色形貌（Herbert, 2017）。

以「跨文本支線」言之，紀實支線具補白功能，協助閱聽人回顧經典角色、延伸既有版本（Delwiche, 2016; Kurtz, 2017）。如 Disney 真人版電影《花木蘭》為劉亦菲主演，官方發佈訊息後引發網路討論，新聞報導也比較動畫版及真人版等角色設定（台視新聞，2017 年 11 月 29 日），引發不同世代關注。凡此種種，皆可見特定故事角色延伸之「跨文本支線」扮演助力，協助拓展故事網絡，並適時將閱聽人注意力拉回經典角色。

目前跨媒介敘事多著重文本討論，少探索「跨媒介角色」如何連動故事網絡。若以角色驅動的故事體例為例，跨媒介互文具體展現面向為何？改編者如何承繼經典文學之角色系譜，並隨閱聽人需求而接續「嚴謹跨媒介形態」？改編者如何延伸紀實支線，補充「跨文本支線」擴充角色意涵？此皆少見於跨媒介敘事學理。

先前學理已提出角色重要性，敘事者藉角色觀點而引導閱聽人解讀（Iser, 1978）。若回歸跨媒介角色之故事網絡，仍可再思索：其一，敘事者於多元媒介而呈現版本，並依特定角色而續寫故事（Scolari, Bertetti, & Freeman, 2014），目前學理較少論及「跨媒介角色」與多種改編版本（如翻拍現象），或可再細究。其二，敘事者依互文線索而形塑不同版本，然而現有學理較少探索改編者如何融入紀實支線，串接角色為核心之故事網絡。

跨媒介角色可分「敘事延展」及「媒介延展」續寫故事（Bertetti, 2014）。本研究依上述探索層面，以「敘事延展」及「媒介延展」為例，探索改編者如何塑造跨媒介角色。

二、研究問題

(一)敘事延展：跨媒介敘事者如何建構角色導向之故事網絡

1. 敘事者如何擴展「嚴謹跨媒介形態」主線？

(1) 跨媒介敘事者參照之歷時脈絡為何？

敘事者可參照類型傳統及角色系譜，補述角色、事件及背景等而拓展故事體系（Bertetti, 2014; Zaluczkonwska, 2012）。敘事者如何承襲歷時脈絡，依循類型傳統及角色系譜而延伸故事？

(2) 跨媒介敘事者如何組裝文本元素而重新詮釋角色？

敘事者需拓展角色特質、關係與時地背景，發展故事網絡（Hurtado, 2011）。敘事延展指新作延續先前角色及情節，媒介延展指不同載具、敘事資源及轉化形態（Scolari, Bertetti, & Freeman, 2014）。

2. 跨媒介敘事如何擴充「跨文本支線」輔助主軸？

跨媒介敘事者參照真實經驗及情境，增補跨媒介角色之紀實支線（Solomon & Branagh, 2015; Solomon & Hahn, 2015）。跨媒介敘事者如何架接紀實支線，進一步延伸經典角色？

(二) 媒介延展：跨媒介敘事者如何藉多模組而重新詮釋角色

「媒介延展」藉多模組敘事資源，再述作品為相異形式（Klastrup & Tosca, 2014; Page, 2010）。多模組為不同媒介素材混用，整合特定媒介元素而發揮綜效（Page, 2010）。以媒介延展言之，敘事者如何運用多模組資源而衍生角色多元樣貌？

貳、文獻探索

　　跨媒介考掘學（transmedia archelogy）剖析故事形變，細究角色變遷及文化脈絡（Scolari, Bertetti, & Freeman, 2014）。角色在故事體系具特定功能，連動群組及互動關係等基本結構；如角色因特定動機而追尋目標及採取行動，推動後續情節發展（Edson, 2012）。跨媒介敘事者隨系列故事發展，融入不同角色觀點再詮釋文本、鋪陳背景脈絡，成就跨媒介文本變體（Bertetti, 2014）。

　　易言之，該領域研究者盼細緻化敘事分析方式，剖析角色如何在不同媒介及文本轉化（Pearson, 2014）。下文說明改編者重新詮釋角色考量，分以「敘事延展」及「媒介延展」呈現。

一、經典童話之跨媒介角色與「敘事延展」

（一）嚴謹跨媒介形態

1. 經典童話傳統

　　經典童話為敘事者融入想像，參照故事原型及文學傳統，蘊藏幻想世界之獨特邏輯（Mass & Levine, 2002）。童話作者及改編者以不同律則詮釋故事世界，如主角因特殊經歷，擁有超能力而歷險；其他如巫師、龍、精靈等超自然角色，或運用咒語、神器而解決問題，轉化現實「不可能」為可能（Gray, 2009; Walters, 2011）。童話多具慣例情節及公式，主角或因接受任務而展開英雄之旅：如「英雄」接受「使者」呼召、獲取「助手」幫忙、化解「惡人」挑戰後達成拯救「公主」等目標，最終重返平靜日常（Edson, 2012; Gray, 2009）。

2. 特定角色發展系譜

　　跨媒介敘事者可考掘童話類型系譜，如童話隱含道德規訓、特定時期關注議題；或對應歷來改編文本，理解各版本突顯角色特質與敘事旨趣（Solomon, Buck, & Lee, 2013; Solomon & Hahn, 2015; Solomon, 2017）。

　　改編者承襲跨媒介互文線索建構故事網絡，並結合閱聽人之懷舊情感及兒時回憶而詮釋經典作品（Bertetti, 2014; Buerkle, 2014）。敘事者融入懷舊氛圍而展現閱聽人熟知情節，宛若反覆吟唱搖籃曲般撫慰閱聽人（Buerkle, 2014）。跨媒介角色承襲不同世代，如閱聽人床邊故事可為〈仙履奇緣〉等長銷百年經典，或成長時賞析經典童話之改編動畫（Solomon & Branagh, 2015）。易言之，改編者可考量閱聽人兒時觀看文本及熟知角色，召喚閱聽人懷舊情感而願重溫故事、如同儀式般再接收相仿作品（Bertetti, 2014; Buerkle, 2014）。

　　敘事者預設盼對話之目標對象，此即創作歷程之潛在讀者（implicit reader；Echo, 1994; Scolari, 2009）。敘事者臆想潛在閱聽人需求、年齡層，據此調整改編策略而安排角色及情節（Echo, 1994; Scolari, 2009; Smith, 2000）。跨媒介角色行之有年，改編者或可模擬角色典故、旁白、畫面及翻拍舊作（a remaking of a film），引發潛在閱聽人熟悉感及懷舊感而游移於相異版本（Hanson, 2011; Klastrup & Tosca, 2014）。改編者轉化古老傳說為現代版本，融入宜老宜少娛樂元素；再如改編者翻拍動畫為真人版，維持動畫創見，並加入驚奇元素而增故事吸引力（Solomon, 2017）。

　　跨媒介敘事者依經典童話之角色設定，增補角色前傳或後傳、提供相異視角而賦予新意（Hanson, 2011; Solomon & Hahn, 2015）。《小飛俠彼得潘》（Peter Pan: The boy who wouldn't grow up）出版逾 110 年，融合美人魚及夢幻島等奇幻元素，改編為音樂劇、真人版電影及卡通等（Hanson,

2011）。敘事者重新詮釋角色時，即使新增元素而增補角色定位及價值觀等，仍需考量跨媒介互文元素而維持故事連續基調（Bertetti, 2014; Gordon & Lim, 2016; Zaluczkonwska, 2012）。《虎克船長》（*Hook*）依不同觀點再述小飛俠故事，詮釋彼得潘（Robin Williams 飾）因喜愛一名女子而離開夢幻島。彼得從此遺忘想像及飛行，長大成為律師並為事業而活。彼得為人父後，虎克船長來襲並綁架兩名稚子。彼得只好返回夢幻島，重拾飛行記憶而對抗虎克。彼得救回稚子後回歸人間，並以想像童趣面對人生、處理家庭關係。整體言之，跨媒介敘事者可自不同觀點再述故事，提供多面詮釋而呈現故事圖譜（von Stackelberg & Jones, 2014）。敘事者增補角色說明，合理化與核心文本設定殊異、跨媒介版本未言明處，延續系列故事發展（Flanagan, Mckenny, & Livingstone, 2016）。

3. 角色屬性與敘事延展：確定身分、關係身分、共時身分、主題身分

跨媒介敘事可自單一角色出發，建構角色關聯及時空背景（Edmond, 2015），因互文線索而構成故事網絡。跨媒介敘事者延伸核心故事為相異支線，提供其他角色觀點、情節及背景，並為角色賦予新義（Bertetti, 2014; Hancox, 2017）。以故事言之，角色組成包括「確切身分」（proper identity；如角色外表等具體屬性、姓氏及圖像，並隨時間設定而改變角色面貌、服裝及內在特質）；角色亦具「關係身分」（relational identity；如何與其他角色互動）及「共時身分」（syntactic identity；角色與時空設定之關聯），依此烘托「主題身分」（thematic identity）呈現故事旨趣（賴玉釵，2020；Bertetti, 2014; Scolari, Bertetti, & Freeman, 2014）。

跨媒介敘事者重新詮釋經典角色時，可參照角色知識庫而融入通俗文化及當代熟知符碼（Herbert, 2017; Scolari, Bertetti, & Freeman, 2014）。改編者可引述角色符碼、語句、插圖及典故等，經由互媒及再書寫擴充角色意涵（Burke, 2015; Holthuis, 2010）。《愛麗絲夢遊仙境》出版逾 150 年，並改

編真人版、音樂劇、芭蕾舞劇等；角色因應媒介形態而新增對白、走位及音樂等設計（Kérchy, 2016）。改編版本多維持愛麗絲藍裙造型及姓氏等「確定身分」；或融入謎語等語言遊戲，烘托愛麗絲與其他角色怪誕互動等「關係身分」；改編版本多維持兔子洞及鏡中世界等虛構場景「共時身分」，並凸顯超乎現實「主題身分」。

（二）跨文本支線：敘事者補述角色建構之紀實支線

　　跨媒介敘事者依核心角色起始，補述故事軸線及紀實資訊，召喚閱聽人理解主角遭遇及歷史脈絡（Kerrigan & Velikovsky, 2016; Simons, Dhoest, & Malliet, 2012）。若閱聽人賞析原作及改編版本，引發對改作歷程之好奇，亦可找尋紀實支線而理解幕後選材等考量（Cashdan, 2000; Canemaker, 2010）。

1. 跨媒介角色、故事考掘與紀實事證

　　跨媒介敘事者以角色為核心而整合紀實事證，考掘故事系譜而發掘多種詮釋觀點（Gardner & Burstein, 2015 ／陳榮彬譯，2016）。跨媒介敘事研究則可對照角色發展系譜，理解特定版本道具之隱喻功效（Bertetti, 2014; Scolari, Bertetti, & Freeman, 2014）。〈仙履奇緣〉流傳至今已逾七百種版本，各國版本反映民俗文化脈絡，提供後續研究思辨基礎（Cashdan, 2000）。目前最通俗版本為 Charles Perrault 撰寫《鵝媽媽故事集》（Mother Goose），也是唯一提及灰姑娘穿上玻璃鞋者（Bettelheim, 1976 ／王翎譯，2017）。若回歸故事考掘脈絡，「玻璃鞋」（verre）或為「毛皮鞋」（vair）誤植，但因當時玻璃實屬珍稀而更突顯奇幻元素，故成跨媒介角色之道具及關鍵情節（賴玉釵，2020；Bettelheim, 1976 ／王翎譯，2017）。

　　跨媒介敘事者可考掘歷史等紀實素材，補述角色特徵、行為特質及社會情境，反映特定價值觀（Kerrigan & Velikovsky, 2016; Kidder & Todd,

2013）。《鵝媽媽故事集》潛在讀者為法國貴族，故灰姑娘赴宴之馬匹數及僕從安排，形似法國王室排場（王翎譯，2017 / Bettelheim, 1976）。易言之，改編者可參照特定角色發展系譜，理解原初道具設定及成書情境，作為重新詮釋基礎（Scolari, Bertetti, & Freeman, 2014）。整體言之，改編者可參照紀實素材而理解角色系譜發展，拓展跨媒介角色之歷史縱深。

2. 跨媒介角色延伸之紀實資訊

　　跨媒介敘事者可參照外部作品之素材及知識，運用紀實資訊而延伸故事網絡（Heuvel, 2013; Zeiser, 2015）。敘事者整合角色特寫及史料而延伸故事支線，鼓勵閱聽人對應真實資訊而引發同理等情感（Kerrigan & Velikovsky, 2016; Kidder & Todd, 2013）。以英國童話《派丁頓熊》為例，派丁頓熊在車站流浪時攜帶告示「請照顧這隻熊，謝謝你」；布朗夫婦發現派丁頓後，收留小熊而引發後續逗趣情節（轉角 24 小時，2017 年 6 月 29 日）。若回歸歷史背景，作者乃援用倫敦大轟炸之親身經歷，父母擔心照顧家庭走散，故先兒童身上貼標語「請照顧這個小孩，謝謝你！」並將財產置於手提箱（轉角 24 小時，2017 年 6 月 29 日）。紀實支線介紹《派丁頓熊》故事及典故，或可召喚閱聽人同理兒童面臨焦慮及困境，並理解為何布朗夫婦會決定收留陌生小熊。

　　跨媒介敘事者依據文本脈絡而補充新材料，增補後製狀況、演員資訊等消息來源；並選擇粉絲團等平台特質而發佈資訊，吸引閱聽人注意力（Raphael & Lam, 2016; Zeiser, 2015）。敘事者植基真實情境，引述觀察、對談及截圖等，輔助主要文本進展（Edmond, 2015; Kerrigan & Velikovsky, 2016）。如經典童話之譯者可按故事發展時序，補充紀實典故（如解析角色用語及典故等），並整理特定角色轉化多種類型之改編作品（Gardner & Burstein, 2015 / 陳榮彬譯，2016）。易言之，敘事者可依角色為核心，補述紀實支線而輔助主要文本。

3. 跨媒介角色延伸之紀實素材與迷因行銷

若以新媒體及載具為例，跨媒介敘事者轉譯紀實資訊為新聞、紀錄片或訪談等形態，並於粉絲團等多平台傳達理念（Edmond, 2015; Kerrigan & Velikovsky, 2016）。敘事者可於網路提供幕後紀實等短片，融入台詞及音效而建構角色多元意涵（Raphael & Lam, 2016; Zeiser, 2015）。

(1) 紀實素材轉為新媒體平台之圖像

跨媒介轉述者整合多種平台，結合歷史照片、圖文及具體事物等，盼激發閱聽人關注特定議題（Edmond, 2015; Kerrigan & Velikovsky, 2016）。紀實素材可精確呈現角色相關資訊，或以不同視角而再述故事，提供可鑽研（drillability）議題（Kerrigan & Velikovsky, 2016）。

(2) 紀實素材轉為新媒體平台之短文

跨媒介敘事者改編經典童話時，可統整相異版本之角色發展，讓閱聽人理解經典角色演繹歷程（Solomon & Branagh, 2015; Solomon & Hahn, 2015; Solomon, 2017）。敘事者可轉化紀實素材為圖像及短文，以文字闡釋背景而助圖義定錨（Lehtimäki, 2010; Unsworth & Cléirigh, 2012）。如敘事者以電影幕後設定集說明拍攝旨趣，輔以照片及角色概念圖呈現理念（Solomon, 2017）。照片指涉不在場之現實事物，予閱聽人貼近真實等感受（Rajewsky, 2010; Unsworth & Cléirigh, 2012）。另如圖像可與文字相互呼應，文字補述視覺呈現，圖像延伸文字未言明處（Canemaker, 2010; Lehtimäki, 2010）。

二、經典童話之跨媒介角色與「媒介延展」：模組身分（modal identity）

「模組身分」指跨媒介角色需藉不同模組呈現，依具體特徵而展現動機、技能及所知（Bertetti, 2014）。媒介載具提供多模組等敘事資源，鼓勵敘

事者改編核心文本為系列作品，以他種媒介形態呈現（Grishakova & Ryan, 2010; Page, 2010）。敘事者可藉多模組資源（如電影及音樂劇等），考量媒介屬性而轉化角色形態（Grishakova & Ryan, 2010; Hurtado, 2011; Kérchy, 2016）。跨媒介敘事者延續核心文本並建構系列作品，透過相異媒介而重新詮釋角色特質，賦予經典角色多元面貌（Freeman, 2014）。

（一）經典童話之角色轉為影音形態

跨媒介敘事者可依視覺元素而塑造角色意象；並可安排角色走位、動作及具體造景，提供閱聽人如實感動（Solomon, 2017）。以小說改編為影音媒介為例，電影除延續核心文本呈現閱聽人熟悉資訊，或輔以音樂而舖陳情感以輔助影像呈現（Gordon & Lim, 2016; Weedon, Miller, Franco, Moorhead, & Pearce, 2014）。

跨媒介敘事者可依「角色符徵」等「視覺識別」形塑「品牌辨識」度，再延續角色系列故事（Laurichesse, 2016）。Disney 影業結合數位特效翻拍 1970 年代動畫，拓展跨媒介角色特質（Rehak, 2018）。如 Disney 改編《愛麗絲夢遊仙境》為動畫，其後以「藍衣白圍裙」之「黃髮少女」代言愛麗絲角色形貌（Kérchy, 2016）。

再如跨媒介敘事者運用數位繪圖技術，模仿現實生活之色彩、光線、角色動作及聲效，賦予動態影像「如實感」（Balides, 2004; Rehak, 2018）。Disney 打造《愛麗絲夢遊仙境》故事網絡，承襲愛麗絲角色設定；另 Disney 亦提供多種改作形態，如 1920 年代改編喜劇片、2010 年及 2016 年真人版電影等，建構新節點而拓展故事宇宙（Kérchy, 2016）。跨媒介敘事者常翻拍／改編舊作，「再媒介化」經典文本；如改編者運用 3D 特效等多模組敘事資源，參照動畫以建構如實視覺奇景，供閱聽人感知事物為真（Ndalianis, 2004; Rehak, 2018）。若以真人版電影為例，改編者重新詮釋動畫版而召喚

閱聽人對應熟知文本，並運用特效而模擬實境（Rehak, 2018）。整體言之，Disney 影業承襲經典動畫角色元素，近年結合特效翻拍／改作長銷文本。改編者「再媒介化」經典動畫，形塑擬真等視覺奇觀，持續增加角色「經濟價值」。

（二）經典童話之角色轉為音樂劇形態

跨媒介敘事者考量特定類型之敘事資源，形塑多種故事節點、匯集為故事宇宙（Beddows, 2012）。音樂劇敘事模組涵蓋角色動作／舞蹈、音樂元素，並可整合圖文等多模組呈現（Solomon, 2017）。舞台劇敘事者轉述奇幻文本時，可結合道具、舞台設計（動畫投影等）塑造視覺奇景（Kérchy, 2016）。

跨媒介研究者可探索「敘事策略」成立條件，如何種市場脈絡驅動系列文本發展（Freeman, 2017）。Disney 影業著重音樂敘事，並依音樂互文線索發展故事網絡。創作傳統如 Walt Disney 受柴可夫斯基《睡美人》舞劇啟迪，除以音樂主題先行引導動畫製作，也揀選若干古典樂章為動畫配合橋段（Solomon & Hahn, 2015）。易言之，Disney 影業曾以角色為核心，搭配「音樂主題先行」品牌策略。以近年趨勢觀之，Disney 影業在動畫《小美人魚》融合音樂劇元素，後續推出百老匯舞台劇；動畫《美女與野獸》及《阿拉丁》亦循相似套路，如動畫結合音樂劇類型，其後再以主題曲目為音樂「互文」線索，開發音樂劇劇目（Solomon, 2017）。

若以音樂劇視覺符碼為例，改編者可視動畫角色及道具為互文線索，轉為舞台劇之真實人物與造景設計（Solomon, 2017）。以動畫《美女與野獸》改編舞台劇言之，跨媒介敘事者形塑「真人扮演」時鐘、茶壺及燭台，具體化動畫造景（Solomon, 2017）。

若以音樂劇聽覺符碼為例，音樂協助舞台劇之敘事表現，如吸引閱聽人

注意關鍵角色、形塑特定場景及情節之顯著意義，或結合相似樂曲而衍生閱聽人敘事期待（Rabinowitz, 2004）。Disney 動畫《小美人魚》改編安徒生同名童話，影片即結合美國舞台劇等輕快音樂元素，刻劃動畫角色詼諧逗趣意涵（Solomon, 2017）。Disney 音樂劇《美女與野獸》沿用動畫經典唱曲，作為音樂互文線索；音樂劇亦增補新曲目，突顯角色心境（Solomon, 2017）。

視聽符碼可成交互指涉關係，形塑同一作品「內部互文」意義（Rajewsky, 2010）。改編者運用視聽元素互涉而再述故事，如 Disney 音樂劇除承襲動畫「音樂互文」線索，也依此延伸舞台劇動作設計（Solomon, 2017）。

（三）經典童話之角色轉為互動形態

跨媒介敘事者轉化文學為互動形態，運用數位媒介之多模組而擴充影音資訊（Ilhan, 2012）。互動版本可循核心文本系譜，保留角色設定、情節、背景及事件；亦可新增遊戲等設計，鼓勵閱聽人參與故事而發揮主動性（Ilhan, 2012; Kérchy, 2016）。如《愛麗絲夢遊仙境》iPad 電子書保有英國原作插畫，模擬泛黃書頁及墨水質感而凸顯「古老書籍」特質；改編電子書結合重力偵測、觸控設計、動畫和聲效，閱聽人可晃動螢幕而移動關鍵角色，整合賞玩及閱讀等感受（Kérchy, 2016）。

（四）經典童話轉化之故事旅行

跨媒介敘事者運用多模組敘事資源，提供閱聽人參與機會及體驗（Kérchy, 2016）。跨媒介敘事者轉化角色故事為實景，延伸核心文本之角色為故事旅行（如主題樂園、童話地景）基礎（Batess & LaTempa, 2002; Kérchy, 2016）。易言之，跨媒介角色可系統式存於多種類型，鼓勵閱聽人與角色互動、身處其境及體驗（Rehak, 2018; Solomon, 2017）。

敘事者可因跨媒介互文元素而貫串虛構文本及實體情景，體現角色存在等真實感（Batess & LaTempa, 2002; Bertetti, 2014）。經典童話「阿爾卑斯山少女」《海蒂》（Heidi）已轉為展館「海蒂的房屋」，搭配主角所處時空及飲食習慣等再現童話世界（Batess & LaTempa, 2002）。館方蒐集十九世紀古物道具，並讓閱聽人試穿當時衣裝、模擬伏案寫字場景（Batess & LaTempa, 2002）。閱聽人若參考故事角色等展品而標記景點，或可展開互文聯想、回憶原作及強化體驗，持續活化經典作品（賴維菁，2013；Harvey, 2015）。

經典童話亦可對應實際地點，輔以原作、劇場、舞劇、童話節慶等資訊（鄭伊雯，2013；步勻瑤，2015）。德國聯邦政府規劃童話大道，包括格林故居及童話場景等六十多個區域，紀念格林兄弟兩百歲生辰（步勻瑤，2015）。如白雪公主故鄉為巴特維爾東根，該區並具相對應歷史故事；官方建置白雪公主村、白雪公主屋，模擬矮小屋舍格局、擺設七副餐具，並請七位孩童扮演小矮人（步勻瑤，2015）。

敘事者可引述史料等紀實素材，衍生支線而補述創作者之時代背景（步勻瑤，2015）。敘事者呈現「格林兄弟博物館」展品（如創作手稿），說明格林兄弟整理口傳故事之成書歷程；並附線上博物館等位址，提供閱聽人以數位形式參與文本（鄭伊雯，2013；步勻瑤，2015）。整體言之，敘事者可提供紀實支線，盼引發閱聽人作「百科全書式」檢索（Kerrigan & Velikovsky, 2016）。閱聽人可依循不同消息來源及史料而蒐集資訊，理解角色建構情境及喻意（Edmond, 2015; Kerrigan & Velikovsky, 2016）。

敘事者參照歷時脈絡　◄────►　敘事者建構角色樣貌之策略

1. 類型文學傳統
2. 類型文學之特定
　 角色發展系譜

(1) 敘事延展：　　　(2) 媒介延展：
(A) 確定身份　　　　 模組身份
(B) 關係身份
(C) 共時身份
(D) 主題身份

圖 2.1　　角色驅動之跨媒介互文策略

資料來源：整理自 Bertetti, 2014; Scolari, Bertetti, & Freeman, 2014。敘事者可參照歷
　　　　　時脈絡而建構當代角色樣貌，故上圖以雙向箭號表示。

　　如圖 2.1 所示，嚴謹跨媒介形態建構策略如下：改編者可參照歷時脈絡，
細究類型傳統、特定角色發展系譜；改編者建構經典角色時，亦可藉「敘事
延展」及「媒介延展」賦予角色新意。

（五）小結

1. 跨媒介角色與敘事延展

　　(1) 角色驅動之「嚴謹跨媒介形態」

　　改編者可依角色知識庫而敘事延展，延續既有設定並補述背景，賦予經
典角色新意（Scolari, Bertetti, & Freeman, 2014）。如法國文學〈美女與野
獸〉部分插圖參考出版當時之法國衣飾設定；再如真人版電影則承襲動畫版、
百老匯音樂劇之女主角形貌，依循既有版本「擬人化」再現僕役（Solomon,
2017）。易言之，敘事者可藉「跨媒介考掘」覺察童話類型傳統，或發掘角
色系譜發展，理解特定版本再現經典角色成因。

「敘事延展」如改編者指涉經典角色形貌等「確切身分」，並帶出主角與配角互動「關係身分」；敘事者參照原作設定之歷史背景，細究當時服飾及道具特質而烘托「共時身分」；改編者透過角色（伴隨功能）及情節走向，最終指向敘事旨趣等「主題身分」（賴玉釵，2020；Bertetti, 2014; Kérchy, 2016; Solomon & Hahn, 2015）。

(2) 角色驅動之「跨文本支線」

敘事者藉由多平台建構多種故事節點，每一版本均可衍生「紀實支線」，為跨文本間隙補白、協助再建構角色意涵。敘事者可結合新聞等補述紀實資訊而「敘事延展」，亦能補述幕後圖文等而「媒介延展」。

以文本支線資訊協助「敘事延展」為例，跨媒介敘事者考掘故事系譜而作互文依據，蒐集資訊、輔助故事主軸及插曲（Bertetti, 2014; Scolari, Bertetti, & Freeman, 2014）。敘事者亦可自特定角色起始，匯整「紀實資訊及報導」為輔助支線，協助閱聽人融會資訊而同理角色心境（Kerrigan & Velikovsky, 2016）。跨媒介敘事者可轉化紀實素材轉為紀錄片及幕後花絮，或轉述紀實素材轉為幕後圖輯及短文，建構經典角色之故事網絡（Kirschner & Noonan, 2006; Solomon, 2017）。

2. 跨媒介角色與媒介延展

「媒介延展」涉及產製者如何藉相異類型而重新詮釋角色，提供構塑角色「模組身分」（賴玉釵，2020；Bertetti, 2014）。各類型均具獨特多模組資源，形塑不同再現形式（Ryan, 2004）。跨媒介敘事者考量各平台之媒介特質，並運用多模組資源轉化文本，建構互文網絡（Herbert, 2017; Page, 2010）。如前文提及動畫（視聽呈現）、芭蕾舞劇（肢體語言呈現）、音樂劇（唱詞表達要角心境）等，改編者透過相異「模組身分」重新詮釋角色（Bertetti, 2014; Kérchy, 2016; Solomon, 2017）。

參、研究方法與分析架構

　　本研究探索「跨媒介角色與故事網絡建構」，包括「敘事延展」（嚴謹跨媒介形態、跨文本支線）及「媒介延展」，探析改編者如何參閱類型傳統、角色系譜而補白，並整合紀實支線而豐厚角色意涵。

一、經典童話之跨媒介角色及案例選擇

　　本研究探討角色驅動之故事網絡，文本案例需全數服膺下列指標，方納入分析範疇：其一，本研究考量「嚴謹跨媒介形態」，改編版本與核心文本需具跨媒介互文關係，如擬仿既有作品（如特定版本之角色圖像及音樂；Delwiche, 2016），以利發掘角色變遷及敘事考量。若改編版本大幅更動設定而未符合跨媒介互文設定，則未列為分析文本。其二，改編版本之模組身分需含真人版電影。真人版特效如仿造日常器物質感、構塑角色如實感（ReHak, 2018），本研究擬對照文字、動畫轉為真人版歷程，剖析改編者如何運用跨媒介互文線索。其三，跨媒介角色驅動的改編版本繁多，本研究盼案例需在專業領域獲肯定，故擬選擇特定領域獲國際獎項者（如電影獲奧斯卡獎提名、音樂劇獲東尼獎提名等）。其四，故事網絡的組成需包括三種以上類型，如改作為影音、互動類型及實景（Harvey, 2015）。其五，故事旅行（主題樂園、童話地景等）需結合嚴謹跨媒介形態，引述故事經典片段而發展觀光區域（Solomon, 2017）。

　　本研究重點在於跨媒介互文機制及形變，故選擇已定案且流佈較廣之版本為參照對象，較難探查童話原先初胚。本研究選取案例部分出自《鵝媽媽故事集》及《格林童話》，均為匯整口傳文學並篩選素材之成品（Bettelheim, 1976／王翎譯，2017；Cashdan, 2000）。《仙履奇緣》流傳至今超過七百

種版本，常見故事含中國版〈酉陽雜俎〉等五種版本（Bettelheim, 1976 ／ 王翎譯，2017；Cashdan, 2000）。〈仙履奇緣〉在十七世紀前或有更早版本問世，但較難證明經典童話直接取材某則民間傳說（Bettelheim, 1976 ／ 王翎譯，2017；Cashdan, 2000）。本研究參考已定案之版本，將之視為後續改編作品之核心文本（參照對象）。本研究選擇《鵝媽媽故事集》收錄的〈仙履奇緣〉，此為流佈最廣版本（具仙女教母、南瓜車、玻璃鞋等），尋找符合跨媒介互文條件之改編作品；又如〈睡美人〉具多種版本，本研究以流傳最廣之格林童話版為例（Bettelheim, 1976 ／ 王翎譯，2017；Cashdan, 2000），循跨媒介互文條件而篩選改編電影、實體情景等案例。

Disney 改編團隊即在「故事品牌」表現亮眼，推出動畫、音樂劇及 3D 真人版等類型；動畫《美女與野獸》與《阿拉丁》均發展系列作品，包括音樂劇、串流音樂及 3D 真人版（Solomon, 2017）。本研究考量 Disney 跨媒介系列改編之顯著度，故盼由「角色建構」著手，理解改編團隊如何依相異平台而再述故事。本研究共篩選五組經典童話之 Disney 跨媒介角色，並羅列故事網絡。經典童話之跨媒介角色分析案例，簡表如表 2-1：

表 2-1　Disney 動畫之跨媒介網絡文本舉隅

動畫名稱	跨媒介故事網絡
《美女與野獸》（*Beauty and the beast*）	1. 原作為法國短篇（約 1740 年出版）。 2. Disney 改編作品：動畫《美女與野獸》、真人版電影《美女與野獸》。 3. 百老匯音樂劇：改編自 Disney 動畫，並為籌拍真人版電影立下基礎。 4. 故事旅行：Disney 主題樂園、法國村落（真人版拍攝地）。

（續上表）

動畫名稱	跨媒介故事網絡
《仙履奇緣》 （*Cinderella*）	1. Disney 動畫改編自《鵝媽媽故事集》，內有「玻璃鞋」情節。 2. Disney 改編作品：真人版電影《仙履奇緣》，脫胎自 Disney 同名動畫。 3. 故事旅行：Disney 主題樂園、德國童話大道。
《睡美人》 （*Sleeping beauty*）	1. Disney 動畫改編自格林童話。 2. Disney 改編作品：真人版電影《黑魔女》，脫胎自 Disney 同名動畫。動畫主題曲〈如夢所見〉（Once upon a dream）旋律取自柴可夫斯基芭蕾《睡美人》，另真人版電影也沿用同一主題曲。 3. 故事旅行：Disney 主題樂園、德國童話大道。
《愛麗絲夢遊仙境》 （*Alice in Wonderland*）	1. Disney 動畫改編自《愛麗絲夢遊仙境》（*Alice in Wonderland*）及《愛麗絲鏡中奇遇》（*Through the looking-glass, and what Alice found there*）。 2. Disney 改編作品：真人版電影《魔境夢遊》（*Alice in Wonderland*），脫胎自 Disney 動畫《愛麗絲夢遊仙境》。 3. 故事旅行：Disney 主題樂園、牛津大學基督堂學院。
《阿拉丁》 （*Aladdin*）	1. Disney 動畫改編自《一千零一夜》。 2. Disney 改編作品：真人版電影《阿拉丁》，脫胎自同名動畫。 3. 百老匯音樂劇：改編自 Disney 動畫，承襲動畫熱銷歌曲。

資料來源：本研究製表。部分資料改寫自賴玉釵（2020，頁 74）。

二、經典童話之跨媒介角色及文本分析

（一）經典童話角色之敘事延展層面

1. 經典童話參照之歷時脈絡：特定類型傳統、角色發展系譜

本研究採文本分析，剖析特定案例之角色、行動、設置、情節、幻想世

界等，歸納特定公式及故事元素（Walters, 2011）。本研究以文獻探索等二手資料分析改編者之重新詮釋動機，箇中隱含文學背景、歷史情境或典故等。

本研究以分析案例之角色系譜為軸，探索改編版本之角色形貌演變，並剖析改編者再述角色緣由。本部分參照跨媒介角色之學術著作、改編團隊之官方出版品等，理解特定角色發展系譜及故事情境。如《格林童話》成書背景與拿破崙執政、德國民族主義相繫，讓格林兄弟密切採集德國口傳文學而再述；格林兄弟為中產階級，融入特定階層之價值觀，故定稿離口傳文學已有距離（Bettelheim, 1976 / 王翎譯，2017；Levy & Mendlesohn, 2016）。故若對照彼時歷史脈絡、現代改編版本，更可凸顯改編者增刪及敘事意圖，梳理跨媒介角色「再建構」歷程。

2. 跨媒介角色之確切身分、關係身分、共時身分、主題身分

以敘事延展為例，跨媒介敘事研究者比對核心文本及改編版本之互文線索，理解改編版新增角色特質及轉述策略（Kustritz, 2014; Scolari, Bertetti, & Freeman, 2014）。若對照前述理論架構，實可探析特定角色及敘事延展，如角色特徵之「確切身分」、角色群組間「關係身分」、時空背景之「共時身分」，凸顯何種「主題身分」（Bertetti, 2014; Scolari, Bertetti, & Freeman, 2014）。

3. 跨文本支線與輔助經典角色呈現

跨媒介敘事者可依經典角色為核心，輔以「故事考掘與紀實事證」立體呈現角色。改編者可參考各家詮釋童話依據，體認虛構故事參照之歷史脈絡、再述角色之文化條件。如《睡美人》曾改編為同名芭蕾舞劇，柴可夫斯基援用〈睡美人〉傳說並譜曲；另芭蕾舞造景模仿路易十四之宮廷樣態，彰顯巴洛克式表演風格（Solomon & Hahn, 2015）。柴可夫斯基著重《睡美人》樂

章等音樂表現，也啟迪 Disney 動畫團隊：Disney 團隊依循柴可夫斯基「音樂先行」主線，再搭配相關場景及情節（Solomon & Hahn, 2015）。本研究選擇經典童話角色及改編版本，再依官方資訊梳理改編者參照之紀實素材（如考掘角色發展脈絡）。

前文述及，跨媒介敘事者可補充「角色再現之紀實資訊」，延伸故事網絡（Heuvel, 2013; Zeiser, 2015）。改編者可依角色（或演出明星）為主線，拓展跨媒介角色支線。本研究擇定經典童話角色及改編版本後，參考官方網站等發佈之角色／演員詮釋等訊息，理解紀實支線如何輔助核心文本。

（二）經典童話角色之媒介延展層面

以媒介延展為例，角色具「模組身分」，藉模組資源而拓展角色意涵。模組為符號資源，包括不同符徵及表述潛力；多模組乃整合相異模組形態，藉由各模組互動而引發綜效（Jewitt, 2012; Painter, Martin, & Unsworth, 2013）。

本研究採用文本分析而對照各版本異同，理解特定平台彰顯媒介特質及敘事資源，繼而協助轉化文本（Jewitt, 2012; Page, 2010）。分析層面如下：其一，本研究盼探索多模組敘事資源，依循媒介特質而刻劃角色模組身分（Bertetti, 2014; Kerrigan & Velikovsky, 2016）。以影音文本為例，跨媒介敘事者可因視覺模組「具體化」角色（Kustritz, 2014）。其二，本研究承接上述分析結果，探索改編者如何依多模組轉化經典角色；並比對角色突顯面向，探析改編者臆想「潛在閱聽人」之敘事策略（Burke, 2015）。

本研究參照核心文本及改編版本，理解相異媒介如何展現互文線索（如模仿核心文本之圖像），或依媒介專屬「敘事資源」改作多種版本。如《愛麗絲鏡中奇遇》具多種版本插圖，真人版電影《魔境夢遊》天魔造型則仿自最早版本之蛇尾怪獸；《魔境夢遊》蛇尾怪獸及屠龍利劍等典故，出自當年

流行詩作〈炸脖龍〉（Jabberwocky；Gardner & Burstein, 2015 ／陳榮彬譯，2016）。《魔境夢遊》依 3D 影音類型等特效、感應裝置、後製處理，彰顯影音媒介之視覺奇觀（Zanuck, Roth, Todd, Todd, & Burton, 2010）。

肆、研究分析與討論

一、經典童話角色建構歷程

（一）改編者重新詮釋經典角色之歷時脈絡

1. 經典童話與類型傳統

經典童話脫胎自民謠、音樂及口傳作品等，並運用超自然邏輯解釋事件（Gray, 2009; Walters, 2011）。作者可依潛在讀者而重新詮釋作品，視訴求對象需求而潤飾及刪除故事元素（Bettelheim, 1976 ／王翎譯，2017）。如《鵝媽媽故事集》成書背景為法王路易十四時期，作者嘗試調和中產階級及貴族想法，塑造階層和諧以利國家管控；或如 Madame Leprince de Beaumont 於十八世紀出版〈美女與野獸〉，訴求對象為中上階層女性，盼傳遞禮貌及教養等價值觀；再如十八世紀末之童話作者，旨在促進中上階層兒童閱讀學習（Levy & Mendlesohn, 2016）。易言之，童話可取材民間故事並結合當世想像，詮釋旨趣視潛在讀者而變。

2. 經典童話角色發展系譜

(1) 改編者承襲之故事系譜

經典角色已跨世代流傳，閱聽人成長時多熟知故事及改編版本，並與下一代共讀而持續傳佈（Kérchy, 2016）。經典童話吸引不同年齡層，可與懷舊氛圍相繫（Perry, 2005）。以《愛麗絲夢遊仙境》為例，改編者闡述前傳、

模仿經典圖像及對白再述原作（Hutcheon, 2006; Kérchy, 2016）。童話《愛麗絲夢遊仙境》改編動畫、真人版電影及電視劇均具互文元素，協助閱聽人懷舊及情感交流。如柴郡貓微笑、白兔匆忙行跡、瘋狂帽匠派對等，均為原作著名圖景／肖像，改編者透過跨媒介互文元素串連跨平台網絡。

　　經典角色多半連動膾炙人口情節，如愛麗絲奇幻歷程包括「掉進兔子洞」、幻境、回歸現實等。若對照原作、Disney 動畫及真人版電影等，跨媒介互文元素包括白兔、毛毛蟲、柴郡貓、瘋狂帽匠、睡鼠、紅心女王；情節重疊處出自原書章節〈掉進兔子洞〉、〈眼淚池塘〉、〈毛毛蟲的建議〉、〈瘋狂茶會〉、〈紅心王后槌球場〉等。童話角色經歷呼應英雄之旅，故事主角遊歷奇幻世界，享有魔法等超能力；並接獲使者之傳達訊息及輔助，解決挑戰而回歸現實（Lewis, 2005）。易言之，改編者再述經典角色時可參酌「英雄之旅」續有延伸，服膺童話類型傳統。

(2) 改編者召喚閱聽人懷舊及熟悉感

　　改編者盼閱聽人對照翻拍作品與兒時賞析版本，因懷舊記憶而享熟悉感及愉悅（Herbert, 2017）。Disney 影業考量動畫《美女與野獸》等曾改編百老匯音樂劇，評估閱聽人較易接納真人版呈現（Solomon, 2017）。另則 Disney 影業考量動畫累積眾多觀影人口，當年觀影群眾已成長至中年，故 Disney 影業盼維繫既有市場之動畫期待；Disney 影業亦希望符合新世代需求，運用 3D 特效再塑故事品牌（ReHak, 2018; Solomon, 2017）。易言之，改編者翻拍舊作盼喚起閱聽人當年懷舊情感，並強化特效及如實感吸引年輕客層。

(3) 改編者以不同觀點再述角色

　　跨媒介敘事者可從配角觀點再述故事，增補背景而拓展故事網絡（Flanagan, Mckenny, & Livingstone, 2016; von Stackelberg & Jones,

2014）。以〈睡美人〉為例，《鵝媽媽故事集》版本之女巫施咒後即消失，柴可夫斯基在芭蕾舞劇加重女巫下咒等情節；Disney 動畫參酌《鵝媽媽故事集》及柴氏芭蕾舞劇，加重黑魔女戲劇特質，如變形為火龍、阻撓公主甦醒等（Solomon & Hahn, 2015）。

真人版電影《黑魔女：沉睡魔咒》解讀視角與上列版本相異，補述黑魔女向公主下咒動機（Solomon & Hahn, 2015）。易言之，改編者突破童話扁平設定，賦予反派角色情感等深刻面貌。由於真人版電影《黑魔女：沉睡魔咒》與動畫造型相近，可促使閱聽人聯想對應新舊版本，因視覺元素而促成跨媒介互文效果。

（二）敘事延展與豐厚經典角色意涵

1. 嚴謹跨媒介改編形態

(1) 確切身分

跨媒介敘事者產製系列作品，需經組織及品牌效益等評估（Jenkins, 2016）。敘事者可探悉閱聽人觀影經驗，並運用相仿角色表現，引發閱聽人敘事期待（Grainge, 2004）。如 Disney 影業即以暢銷動畫為品牌，勾起年長閱聽人懷舊回憶、激發觀看新版本之動機（Solomon, 2017）。

改編者可從反派角色觀點，補述角色經歷以建構新「確切身分」。改編者參照文本描寫、插畫及地圖等，因「商業互文」（commercial intertext）細緻刻畫角色樣貌（Herbert, 2017; Rehak, 2018）。真人版電影《仙履奇緣》改編團隊盼深化角色背景及人性化描寫，並非呈現刻板印象（Kinberg, Shearmur, & Branagh, 2015）。電影《仙履奇緣》Cate Blanchett 飾演灰姑娘繼母，改編團隊闡釋繼母虐待灰姑娘動機，試讓閱聽人同理「壞」繼母心境（Solomon & Branagh, 2015）。真人版電影闡釋繼母曾有痛苦人生經歷，深

化傳統版本角色描寫（Solomon & Branagh, 2015）。易言之，改編者豐厚反派角色血肉，細緻刻劃角色生命故事，或可引發閱聽人同理等情感。整體言之，改編者參照制式圖像而再製角色樣貌，建構跨媒介互文線索。改編者亦可考量角色發展系譜，增補心路歷程而豐厚角色性格。

(2) 關係身分

以「關係身分」為例，跨媒介改編版本可依簡單童話結構，如從正邪對立元素補述角色功能（Cashdan, 2000; Edson, 2012）。如灰姑娘遭受後母及姊姊欺侮，在仙女或神力相助下前往舞會、擁有馬車及華麗衣飾等；灰姑娘在午夜十二點離開後，王子最終透過玻璃鞋覓得女主角。上述情節延續至音樂劇及真人版電影，角色功能維持公主、英雄、惡人、助手及使者等基本結構。改編者可依跨媒介互文構面，從跨平台版本補述角色背景等枝節，闡釋關係身分及對應功能。易言之，跨媒介敘事者可依循閱聽人集體記憶、共享文化，提供閱聽人解讀故事之參照線索（Ioannidou, 2013）。

(3) 共時身分

改編者可考掘故事對應時空情境，引用史料等紀實素材而確立「共時身分」。真人版《仙履奇緣》參考《鵝媽媽故事集》成書年代，視覺化角色「共時身分」；如電影背景設於法國，服裝仿自巴洛克時期之法國宮廷服飾（Solomon & Branagh, 2015）。

再如小說〈美女與野獸〉出自十八世紀法國故事，動畫改編團隊考量童話發展系譜，前往法國細究建築及道具樣貌（Solomon, 2017）。真人版《美女與野獸》改編團隊著眼當年法國背景，參考洛可可時期風格設計茶杯及燭台（Solomon, 2017）。真人版《美女與野獸》部分場景承自動畫設定，但更強調故事實景對應，如取材地包括維倫紐夫村莊（Villeneuve；此與原作者所居領地同名；賴玉釵，2020；Solomon, 2017）。

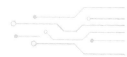

改編者盼閱聽人因「跨媒介角色」，持續賞析系列故事、參與跨媒介體系（Jenkins, 2016）。動畫以故事出版地或劇本設定地為據，呈現該地造景、建築及工藝；真人版電影及 3D 擬真動畫則改作舊版動畫場景，銜接不同版本跨媒介互文系譜；另轉化史料及地景等紀實資訊，還原角色「共時身分」對應特定時空脈絡，盼強化閱聽人如實感動。

(4) 主題身分

本研究分析案例之原典流傳逾百年，另在 Disney 等影業等推波助瀾下，經典角色已具確切身分、關係身分及共時身分（Cashdan, 2000; Solomon & Branagh, 2015; Solomon, 2017）。動畫版及真人版《仙履奇緣》及《美女與野獸》等承襲原作主題身分，強調善良勇敢等正面教化力量（Solomon & Branagh, 2015; Solomon, 2017）。跨媒介敘事者提供不同切入點，盼滿足不同族群閱聽人及潛在市場（Kérchy, 2016）。由於經典角色行之有年，改編者需考量故事發展並「合理化」新增片段。改編者需說服閱聽人悅納角色變遷，接受並非全然等同兒時之版本。

Disney 影業曾以女主角故事為軸線，強調女性勇氣及智慧而獲得青少年認同，故「女力」成日後敘事訴求（Solomon, 2017）。以角色前傳為例，真人版《黑魔女：沉睡魔咒》闡釋女巫成長背景、對公主下咒原因。童話原作讓公主甦醒「真愛之吻」，《黑魔女：沉睡魔咒》改為女巫輕吻公主額頭而賦予新生。易言之，真人版電影闡明「女力」突破童話公式（拯救者多為男性）；改編者強調女性主導之關係身分、情節及結局，有別原版童話女性靜候男性救贖。改編者參照潛在閱聽人需求而增補前／後傳，接續跨媒介互文系統、衍生新主題身分。

2. 跨文本支線與輔助功能

(1) 故事考掘與紀實事證

跨媒介敘事者可重新詮釋文學典故，並梳理原作者選材考量（Kérchy, 2016）。以《愛麗絲夢遊仙境》紀實支線為例，近年研究考據「瘋狂帽匠」來由，乃因當時製帽師傅處理毛氈布時易接觸汞而致心智失常（Gardner & Burstein, 2015／陳榮彬譯，2016）。《愛麗絲夢遊仙境》改編真人版電影《魔境夢遊》，演員 Johnny Depp 飾演瘋狂帽匠；他對照當時製帽匠之工作脈絡（接觸水銀而影響身心健康），激發詮釋「瘋狂帽匠」行徑（Zanuck, Roth, Todd, Todd, & Burton, 2010）。易言之，跨媒介敘事者可整合史料等紀實支線，深化角色意涵。

(2) 跨文本支線與當代價值觀

跨媒介敘事者可說明後製情況及演員資訊，並於臉書專頁發放演員動態，或於新聞報導補述重新詮釋歷程（Raphael & Lam, 2016; Zeiser, 2015）。動畫《美女與野獸》設定主角為獨立女性，真人版除新增角色細部刻劃（喜歡發明及樂於表達觀點），同時由 Emma Watson 擔綱主角（Furness, 2016）。Emma Watson 在聯合國倡言女權、組織女性主義讀書會等，可呼應真人版角色設定「女力」及「獨立」旨趣（賴玉釵，2020；Furness, 2016）。易言之，敘事者透過訪談等紀實素材（演員定位及花絮）而重新詮釋經典角色，協助閱聽人串接角色形變系譜。

(3) 跨文本支線與迷因傳散

跨媒介敘事者轉化紀實素材為幕後花絮，補述改編團隊如何詮釋經典角色。經典童話改編版本需視潛在閱聽人需求，或可加入配角而烘托「主題身分」。真人版《仙履奇緣》承襲《鵝媽媽故事集》及 Disney 動畫系譜，希望角色呈現符合家庭電影之需，故新增動物演員橋段；真人版電影幕後紀

實也輔以動物訓練團隊說法，補強小動物與主角互動之溫馨場景（Kinberg, Shearmur, & Branagh, 2015）。再如 Disney 影業也轉化動畫為 Q 版貼圖及手機遊戲，此也為「迷因傳散」等展現。Disney 影業以「小飛象」等經典角色為主題，改作為 Q 版 Line 貼圖，形塑閱聽人多方接觸平台之契機。Disney 影業參照 Q 版動畫角色，並發展「Tzmu Tzmu」手機遊戲，提供閱聽人與角色互動機會。易言之，Disney 經由「網路迷因」傳散更與閱聽人日常結合，形塑閱聽人「沉浸故事」空間。

跨媒介敘事者亦可出版幕後圖輯及短文，展現故事考崛、選用紀實素材及塑造角色歷程（Solomon & Branagh, 2015）。近年如真人版《小美人魚》選角引發網路討論熱度，閱聽人關切「黑人版」主角設定，並進一步探求 Disney 影業權衡有色人種參演等議題（波波，2019 年 7 月 19 日）。如 Disney 動畫《小美人魚》角色設定、配音構思等，也皆引發網路關注，帶動「迷因行銷」等可能性。上述迷因傳散展現「故事考掘」歷程，鼓勵閱聽人理解「角色形變」來龍去脈。

類似「迷因傳散」之敘事方式，也見於八〇年代前 Disney 經典動畫。如動畫《愛麗絲夢遊仙境》編劇曾慮及維多利亞時期用詞隱喻，並強調柴郡貓笑臉、下午茶聚會等橋段；改編者並納入目標閱聽人（兒童）需求，調整動畫調性為娛樂、溫馨及趣味風格（Canemaker, 2010）。易言之，敘事者可依跨媒介角色為核心，補述幕後圖輯而闡釋改編旨趣、再製經典角色服膺當代閱聽人需求。

（三）媒介延展與擴充角色模組身分

跨媒介敘事者延續系列作品之互文線索，召喚閱聽人賞析既有文本之熟悉感及愉悅感（Long, 2016）。產製者可參照閱聽人記憶深刻之故事元素、呈現形態，衍生新版跨媒介版本（Hills, 2016）。

1. 動畫與模組身分

以視覺模組為例，Disney 運用數位科技「復刻」動畫並強化角色特質（Rehak, 2018）。跨媒介敘事者可運用科技塑造「故事空間」，滿足閱聽人對視覺奇觀等想像（Weinbren, 2014）。

以聽覺模組為例，改編者融入知名音樂劇唱詞，結合長銷樂曲與閱聽人童年回憶（Solomon, 2017）。系列作品之音樂模仿既有聽覺符碼，吸引閱聽人聯想熟悉曲調及熟悉回憶（Tarasti, 2004）。易言之，跨媒介研究者可探索新版本引述何種舊作典故及符碼，促成互文效果（Ljungberg, 2010）。如 Disney 動畫曾結合美國音樂劇類型，透過樂曲烘托角色特質，並依熟悉音調再塑真人版電影主題曲（Solomon, 2017）。整體言之，經典童話以音樂互媒串接跨媒介網絡，讓音樂及歌詞也成互文元素。

2. 真人版電影與模組身分

(1) 視覺模組

跨媒介敘事者可參考成書年代，對應紀實線索（如當時服飾資訊）設計戲服（Solomon, 2017）。如真人版電影《美女與野獸》溯及小說出版屬洛可可時期，故依此構塑演員造型呈現「共時關係」。真人版電影敘事者除考量跨媒介互文元素，亦循明星定位賦予角色新義。真人版電影《美女與野獸》著眼女主角 Emma Watson 知性特質（如曾飾演《哈利波特》資優生妙麗），故在戲服多縫製口袋而容納書本，襯托主角喜愛隨身閱讀（Solomon, 2017）。易言之，改編者參照成書年份、史料等紀實線索，融合通俗脈絡（如明星形象）賦予角色新意。改編者參照童話插圖、融入科技而再媒介化既有版本；另可考量明星定位形塑「確定身分」，提供跨媒介角色形變契機。

(2) 聽覺模組

跨媒介敘事者可轉述原作典故為電影旁白，鞏固經典角色「主題身分」。如小說《愛麗絲夢遊仙境》與真人版電影互媒，後者藉聲音及字詞呈現原作之語言遊戲（Kérchy, 2016）。小說《愛麗絲夢遊仙境》帽匠常講述「為什麼烏鴉像書桌」謎語，曾為 1991 年《觀察家周報》討論篇章，並為群眾猜謎熱議話題（Gardner & Burstein, 2015 ／ 陳榮彬譯，2016，頁 150）。真人版電影《魔鏡夢遊》帽匠旁白，亦曾引用謎語「為什麼烏鴉像書桌」（Zanuck, Roth, Todd, Todd, & Burton, 2010），呼應原作怪誕奇特「主題身分」。

改編者運用多模組資源重新詮釋角色，多元展現「模組身分」。動畫版、真人版電影可增加歌舞片段，或模擬「音樂劇」類型融入集體合唱以豐厚「模組身分」。真人版《仙履奇緣》維持 Disney 九〇年代後模仿音樂劇傳統，透過主角哼唱而表達心境；再如真人版《美女與野獸》翻唱動畫及音樂劇等長銷歌曲，並新增曲目滿足閱聽人創新需求（Kinberg, Shearmur, & Branagh, 2015; Solomon, 2017）。易言之，聽覺模組之詞曲亦為敘事資源，宛若改編者再製「模組身分」知識庫，讓樂曲成為跨媒介互文線索、構塑故事網絡之系譜。

3. 音樂劇與模組身分

跨媒介改編可視為發展授權經濟之歷程，以「智慧財產權」為軸衍生產品並創造收益（Herbert, 2017）。如動畫《美女與野獸》改編音樂劇翻唱舊作並加入新歌；另承襲僕役擬人化設定，轉化平面動畫為音樂劇立體形貌（Solomon, 2017）。

跨媒介產製者以不同類型再述故事，盼強化閱聽人消費及追求意圖（Granitz & Forman, 2015）。Disney 動畫「公主系列」主角多藉歌唱而表述心境；故動畫若轉為音樂劇時，改編者可增補歌曲等通俗素材，促進潛在

閱聽人溝通（Solomon & Hahn, 2015; Solomon, 2017）。

　　音樂劇改編者除承襲既有符碼，也可拓展音樂傳播之表達形式，延伸系列作品之美感體驗。敘事者可藉音樂等多模組資源，新增意義及故事旨趣（Herman & Page, 2010; West, 2012）。

4. 主題樂園、童話地景與模組身分

　　改編者盼以符號經濟召喚閱聽人觀影記憶及懷舊情感，增加閱聽人持續投入故事宇宙之動力（Grainge, 2004）。Disney 改編動畫《愛麗絲夢遊仙境》已轉為實體空間，如紅心女王宴會大廳轉為東京 Disney 樂園實景，另角色圖像也改作為餐盤及食物。閱聽人可依據跨媒介互文等線索，對應經典角色之確切身分、關係身分及共時身分，理解圖像指涉之故事空間。

　　Disney 度假村承襲動畫《美女與野獸》造景，設置「歡迎來作客餐廳」（Be our guest restaurant）等區，轉化動畫《美女與野獸》場景為餐廳陳設；再如餐廳販售玫瑰花點心，脫胎自動畫之玫瑰花肖像及甜點設置（Solomon, 2017）。閱聽人宛若成為故事賓客，體驗故事延伸具體空間。再如「貝兒的魔法故事小屋」（Enchanted tales with Belle）再塑動畫《美女與野獸》場景，如動畫主角透過「魔鏡」目睹親人近況；主題樂園結合 3D 影像展現上述橋段，供閱聽人眼見「魔鏡」情節（Solomon, 2017）。易言之，跨媒介敘事者轉化虛構文本為實體空間，讓閱聽人感知故事情境、體驗魔幻道具，宛若身處奇幻國度並參與冒險。

　　本研究認為，Disney 經典角色「迷因行銷」也展現於音樂串流。如動畫長銷歌曲常與音樂劇、3D 擬真動畫、真人版電影「音樂互文」，滿足 Disney「音樂先行」等品牌訴求。如閱聽人憶及電影《阿拉丁》主題曲，可即時哼唱「I can show you the world」旋律；或聞及「Tale as old as time」可憶及動畫《美女與野獸》詞曲，引發後續音韻高低起伏等敘事期待。

再如 Disney 新詮釋經典動畫，常集結大牌歌手吟唱曲目；如擬真動畫《獅子王》邀請知名歌手碧昂絲（Beyoncé Giselle Knowles-Carter）演唱，引動粉絲之「注意力經濟」、帶動後續音樂「迷因行銷」。即使如 Disney 樂園等實體場景，也常播映經典動畫主題曲。故 Disney 影業以「音樂」為迷因行銷工具，並結合跨平台傳散（包括 Apple Music 等串流音樂頻道）。如防疫時期百老匯暫停公演，劇團多以「聲音行銷」為媒介，讓閱聽人聆聽經典片段、網路直播演唱橋段。即便面對防疫時期之挑戰，Disney 仍能應用長銷歌曲之音樂迷因，增加閱聽人捲入故事宇宙之契機。

（三）小結

跨媒介敘事者結合不同載具之多模組資源，盼開發多種類型之展演形態，塑造故事品牌（Beddows, 2012; Brooker, 2001; Granitz & Forman, 2015）。

1. 跨媒介角色與敘事延展

（1）嚴謹跨媒介形態：故事系譜傳承

改編者再書寫經典角色時，可對應童話類型（人類傳遞故事之簡單形態）及角色功能，調整旁枝及增補背景。以特定角色發展系譜言之，改編者可參照閱聽人童年回憶，再媒介化或細緻呈現舊版本。改編者亦可保有若干角色設定，服膺多數閱聽人懷舊情感；亦可藉跨媒介互文基礎，從不同觀點「再書寫」前／後傳活化經典角色。

改編者臆想潛在閱聽人需求而再述經典角色。改編者考量兒童而加入逗趣情節，或慮及成人關切議題而延伸角色後傳。改編者亦著眼女力覺醒趨勢，重新詮釋角色確切身分、關係身分和主題身分而活化故事品牌。

(2) 跨文本支線：輔助核心故事軸線

敘事者可提供跨平台資訊，轉述名人訊息及拍攝花絮吸引閱聽人注意（Raphael & Lam, 2016）。Disney 推出真人版《美女與野獸》，盼維持閱聽人對動畫角色期待（貝兒為獨立女性；Solomon, 2017）。Emma Watson 實為女權主義者，呼應真人版「女力覺醒」旨趣。真人版《美女與野獸》在 Emma Watson 參演後引發討論度，彰顯喜愛閱讀、知性、具自我主張。

以迷因行銷言之，轉述者結合經典角色、閱聽人熟悉媒介形式（如貼圖及手機遊戲），協助閱聽人弭合虛構故事距離。Disney 影業轉化動畫圖像為 Line 貼圖及手機遊戲，貼近閱聽人日常生活，增加閱聽人親近角色契機。易言之，Disney 經由「網路（圖像）迷因」，協助閱聽人多方「沉浸故事」管道。

跨媒介敘事者可整合紀實影像、圖像設定特輯及短文等，補述跨媒介角色形變、故事考掘歷程。Disney 或因多元族裔考量，引發真人版選角之網路討論，此即為「迷因行銷」展現。閱聽人發掘動畫、音樂劇、甚至當年欲刪減橋段等，展現「故事考掘」功力。如經典角色「變形」及「跨媒介考掘」等網路熱門話題，也為角色為軸之「迷因傳散」事證。Disney 集結經典角色及迷因傳散，持續覆寫角色設置、賦予角色新義。

2. 跨媒介角色與媒介延展

以媒介延展為例，真人版電影可參照紀實素材，運用「模組身分」展現特定時空呼應「共時身分」。再如改編動畫、音樂劇與真人版電影借助「音樂互文」，運用聽覺元素傳達角色心聲而豐厚「模組身分」。

Disney 長銷樂曲常見於「迷因行銷」歷程，經由動畫、音樂劇、3D 擬真動畫、真人版電影「音樂互文」，鞏固「音樂先行」故事品牌策略。如閱聽人聯想特定動畫或能即時憶及主題曲，或聆聽特定詞曲（音樂迷因）即能

知悉後續旋律及出處。故閱聽人熟悉動畫之音樂迷因，有助形塑後續搬演情節、音韻起伏等「敘事期待」，此為迷因傳散鞏固故事品牌之力證。

Disney 音樂「迷因行銷」常與著名歌手結合，引動粉絲經濟、注意力經濟。另如防疫時期，百老匯劇場、Disney 樂園暫時關閉，「音樂迷因」更為網路傳散利器。Disney 影業整合「百老匯」（On Broadway）等社群媒體頻道，並運用 Apple Music 等串流平台推播經典歌曲，維持閱聽人與「經典角色」接觸機會、情感聯繫。故防疫時間之網路迷因傳散，也突顯 Disney「音樂迷因行銷」等重要性。Disney 未必於 OTT 平台播映百老匯音樂劇，而選用「音樂迷因行銷」維持經典角色、故事品牌之能見度。

先前研究較少探索「模組身分」，也少論及「演員身分」。本研究發現，敘事者改作既有曲目而串接跨媒介互文系譜，亦可援用音樂劇「詞曲互文」增加角色哼唱以表心境。關於音樂「詞曲互文」討論較少見於先前研究，此為本研究創新。本研究亦發現，「演員身分」賦加角色特質，如 Emma Watson 日常表現及明星定位有助角色詮釋。再如「演員身分」也與「媒介延展」結合，協助動畫轉為真人版等體系，展現紀實素材影響角色塑造。「演員身分」連動角色詮釋、明星紀實支線引導經典角色建構，也少見於跨媒介敘事討論，同屬本研究創新。

伍、結語

一、研究發現

跨媒介敘事者盼運用不同載具，融入不同類型而補強故事體系（Delwiche, 2016）。本章探索 Disney 動畫跨媒介改編音樂劇、翻拍為 3D 動畫之敘事策略，理解改編者如何延伸「角色」為核心之故事品牌，並兼顧

「音樂先行」品牌策略。

（一）角色驅動之跨媒介互文與敘事延展

1. 經典角色與嚴謹跨媒介形態

跨媒介敘事者可依互文線索基礎，重新詮釋角色特質並提出新解。敘事者參照經典童話系譜（如十八世紀童話多具道德教化意涵），並考量社會脈絡而凸顯角色「主題身分」（Bettelheim, 1976／王翎譯，2017；Cashdan, 2000）。如〈美女與野獸〉改編動畫融合音樂劇活潑形式，真人版電影強調「女性自主」賦予角色新意，彰顯與時俱進之主題身分。

改編者可承襲角色系譜發展，也可延伸故事插曲而拓展跨媒介版本（Harvey, 2015）。改編者參照核心文本之插畫、賣座動畫及百老匯音樂劇等，延續角色形貌等「確定身分」，吸引熟悉故事設定之閱聽人。改編者可援引其他角色觀點而重述作品，衍生核心文本「關係身分」（如格林童話〈睡美人〉女巫到《黑魔女：沉睡魔咒》教母），有別於童話扁平化呈現反派角色。改編者可重新參照核心文本設定時地等，補述「共時身分」（如真人版電影《美女與野獸》參考法國裝束及景觀，呼應核心文本設定法國場景；Solomon, 2017）。整體言之，Disney 創作團隊依循互文線索，盼喚起閱聽人觀影回憶、懷舊情感，塑造系列文本；Disney 創作團隊亦考量「英雄旅程」等公式，貫串系列作品主題。

2. 經典角色與跨文本支線

跨媒介敘事者補述原作時代背景及歷史典故，剖析原作者設定角色緣由，依此重新詮釋角色「共時身分」及「確切身分」。真人版電影《魔境夢遊》均承襲對「瘋狂帽匠」詮釋，如原作之近年譯注為當時帽匠使用毛氈布會用到汞，因此有瘋狂症狀；電影版 Johnny Depp 亦對瘋狂帽匠有相關解讀

（Gardner & Burstein, 2015 ／陳榮彬譯，2016；Zanuck, Roth, Todd, Todd, & Burton, 2010）。易言之，跨媒介敘事者可參照紀實素材為幕後圖文，引用原作插圖、陳年劇照及文字，詮釋角色變形歷程（Solomon & Hahn, 2015; Solomon, 2017）。敘事者盼藉由不同消息來源與史料，供閱聽人理解角色發展脈絡（Edmond, 2015; Kerrigan & Velikovsky, 2016）。

再以「迷因傳散」為例，跨媒介敘事者可轉化紀實素材為短影音（訪談或後製歷程），並於多平台呈現再述理念（Raphael & Lam, 2016; Zeiser, 2015）。敘事者可增補故事規劃、引述先前版本及明星資訊。跨媒介敘事者以「明星定位」及「角色新義」為「迷因傳散」利基，轉傳網路資訊而為「經典角色新詮」助攻。如真人版《美女與野獸》發佈幕後資訊，介紹 Emma Watson 扮演始末、真人版如何承襲 Disney 動畫經典片段。易言之，跨媒介敘事者可依經典角色出發，運用多平台支線補述紀實線索，召喚閱聽人觀賞改編版本。

（二）角色驅動之跨媒介互文與媒介延展

跨媒介敘事者藉不同平台之敘事資源，轉化核心文本為相異形態，提供閱聽人多面理解角色及涉入故事世界（Grishakova & Ryan, 2010; Hurtado, 2011）。以模組身分言之，跨媒介敘事者可依多模組資源再述角色，提供詮釋故事世界之不同視角（Bertetti, 2014）。

跨媒介敘事者可藉「媒介延展」而重新詮釋作品，運用類型特徵及多模組敘事資源（Scolari, Bertetti, & Freeman, 2014）。「模組身分」包括「演員身分」，整合名人資訊及銀幕定位而擴充角色意涵。「模組身分」也包括音樂互媒等知識庫，改編者翻唱舊作及增加新曲，提供角色獨白等空間。動畫《美女與野獸》其後改編為同名百老匯音樂劇，再依動畫及音樂劇改為真人版（Solomon, 2017）。音樂劇《美女與野獸》改編團隊加入新歌，並為擬

人化角色設計動作及走位（Solomon, 2017）。Disney 影業考量《美女與野獸》已改編百老匯音樂劇，故閱聽人應較易熟悉真人版電影；故維持動畫原作音樂、角色設定，持續加入新奇元素而增加故事吸引力（Solomon, 2017）。

本研究認為，「媒介延展」也有助迷因行銷。如 Disney 經典歌曲常獨立於串流平台播放，或作為音樂劇及真人版等「音樂互文」線索，此皆呼應「音樂先行」品牌經營策略。再如 Disney「音樂迷因」及「網路傳散」，常與知名歌手演繹等新聞結合，引發社群媒體關注、開發「粉絲經濟」。本章也在防疫脈絡下，考察 Disney「音樂迷因行銷」等重要性。Disney 運用「百老匯」（On Broadway）等社群媒體頻道、串流音樂平台，維持閱聽人對角色之情感聯繫、閱聽人對故事之忠誠度；Disney 不急於在 OTT 平台推出全本音樂劇，暫用經典樂曲維持「故事品牌」熱度。整體言之，Disney 防疫時期之音樂迷因與網路傳散，也突顯 Disney「迷因行銷」、「串流音樂」與「故事品牌」等策略。Disney 運用「音樂迷因行銷」維持經典角色熱度，保持音樂劇閱聽人粘著度。

3. 跨媒介轉化為故事旅行

再如主題樂園及餐廳均延伸魔幻及動畫元素，彰顯經典童話屬「第二世界」（具特有奇幻邏輯，有別於日常形態）。Disney 世界度假村之魔幻王國公園包括《美女與野獸》景區，野獸城堡「歡迎來作客餐廳」擺設仿自動畫設定；再如動畫之甜點及玫瑰花均為關鍵元素，也轉為主題餐廳之玫瑰花甜點（Solomon, 2017）。

二、本章學理價值

本章原創性包括：其一，重視跨媒介角色發展系譜，理解角色再述如何推動故事轉化、釐清跨媒介角色分析之具體指標。經典童話之特定角色改編

為電影形態，已引發學界及產業關注：童話情節易讀且鋪陳具經典架構，讓敘事者易融入想像及創作空間，運用多線補白而交織為故事網絡（Walters, 2011）。如《愛麗絲夢遊仙境》（*Alice in wonderland*）成書已 150 年，因跨媒介互文而承襲愛麗絲作風、奇幻歷險、語言遊戲，改編形態如動畫、電影、立體書及 iPad 電子書等（Kérchy, 2016）。然而，相關領域研究少觸及「角色驅動之跨媒介互文」明確定義，亦少論及跨媒介角色如何協助擴張故事網絡。本研究以經典童話角色為出發點，盼梳理「跨媒介互文」精確意涵，闡釋角色驅動建構故事網絡之助益。

其二，回應跨媒介支線及網絡美學（network aesthetics）趨勢（Delwiche, 2016; Jagoda, 2016）。網絡美學包括敘事者對多平台及科技之探索，運用相異媒介而連結故事世界，激發閱聽人多元體驗（Jagoda, 2016）。敘事者可依特定角色而驅動故事體系，視母本為資訊來源（source text）而衍生「角色導向之跨文本支線」（the character-driven approach to transtexts；如電影幕後花絮等），建構母本及支線相互唱和之網絡（Kinberg, Shearmur & Branagh, 2015; Knox & Kurtz, 2016; Long, 2016）。易言之，敘事者延伸「角色導向之跨文本支線」，藉真實事件及角色等拓展故事網絡（Kinberg, Shearmur & Branagh, 2015; Knox & Kurtz, 2016）。先前文學傳播學理多探索單一媒體，然而處於跨媒介網絡情境，實需思考多平台改編版本現況（Scolari, Bertetti, & Freeman, 2014）。隨故事網絡興起，敘事者需整合核心文本及多平台支線，方能體現網絡美學（Jagoda, 2016）。本研究探索敘事者如何整合嚴謹跨媒介形態、裝飾型跨媒介形態，構塑特殊角色之故事網絡，亦為學理創新處。

其三，回應跨媒介敘事對紀實支線之關切。經典童話流佈久矣，後人可因近代潮流而增刪元素（Solomon, Buck, & Lee, 2013）。以「角色導向之跨文本支線」為例，敘事者可整合角色及對應紀實線索（如電影幕後紀要、

歷史背景及服裝設計等），填補角色細節，闡釋故事未言及處（Solomon, 2017）。易言之，紀實資訊（如角色塑造之年代、背景資訊）適時出土，或可觸發敘事者建構經典角色之靈感，協助拓展故事體系（Bettelheim, 1976 ／ 王翎譯，2017；Knox & Kurtz, 2016）。[1]

---

[1] 閱聽人期待找尋傳說對應之現實造景，體察神話英雄確實存在痕跡（Echo, 2013 ／林潔盈譯，2016）。閱聽人盼找尋「金羊毛」冒險神話旅程，覺察事發地點似為邁錫尼而引發旅遊動機；閱聽人亦好奇《奧德賽迷航記》遊走路徑，臆測若當時人物主要在地中海活動，奧德賽迷航應僅在西西里島海域（Echo, 2013 ／林潔盈譯，2016）。

【參考書目】

王翎譯（2017）。《童話的魅力》。台北：漫遊者。（原書 Bettelheim, B. [1976]. *The uses of enchantment: The meaning and importance of fairy tales.* London, UK: Thames & Hudson.）

台視新聞（2017 年 11 月 29 日）。〈迪士尼真人版花木蘭劉亦菲雀屏中選〉，《台視新聞》。取自 https://www.youtube.com/watch?v=kw71qMAgwZ4

步兮瑤（2015）。《一腳踩進童話裡：遇見德國最浪漫的童畫場景》。台北：佳魁。

林潔盈譯（2016）。《異境之書》。台北：聯經。（原書：Echo, U. [2013]. *Storiadelleterre e deiluoghileggendari.* Mialan: Bompiani）

波波（2019 年 7 月 19 日）。〈《小美人魚》真人版選角風波為什麼人魚不能是黑人？〉，《地球圖輯隊》。取自 https://qd.yam.com/post.php?id=11363

陳榮彬譯（2016）。《愛麗絲夢遊仙境與鏡中奇緣》。台北：大寫。（原書 Gardner, M., & Burstein, M. [Eds]. [2015]. *The annotated Alice: 150th anniversary deluxe edition.* New York, NY: W. W. Norton & Company.）

鄭伊雯（2013）。《走入德國童話大道》。台北：華成。

賴玉釵（2020）。〈閱聽人詮釋跨媒介角色之紀實支線歷程初探：以經典童話角色為例〉。《新聞學研究》。143: 55-111。

賴維菁（2013）。〈兔子、魔法、音樂隊：跟著童話與幻奇去旅行〉，古佳豔（編），《兒童文學新視界》，頁 185-229。台北：書林。

轉角 24 小時（2017 年 6 月 29 日）。〈「請照顧這隻熊，謝謝你！」英國經典《派丁頓熊》之父過世〉，《轉角國際》。取自 https://global.udn.com/global_vision/story/8662/2553140

Balides, C. (2004). Immersion in the virtual ornament: Contemporary "Movie

Ride" films, In D. Thorburn & H. Jenkins (Eds.), ***Rethinking media change: The aesthetic of transition*** (pp. 315-336). New York, NY: Routledge.

Batess, D. C., & La Tempa, S. (2002). ***Storybook travels: From Eloise's New York to Harry Potter's London, visits to 30 of the best-loved landmarks in children's literature.*** New York, NY: Three Rivers Press.

Beddows, E. (2012). ***Consuming transmedia: How audiences engage with narrative across multiple story modes.*** Thesis doctoral, Swinburne University of Technology.

Bertetti, P. (2014). Toward a typology of transmedia characters. ***International Journal of Communication, 8,*** 2344-2361.

Brooker, W. (2001). Living on ***Dawson's Creek:*** Teen viewers, cultural convergence, and television overflow. ***International Journal of Cultural Studies, 4***(4), 456-472.

Buerkle, R. (2014). Playset nostalgia: Lego Star wars: The video game and the transgeneraltional appeal of the Lego video game franchise. In M. J. P. Wolf (Ed.), ***Lego studies: Examining the building blocks of a transmedial phenomenon*** (pp. 118-152). London, UK: Routledge.

Burke, L. (2015). ***The comic book film adaptation: Exploring modern Hollywood's leading genre.*** Jackson, MN: University Press of Mississippi.

Canemaker, J. (2010). ***Two guys named Joe: Master animation storytellers Joe Grant & Joe Ranft.*** California, CA: Disney Editions.

Cashdan, S. (2000). ***The witch must die: The hidden meaning of fairy tales.*** New York, NY: Basic Books.

Delwiche, A. (2016). Still searching for the unicorn: Transmedia storytelling and the audience question. In B. W. L. D. Kurtz & M. Bourdaa (Eds.), ***The***

rise of transtexts: Challenges and opportunities (pp. 33-48). London, UK: Routledge.

Demaria, C. (2014). True detective stories: Media textuality and the anthology format between remediation and transmedia narratives. *Between, IV*(8), 1-24.

Dewdney, A. (2011). Transamediation: Tracing the social aesthetic. *Philosophy of Photography, 2*(1), 97-113.

Echo, U. (1994). *Six walks in the fictional words.* Cambridge, Mass.: Harvard University Press.

Edmond, M. (2015). All platforms considered: Contemporary radio and transmedia engagement. *New Media & Society, 17*(9), 1566-1582.

Edson, E. (2012). *The story solution: 23 actions all great heroes must take.* Studio City, CA: Michael Wiese Productions.

Elwell, J. S. (2014). The transmediated self: Life between the digital and the analog. *Convergence: The International Journal of Research into New Media Technologies, 20*(2), 233-249.

Evans, E. (2011). *Transmedia television: Audience, new media, and daily life.* London, UK: Routledge.

Filice, M., & Young, S. (2012). From mainstage to movies to media: Sustaining the live and performing arts through artistic convergence and the Balaban and Katz philosophy of continuous performance. *International Journal of Arts Management, 14*(2), 48-56.

Flanagan, M., Mckenny, M., & Livingstone, A. (2016). *The Marvel Studios phenomenon: Inside a transmedia universe.* New York, NY: Bloomsbury.

Flewitt, R., Hampel, R., Hauck, M., & Lancaster, L. (2012). What are multimodal data and transcription. In C. Jewitt (Ed.), *The Routledge*

handbook of multimodal analysis (pp. 40-53). London, UK: Routledge.

Freeman, M. (2014). Superman: Building a transmedia world for a comic book hero. In C. A. Scolari, P. Bertetti & M. Freeman (Eds.), *Transmedia archaeology: Storytelling in the borderlines of science fiction, comics and pulp magazines* (pp. 39-54). New York, NY: Palgrave Macmillan.

Freeman, M. (2017). *Historicising transmedia storytelling: Early twentieth-century transmedia story worlds.* London, UK: Routeldge.

Furness, H. (2016, November 16). Beauty and Beast goes feminist as Emma Watson gives Belle a career. *The Telegraph.* Retrieved from https://www.telegraph.co.uk/news/2016/11/16/beauty-and-beast-goes-feminist-as-emma-watson-gives-belle-a-care/

Gordon, I., & Lim, S. S. (2016). Introduction to the special issue "Cultural industries and transmedia in a time of convergence: Modes of engagement and participation". *The Information Society, 32*(5), 301-305.

Grainge, P. (2004). Branding Hollywood: Studio logos and the aesthetics of memory. *Screen, 45*(4), 344-362.

Granitz, N., & Forman, H. (2015). Building self-brand connections: Exploring brand stories through a transmedia perspective. *Journal of Brand Management, 22*(1), 38-59.

Gray, W. (2009). *Fantasy, myth and the measure of truth: Tales of Pullman, Lewis, Tolkien, MacDonald and Hoffman.* New York, NY: Palgrave Macmillan.

Grishakova, M., & Ryan, M. (2010). Editors' preface, In M. Grishakova & M. Ryan (Eds.), *Intermediality and storytelling* (pp. 1-7). New York, NY: De Gruyter.

Hancox, D. (2017). From subject to collaborator: Transmedia storytelling and social research. *Convergence: The International Journal of Research into New Media Technologies, 23*(1), 49-60.

Hanson, B. K. (2011). *Peter Pan on stage and screen, 1904-2010.* Jefferson, NC: McFarland.

Harvey, C. B. (2015). *Fantastic transmedia: Narrative, play and memory across science fiction and fantasy storyworlds.* New York, NY: Palgrave Macmillan.

Herbert, D. (2017). *Film remakes and franchises.* New Brunswick, NJ: Rutgers University Press.

Herman, D. & Page, R. (2010). Coda/ Prelude: Eighteen questions for the study of narrative and multimodality, In R. Page (Ed.), *New perspectives on narrative and multimodality* (pp. 217-220). London, UK: Routledge.

Heuvel, M. V. (2013). "The acceptable face of the unintelligible": Intermediality and the science play. *Interdisciplinary Science Reviews, 38*(4), 365-379.

Hills, M. (2016). Star Trek into divineness: The transmedia failures of Star Trek: The videogame. In B. W. L. D. Kurtz & M. Bourdaa (Eds.), *The rise of transtexts: Challenges and opportunities* (pp. 119-135). London, UK: Routledge.

Holthuis, S. (2010). Intertexualtiy and meaning constitution. In J. S. Petöfi & T. Olivi (Eds.), *Approaches to poetry: Some aspects of textuality, intertexuality and intermediality* (pp. 77-93). New York, NY: Palgrave Macmillan.

Hurtado, D. R. (2011). *The Chronicles of Narnia series: Exploring audience involvement in an entertainment-education transmedia commercial enterprise.* Unpublished doctoral dissertation, School of Communication and the Arts Regent University.

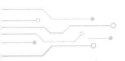

Hutcheon, L. (2006). *A theory of adaptation.* New York, NY: Routledge.

Ilhan, B. E. (2012). *Transmedia consumption experiences: Consuming and co- creative interrelated stories across media.* Unpublished doctoral dissertation, University of Illinois at Urbana-Champaign.

Ioannidou, E. (2013). Adapting superhero comics for the big screen: Subculture for the masses. *Adaptation, 6*(2), 230-238.

Iser, W. (1978). *The act of reading: A theory of aesthetic response.* Baltimore, MD: Johns Hopkins University Press.

Jagoda, P. (2016). *Network aesthetics.* Chicago, IL: University of Chicago Press.

Jenkins, H. (2016). Transmedia logics and locations. In B. W. L. D. Kurtz & M. Bourdaa (Eds.), *The rise of transtexts: Challenges and opportunities* (pp. 220-240). London, UK: Routledge.

Jewitt, C. (2012). An introduction to multimodality. In C. Jewitt (Ed.), *The Routledge handbook of multimodal analysis* (pp. 14-25). London, UK: Routledge.

Kérchy, A. (2016). *Alice in transmedia wonderland: Curiouser and curiouser new forms of a children's classic.* Jefferson, NC: McFarland Publishing.

Kerrigan, S., & Velikovsky, J. T. (2016). Examining documentary transmedia narratives through The Living History of Fort Scratchley project. *Convergence: The International Journal of Research into New Media Technologies, 22*(3), 250-268.

Kidder, T., & Todd, R. (2013). Good prose: *The art of nonfiction: Stories and advice from a lifetime of writing and editing.* New York, NY: Random House.

Kinberg, S., Shearmur, A. (Producer), & Branagh, K. (Director). (2015).

Cinderella [Motion picture]. United States: Walt Disney Pictures.

Kirschner, D. (Producer), & Noonan, C. (Director). (2006). *Miss Potter* [Motion picture]. United States: Phoenix Pictures.

Klastrup, L., & Tosca, S. (2014). Game of thrones: Transmedial worlds, fandom, and social gaming, In M. Ryan & J. Thon (Eds.), *Story across media: Toward a media- conscious narratology* (pp. 295-314). Lincoln, NE: University of Nebraska Press.

Knox, S., & Kurtz, B. W. L. D. (2016). Texture, realism, performance: Exploring the intersection of transtexts and the contemporary sitcom. In B. W. L. D. Kurtz & M. Bourdaa (Eds.), *The rise of transtexts: Challenges and opportunities* (pp. 49-67). London, UK: Routledge.

Kurtz, B. W. L. D. (2016). Set in stone: Issues of canonicity of transtexts. In B. W. L. D. Kurtz & M. Bourdaa (Eds.), *The rise of transtexts: Challenges and opportunities* (pp. 104-118). London, UK: Routledge.

Kurtz, B. W. L. D., & Bourdaa, M. (2016). The world is changing⋯and transtexts are rising. In B. W. L. D. Kurtz & M. Bourdaa (Eds.), *The rise of transtexts: Challenges and opportunities* (pp. 1-11). London, UK: Routledge.

Kustritz, A. (2014). Seriality and transmediality in the fan multiverse: Flexible and multiple marrative structures in fan fiction, art, and vids. *TV Series,* 6, 225-261.

Laurichesse, H. (2016). Considering transtexts as brands. In B. W. L. D. Kurtz & M. Bourdaa (Eds.), *The rise of transtexts: Challenges and opportunities* (pp. 187-203). London, UK: Routledge.

Lehtimäki, M. (2010). The failure of art: Problems of verbal and visual representation in Let us now praise famous men. In M. Grishakova & M.

Ryan (Eds.), *Intermediality and storytelling* (pp. 183-207). New York, NY: De Gruyter.

Levy, M., & Mendlesohn. (2016). *Children's fantasy literature: An introduction.* London, UK: Cambridge.

Lewis, J. P. (2005). If Yeh know where to go: Vision and mapping in the wizard wolrd. In C. W. Hallett (Ed.), *Scholarly studies in Harry Potter: Applying academic methods to a popular text* (pp. 43-64). Lewiston, NY: Edwin Mellen Press.

Ljungberg, C. (2010). Intermediality strategies in multimedia art. In L. Elleström (Ed.), *Media borders, multimodality and intermediality* (pp. 81-95). New York, NY: Palgrave Macmillan.

Long, G. (2016). Creating worlds in which to play: Using transmedia aesthetics to grow stories into storyworlds. In B. W. L. D. Kurtz & M. Bourdaa (Eds.), *The rise of transtexts: Challenges and opportunities* (pp. 139-152). London, UK: Routledge.

Mass, W., & Levine, S. (2002) (Eds.). *Fantasy.* San Diego, CA: Greenhaven Press.

Ndalianis, A. (2004). Architecture of the senses: Neo-Baroque entertainment spectalces, In D. Thorburn & H. Jenkins (Eds.), *Rethinking media change: The aesthetic of transition* (pp. 355-373). New York, NY: Routledge.

Page, R. (2010). Introduction, In R. Page (Ed.), *New perspectives on narrative and multimodality* (pp. 1-13). London, UK: Routledge.

Painter, C., Martin, J. R., & Unsworth, L. (2013). *Reading visual narratives: Image analysis of children's picture books.* London, UK: Equinox.

Pearson, R. (2014). Forward. In C. A. Scolari, P. Bertetti & M. Freeman (Eds.), *Transmedia archaeology: Storytelling in the borderlines of science*

fiction, comics and pulp magazines (pp. vi-ix). New York, NY: Palgrave Macmillan.

Perry, E. M. (2005). Metaphor and metafantsay: Questing for literary inheritance in J. K. Rowling's Harry Potter and the sorcerer's stone. In C. W. Hallett (Ed.), *Scholarly studies in Harry Potter: Applying academic methods to a popular text* (pp. 241-262). Lewiston, NY: Edwin Mellen Press.

Rabinowitz, P. (2004). Music, genre, and narrative theory. In M. Ryan (Ed.), *Narrative across media* (pp. 305-327). Lincoln, Neb.: University of Nebraska Press.

Rajewsky, I. O. (2010). Border talks: The problematic status of media borders in the current debate about intermediality. In L. Elleström (Ed.), *Media borders, multimodality and intermediality* (pp. 51-68). New York, NY: Palgrave Macmillan.

Raphael, J., & Lam, C. (2016). Marvel media convergence: Cult following and buddy banter. *Northern Lights,* 14, 159-178.

ReHak, B. (2018). *More than meets the eye: Special effects and the fantastic transmedia franchise*. New York, NY: New York Univ Press.

Richards, D. (2016). Historicizing transtexts and transmedia. In B. W. L. D. Kurtz & M. Bourdaa (Eds.), *The rise of transtexts: Challenges and opportunities* (pp. 15-32). London, UK: Routledge.

Ryan, M. (2004). Introduction. In M. Ryan (Ed.), *Narrative across media* (pp. 1-39). Lincoln, Neb.: University of Nebraska Press.

Ryan, M. (2014).Storyworlds across media: Introduction, In M. Ryan & J. Thon (Eds.), *Story across media: Toward a media- conscious narratology* (pp. 1-21). Lincoln, NE: University of Nebraska Press.

Scolari, C. A. (2009). Transmedia storytelling: Implicit consumers, narrative

worlds, and branding in contemporary media production. *International Journal of Communication, 3*, 586-606.

Scolari, C. A., Bertetti, P., & Freeman, M. (2014). *Transmedia archaeology: Storytelling in the borderlines of science fiction, comics and pulp magazines.* New York, NY: Palgrave Macmillan.

Simons, N., Dhoest, A., & Malliet, S. (2012). Beyond the text: Producing cross- and transmedia fiction in Flanders. *Northern Lights, 10*, 25-40.

Smith, C. S. (2000). *Understanding: Alain Robbe-Grillet.* Berkeley, CA: The University of South California Press.

Smith, T. (2011). Brand salience not brand science: A brand narrative approach to sustaining brand longevity. *The Marketing Review, 11*(1), 25-40.

Solomon, C. (2017). *Tales as old as time: The art and making of Beauty and the Beast.* California, CA: Disney Editions.

Solomon, C., & Hahn, D. (2015). *Once upon a dream: From Perrault's sleeping beauty to Disney's Maleficent.* California, CA: Disney Editions.

Solomon, C., & Branagh, K. (2015). *A wish your heart makes: From the Grimm Brothers' aschenputtel to Disney's Cinderella.* California, CA: Disney Editions.

Solomon, C., Buck, C., & Lee, J. (2013). *The art of Frozen.* San Francisco, CA: Chronicle Books.

Tarasti, E. (2004). Music as a narrative art. In M. Ryan (Ed.), *Narrative across media* (pp. 283-303). Lincoln, Neb.: University of Nebraska Press.

Unsworth, L. & Cléirigh, C. (2012). Multimodality and reading: The construction of meaning through image-text interaction. In C. Jewitt (Ed.), *The Routledge handbook of multimodal analysis* (pp. 151-163). London, UK: Routledge.

vonStackelberg, P., & Jones, R. E. (2014). Tales of our tomorrows: Transmedia storytelling and communicating about the future. *Journal of Futures Studies, 18*(3), 57-76.

Walters, J. (2011). *Fantasy film: A critical introduction.* New York, NY: Berg Publishers.

Weedon, A., Miller, D., Franco, C. P., Moorhead, D., & Pearce, S. (2014). Crossing media boundaries:Adaptations and new mediaforms of the book. *Convergence, 20*(1), 108-124.

Weinbren, G. (2014). Navigating the ocean of streams of story. In M. Kinder & T. McPherson (Eds.), *Transmedia frictions: The digital, the arts, and the humanities* (pp. 126-146). Oakland, CA: University of California Press.

West, T. (2012). Music and designed sound. In C. Jewitt（Ed.), *The Routledge handbook of multimodal analysis* (pp. 284- 292). London, UK: Routledge.

Zaluczkonwska, A. (2012). Storyworld: The bigger picture, investigating the world of multi-platform/ transmedia production and its effect on storytelling processes. *Journal of Screenwriting, 3*(1), 83-101.

Zanuck, R. D., Roth, J., Todd, S., Todd, J. (Producer), & Burton, T. (Director). (2010). *Alice in Wonderland* [Motion picture]. United States: Walt Disney Pictures.

Zeiser, A. (2015). *Transmedia marketing: From film and TV to games and digital media.* Burlington, MA: Focal Press.

3　改編產業與「經典活化」取材方向

壹、文學轉譯、經典活化與 OTT 分齡策略

跨媒介敘事者轉述文本時，涉及內容層面及科技層面；前者如跨媒介提案者等產製端，後者如跨媒介平台（transmedia platform）等載具（Filice, & Young, 2012; Zeiser, 2015）。產製者結合科技載具之多模組資源，改編系列作品為相異類型，保持經濟效益（Grishakova, & Ryan, 2010; Kattenbelt, 2008; Kress, 2010; Page, 2010）。若以文學轉譯歷程言之，跨媒介敘事者需考量類型公式、商業脈絡、社會文化情境，選擇合宜媒材以詮釋故事（Bernardo, 2011, 2014; Faubert, 2010; Pearson, & Smith, 2015）。

跨媒介敘事者盼鞏固敘事品牌，鼓勵閱聽人聯想往昔賞析歷程或消費習慣（如作品之口碑印象），並據此與新版本互動（Grainge, 2004; Smith, 2011）。跨媒介敘事者考量政治經濟脈絡，並搭配科技載具等新通路，傳散改編文本；另需考量閱聽人近用媒介習慣，整合網路內容以傳佈資訊（彭芸，2015）。

近年 OTT 浪潮崛起，Netflix、Disney 及 Amazon Prime 均曾改編特定作者之經典文本，結合串流平台推播。如 Netflix 改編羅德達爾（Roald Dahl）兒童文學為電視劇集，著名如《瑪蒂達》（*Matilda*）等音樂劇影集，引發串流平台之討論熱潮；或如 Disney 改編羅德達爾小說《吹夢巨人》（*The BFG*），並於電影院及串流平台映演。其他如《納尼亞傳奇》與《魔戒》等系列，均為 OTT 網路電視之重啟項目。顯見特定作者之敘事品牌印象下，經典文本及轉譯已屬串流影業重點發展方向。

　　OTT 改編產業著眼不同年齡層需求，開發潛在的觀影客層。如 HBO Max 及 Netflix 強調兒童市場重要性，故推出經典文學轉譯為動畫類目（陳是祈，2021 年 2 月 22 日）。再如 BBC 深耕英國經典文學之轉譯與活化，推出《莎士比亞》及《福爾摩斯》等劇集，目標年齡層為較年長閱聽人。凡此種種，皆可見 OTT 改編產業「文學轉譯」之跨齡推播趨勢。下文以跨齡脈絡，分別以較年長閱聽人、兒少閱聽人為例，說明串流平台「經典文學活化」現況。

貳、經典文學轉譯與年長閱聽族群：BBC 活化經典文學《福爾摩斯》

　　跨媒介敘事者盼借助故事品牌效力，激發閱聽人跨媒介涉入（Jenkins, 2006, 2010; Jenkins, Ford, & Green, 2013）。閱聽人對照原作及跨媒介改編文本，或可主動蒐集 OTT 花絮以弭合系列故事之間隙，參照 OTT 平台跨媒介支線以拓展故事宇宙（賴玉釵，2016）。

　　跨媒介敘事者選取互文線索而詮釋原作，如參照經典文本之引語及情節，並考量社會文化脈絡而轉譯作品（Engulund, 2010; Gibbons, 2010）。易言之，「媒介互文」為經典文學與改編版本之連繫紐帶，從中亦可突顯跨媒介敘事者之再創作／再想像歷程（Bernardo, 2011, 2014; Engulund, 2010; Gibbons, 2010）。

一、《福爾摩斯》跨媒介網絡與故事品牌

　　跨媒介敘事者考量商業情境、多平台發展，開發更多故事表達形態（Evans, 2011, 2012; Porter, 2012）。經典文學《福爾摩斯》系列已有多次改

編紀錄，文學轉譯類型如劇場、音樂、廣播劇、電影、電視影集、漫畫、桌遊、電玩，建構多元敘事地景（narrative landscape）（Pearson, 2014; Stein, 2012）。或如英國貝克街「福爾摩斯博物館」裡，館方邀請專人扮演福爾摩斯，模仿名偵探在書房漫步、清理煙斗；另聘請專人回覆迷群寄給福爾摩斯之信函，整合角色扮演、博物館場景／空間以推介經典（賴玉釵，2016；Adams, 2012）。

以 BBC 改編文學及引發效益言之，小說《福爾摩斯》跨媒介轉述頗受關注。BBC 劇集整合影視、影像觀光及體驗，構成敘事者、文本、收視者／觀光客之詮釋循環（賴玉釵，2016；Porter, 2012）。《新世紀福爾摩斯》劇組轉譯經典文學《福爾摩斯》，因應媒介載具而推播多元內容（Harvey, 2012; Tribe, 2014）。BBC 於 2010 年推出《新世紀福爾摩斯》劇集，賦予二十一世紀生活元素（Tribe, 2014）。《新世紀福爾摩斯》引入 GPS 及手機等科技辦案，並對應小說情節而納入現代情境（如原作為福爾摩斯請丐童當線民，改編電視劇之線民則為販售《大誌》者），活化經典文學（Adams, 2012; Tribe, 2014）。

或如 BCC 劇組轉譯影集為跨國漫畫，補充小說原作細節，並結合故事框格等圖像化元素，更多面立體刻劃角色（賴玉釵，2016；Jay, 2013, 2014, 2016）。易言之，BBC 劇組擴展經典文學設定，塑造閱聽人聆賞其他改編版本「推力」，鼓勵閱聽人主動涉入跨媒介品牌建構歷程。

以敘事經濟言之，BBC《新世紀福爾摩斯》藝術表現獲得國際大獎肯定，另帶來影視觀光效益。電視劇《新世紀福爾摩斯》呈現當代倫敦風貌，吸引眾多旅客前往影集拍攝地點朝聖，尋找熟悉故事場景；如《每日電訊》（*The Telegraph*）估計，第二季劇集結束前已創造至少 19 億英鎊觀光產值（Porter, 2012）。本劇藝術表現也受肯定，如獲「英國電影電視藝術學院電視獎」、「黃金時段艾美獎」及「美國愛倫坡獎」等專業領域獎項（賴玉釵，2016；

Tribe, 2014）。

BBC 主張內容為王，並視《新世紀福爾摩斯》為反攻 Netflix 美國市場之橋頭堡，更可彰顯本劇集之顯著度與研究價值（賴玉釵，2016；李筱雯，2016 年 2 月 15 日）。本書考量 BBC 組織定位、英國經典文學脈絡及引發效果，故以《新世紀福爾摩斯》為例而闡釋 BBC 改編電視劇考量。下文分以「敘事延展」及「媒介延展」，說明《新世紀福爾摩斯》之文學轉譯歷程。

二、敘事延展

（一）嚴謹跨媒介形態

以角色為例，跨媒介敘事者可模仿既有角色等「互文線索」，豐厚新版角色刻劃（Scolari, Bertetti, & Freeman, 2014a, 2014b; Zeiser, 2015）。閱聽人若賞析原作及改編文本時，亦可參照互文導向（intertextually oriented text processing）詮釋文學及轉譯作品，豐厚系列作品之深度及廣度（Harvey, 2012; Holthuis, 2010）。

經典小說之福爾摩斯有特別習慣（將拆信刀插在信封上）、蒐集戰利品之嗜好，此種人物設定延續至改編劇集。一如小說原作《馬斯格雷夫儀禮》（The Musgrave ritual）記述，福爾摩斯無聊時會對著家宅牆壁開槍，打出「VR」（Victoria Regina），宣示英國女王在位。BBC 編劇史蒂芬‧莫法特（Steven Moffat）及馬克‧加蒂斯（Mark Gatiss）也模擬此特質並納為編劇依據，現代版福爾摩斯也有對牆鳴槍之喜好（Adams, 2012; Tribe, 2014）。小說原作之華生（John Watson）被喻為「磨刀石」，提供名偵探福爾摩斯推理靈感。《新世紀福爾摩斯》編劇史蒂芬‧莫法特、馬克‧加蒂斯參考經典文學角色設定，另於劇集《粉紅色研究》補充華生參與偵察動機，更立體呈現華生形象（Adams, 2012）。在《新世紀福爾摩斯》裡，編劇考

量經典小說「華生醫生」設定，調整角色為退伍軍醫；並補述華生渴望戰場之刺激感，故願隨福爾摩斯偵查犯罪案例，展開一連串冒險（Adams, 2012; Tribe, 2014）。

　　跨媒介敘事者亦隨特定角色視野，更多面呈現人物特質（Phelan, 2001）。BBC 劇集《無人靈車》（*The empty hearse*）華生對福爾摩斯表示，「**你是我所見過最棒、最有智慧的人**」（*"You are the best and the wisest man that I have ever known."*）；此典故出於小說原作《最後一案》華生描述「**他是我所見過最棒、最有智慧的人**」（*"I shall ever regard him as the best and the wisest man I have ever known."*）（Tribe, 2014）。以角色塑造為例，跨媒介敘事者可參照經典文學之互文線索，鼓勵閱聽人參照「互文導向」詮釋改編版本，豐厚故事宇宙（Holthuis, 2010; Scolari, Bertetti, & Freeman, 2014a, 2014b）。

　　以情節安排為例，跨媒介敘事者常參照原作典故，重新調整順序以建構改編版情節；或藉「跨媒介連結」（transmedia links），形成原作及改編版之互文體系（Ndalianis, 2004; Scolari, 2013; Scolari, Bertetti, & Freeman, 2014a, 2014b）。BBC 劇組參照小說《血字的研究》（*A study in scarlet*）設定，呈現福爾摩斯不明瞭「地球繞太陽公轉」等天文知識。小說《血字的研究》曾提及福爾摩斯不識「地球公轉」之因，因福爾摩斯認為頭腦如「小閣樓空間」，在空間有限情況下應儲存有用知識。《血字的研究》裡，福爾摩斯意正詞嚴，解釋頭腦空間如同小閣樓般，若儲存與生活較不相干知識，則如房間雜物太多而佔據使用空間（*'I consider that a man's brain originally is like a little empty attic, and you have to stock it with such furniture as you choose……It is of the highest importance, therefore, not to have useless facts elbowing out the useful ones.'*）。BBC 劇組則考量都市生活空間難有小閣樓，故以「硬碟空間有限」為喻，貼近現代人之生活脈絡（Scott-Zechlin, 2012;

Tribe, 2014）。《新世紀福爾摩斯》編劇史蒂芬・莫法特、馬克・加蒂斯在劇集《致命遊戲》以新科技為喻，說明福爾摩斯未清楚明瞭天文知識情況（Scott-Zechlin, 2012; Tribe, 2014）。現代版福爾摩斯提及，頭腦一如「硬碟」般，儲存量有限故需優先留給有用知識題材（*"This is my hard drive and it only makes sense to put things in there that are useful."*）。易言之，BBC 劇組以「硬碟」取代原作「閣樓空間」典故，扣合現代人生活情境。

再如《新世紀福爾摩斯》劇組運用多平台之外部互文（inter-textually）、延伸互文（extra- textually）等敘事機制，參照原作情節、角色與場景等發展，拓展跨媒介故事網絡（Hills, 2012）。《福爾摩斯》原作小說《五個橘核》（*The five orange pips*）裡，兇手在犯案前夕均以五枚橘子種子示警，若受害人不願妥協恐遭不測（Adams, 2012; Tribe, 2014）。電視劇《新世紀福爾摩斯》編劇馬克・加蒂斯參照「五個橘核」典故，劇集《致命遊戲》（*The great game*）以「五個橘核」或「五個瓜籽」為黑社會犯案警訊，暗示謀殺事件可能發生（Tribe, 2014）。《新世紀福爾摩斯》電影版《地獄新娘》也承襲「五個橘核」與謀殺典故，並說明此為美洲傳統，也讓電影版福爾摩斯推定犯案者應來自美洲。BBC 劇組在《致命遊戲》也沿用其他互文典故，並融入日常生活脈絡。如編劇史蒂芬・莫法特、馬克・加蒂斯引用小說原作之諜報網設定：《福爾摩斯》情報網路包括流浪兒，他們對大街小巷瞭若指掌，故能提供城市地景細節及活動現況資訊。《新世紀福爾摩斯》承此典故，情報網成員包括遊民、販賣《大誌》雜誌者，如同監視器般即時捕捉新動態（Adams, 2012; Tribe, 2014）。

以場景設定為例，編劇史蒂芬・莫法特、馬克・加蒂斯撰寫劇集《粉紅色研究》時，曾參照小說《四簽名》（*The sign of the four*）情節（Adams, 2012）。原作小說《四簽名》裡，福爾摩斯分析華生懷錶裂痕情況，臆想華生家庭樣貌、成員酗酒習慣；BBC 劇集《新世紀福爾摩斯》帶入數位生活脈

絡，改以「手機刮痕」取代「懷錶裂痕」（Adams, 2012）。BBC 劇組認為，智慧型手機為現今必備用品，重要性一如昔日懷錶，故採數位科技脈絡改編原作典故（Adams, 2012）。

（二）跨媒介支線

1. 整合劇集與紙媒檔案簿

BBC 劇組人員模仿華生筆調，側寫福爾摩斯探索經過，並集結照片、手扎、便條紙與檔案書（Adams, 2012）。跨媒介敘事者藉由圖文模組等表現（如仿造便利貼、報紙等媒材質感），延伸 BBC《新世紀福爾摩斯》影像世界至紙本類型，供閱聽人聯想日常近用媒介經歷，作為建構「檔案簿」等跨媒介記憶（trasmedia memory）起始。BBC 劇組模仿華生語氣，說明蒐集案件之相關報導於「檔案薄」，仔細說明辦案內幕。閱聽人瀏覽檔案簿文字、福爾摩斯與華生便條紙之對話，或可從細密資訊裡略窺神探日常點滴。

2. 整合網路平台、劇集及原作

《新世紀福爾摩斯》APP 也與 Youtube 平台串流，粉絲可點閱影集菁華及幕後花絮，延伸故事世界。BBC 劇組考量「跨媒介互文」效果，故推出〈醫師約翰 · 華生部落格〉記述辦案點滴，呼應原作設定華生撰寫辦案情節而供雜誌出版；BBC 亦考量原作典故，如福爾摩斯部落格名稱〈演繹的科學〉即出自小說《四簽名》典故（賴玉釵，2016）。

跨媒介敘事研究者可比較原作及改編作品之原型、美感質素，並剖析科技如何協助跨媒介轉述（Harvey, 2012）。編劇馬克 · 加蒂斯引用小說〈血字的研究〉，華生訝異福爾摩斯「他不理解哥白尼學說，太陽系組成份子」（*"My surprise reached a climax, however, when I found incidentally that he was ignorant of the Copernican Theory and of the composition of the Solar*

System."），BBC《新世紀福爾摩斯》劇集《致命遊戲》則改為〈醫師約翰 · 華生部落格〉（*The blog of Dr. John. H. Watson*，可參見：*http://www. johnwatsonblog.co.uk/*）文章，華生在網誌指出福爾摩斯弄不清地球繞著太陽公轉（"Last week he seemed to genuinely not know the Earth goes round the Sun. Seriously. He didn't know. He didn't think the Sun went round the Earth or anything"，可參見：http://www.johnwatsonblog.co.uk/blog/07february）。

　　小說《血字的研究》裡，福爾摩斯對華生訝異毫不在乎，指出「**你說我們繞著太陽轉，即使我們繞著月亮轉，對我的工作也不會有影響**」（*"You say that we go round the sun. If we went round the moon it would not make a pennyworth of difference to me or to my work."*）。BBC《新世紀福爾摩斯》劇集《致命遊戲》改編福爾摩斯台詞為「**我們繞著太陽轉，即使我們繞著月亮轉，或像泰迪熊繞著花園轉，都不會有任何影響**」（*"So we go round the sun- if we went round the moon or... round and round the garden like a teddy bear, it wouldn't make any difference."*）。易言之，跨媒介敘事者參照典故，促成原作與改編版本之跨媒介互文效果。閱聽人若熟知原作對白，或能聯想相似媒介形式，串接跨媒介故事網絡。

三、媒介延展

　　跨媒介敘事者依循不同類型及敘事資源，轉述紙本內容為影音形式、轉譯文字為場面設計等「圖像化」設計（Geraghty, 2007; Hutcheon, 2006; Lowe, 2010）。以影音類型為例，跨媒介敘事者需藉視覺模組而具體化角色、場景、事件、行動樣貌；亦可運用聽覺模組等資源，呈現對白、旁白及聲效（Bernardo, 2011, 2014; Herman, 2010; Kress, 2010）。

（一）視覺模組與文學轉譯

以動畫設計為例，跨媒介敘事者運用 3D 軟體以刻劃造景，呈現如實場景及空間感（Dewdney, 2011）。BBC《新世紀福爾摩斯》劇組考量角色心理狀況、生活習慣、行為特色等，據此設計日常起居環境等圖景；再如劇組人員考量現代版福爾摩斯處於數位通訊情境，故常整合動畫特效再現簡訊內容（賴玉釵，2016；Tribe, 2014）。BBC《新世紀福爾摩斯》劇集《地獄犬》（*The hound of Baskervilles*）改編自小說《巴斯克維爾的獵犬》，劇組也參照原作典故而再現巨犬形貌；劇組並應用建模、特效、動畫、合成等「電腦繪圖」效果（約二十人之視覺特效團隊），讓巨犬外貌更具威脅力（Tribe, 2014）。

或如電影《地獄新娘》敘事者參照小說《福爾摩斯》時空背景，盼服膺原作之維多利亞時期設定，促成跨媒介互文之故事體系。另外，電影《地獄新娘》還原維多利亞時代之服裝設計，如模仿原作小說插畫以重現福爾摩斯之衣著（如獵鹿帽與英國披風）。

（二）聽覺模組與文學轉譯

劇集配樂者整合運用音速、節奏、相仿主題結構等，搭配戲劇發展、角色走位及移動速度，呼應故事起伏高潮（鄭茂平，2011；Tribe, 2014）。閱聽人可對照音樂以理解故事氛圍，並搭配影像聯想角色行動、時序、建立因果關係，繼而引發情感共鳴（Kafalenos, 2004）。BBC 劇集《新世紀福爾摩斯》音樂創作者大衛‧阿諾（David Alnord），與編劇群共同討論故事旨趣與配樂關聯，盼打造符合角色特質之樂曲；如大衛‧阿諾參照小說描寫福爾摩斯喜愛小提琴，故據此製作主題曲（Tribe, 2014）。

（三）互動模組與文學轉譯

　　跨媒介敘事者因應新媒介類型，參照特定科技載具之多模組資源，轉化故事為多種表現形式（Grishakova, & Ryan, 2010; Passalacqua, & Pianzola, 2011; Pearson, & Smith, 2015）。跨媒介敘事者常整合電視劇集、手機節目、電玩等形態，轉譯經典文學為通俗樣貌（賴玉釵，2016；Clarke, 2013）。如BBC《新世紀福爾摩斯》改編為手機遊戲，互動介面模仿臉書傳訊形態（大頭貼為夏洛克福爾摩斯）。電玩版也模仿劇集之心智宮殿（mind palace）設定，並搭配解謎線索等腳本，召喚閱聽人融入跨媒介記憶（transmedia memory）。手機遊戲玩家若遇上解不開難題，可點選互動選項「請福爾摩斯協助」。BBC劇組運用電玩活化經典文學，提供閱聽人主動參與、跨媒介涉入機會。

　　BBC劇集《新世紀福爾摩斯》目標年齡層較為年長，部分影片未必適合幼兒觀看。故在OTT分齡市場趨勢下，本書擬再依兒少閱聽人等目標族群，說明經典文學轉譯之敘事策略。前文說明國外之經典作品轉譯情況，觸及閱讀推廣的多面形態。下文則以台灣的閱讀推廣活動為例，論及經典繪本（如國際大獎作品）與轉譯形態。近年媒體素養領域關切兒少閱聽人的視角，如鼓勵敘事者以「兒少閱聽人」角度切入，發展更貼近兒少閱聽人內心的故事內容。

　　本書考量「兒少閱聽人」的視角，也希望探索台灣閱讀推廣情況，故下文介紹經典繪本轉譯OTT影音狀況，說明閱讀推廣與跨齡溝通的趨勢。

參、經典文學轉譯與兒少閱聽族群：OTT 影音與繪本閱讀推廣

一、研究動機：跨齡溝通與生命教育

　　台灣老齡人口漸增，未來可能佔總人口 40%（鄭月妹，2015a）。因高齡社會來臨，兒童如何藉由跨齡傳播而認識「老化」現象。「敘事」在跨齡傳播扮演要角，閱聽人需藉敘事而理解價值觀、外在事物，聯繫人與周遭環境（谷瑞勉，2013；鄭同僚，2015）。以目前實證研究為例，年輕人常誤以為老人較無趣、身體衰弱及觀念保守；但老人研究發現，「老化」未必有明確年齡界定，老人甚至較年輕人更有活力及創造力，樂於融入社會（鄭同僚，2015）。易言之，「老化」概念乃社會建構產物（鄭同僚，2015），亦引導兒童等閱聽人思考。以此之故，如何透過「敘事」而傳達「老齡」生命教育，實為待探索議題。

　　繪本可提供兒童理解意義及發展信念的藍本，鼓勵兒童依此價值觀而判斷及行動（林偉信，2011；林乃慧，2011；幸佳慧，2014）。繪本以圖為主、文字為輔而呈現故事，為兒童發展所需讀物（Salisbury & Styles, 2012）。國內外皆著重以繪本推廣閱讀，如聯合國教科文組織下轄 IBBY 單位，負責整理及推廣兒童讀物、辦理「金蘋果獎」等世界級繪本比賽，盼兒童因閱讀而成世界公民（幸佳慧，2014）。台灣閱讀推廣教育之「小大讀書會」鼓勵傳播者可遵循繪本文字、圖像而逐字唸出，盼兒童賞析繪本文學意象、圖像意涵（林偉信，2011）。「毛毛蟲兒童哲學基金會」則鼓勵「思考學習」角度，盼兒童因繪本主題而探究及好奇，進而面臨生活可能問題及解決方式（林偉信，2011）。整體言之，繪本為引導兒童思考之媒材，傳播者需適時地引導繪本欲探索主題，引發兒童思辨、意識「世界公民」角色而建立合宜價值

觀（林偉信，2011；幸佳慧，2014）。

　　傳播者可用繪本引介生命教育，並融合自身體驗、多元媒材而詮釋（楊茂秀，2011）。老人議題為繪本關切主題，繪本主題著重老人照護、溝通、生命歷程發展等層面（林敏宜，2000）。日本雙月刊《孫の力》第七期主題因應跨齡溝通趨勢，規劃主題〈增進說故事技巧，讓孫子成為友伴〉（孫となかよくなる み聞かせ術），本期文章〈增進繪本說故事技巧〉介紹老人如何向孫輩說故事，以促進跨齡溝通。

　　傳播者除藉繪本推廣閱讀（含如繪本隱含之生命教育議題），也利用「跨媒介敘事」（transmedia storytelling）而整合不同平台推介繪本。跨媒介敘事整合多平台文本，傳播者可改作某一文本為不同類型，盼每一類型均展現獨特屬性而吸引相異不同閱聽人（Dena, 2010; Elleström, 2014）。國內重要閱讀推廣者如楊茂秀曾依不同主題而集結繪本，並加入個人親子共讀等經驗加以詮釋；亦出版輔助主文之演講 CD，透過跨媒介形式而再述故事（楊茂秀，2011）。或如劉清彥主持之金鐘獎廣播節目《閱讀推手》、金鐘獎電視節目《烤箱讀書會》等，均藉不同媒介形式轉述繪本圖文，傳達生命教育旨趣。如《閱讀推手》已有廣播平台、APP 及網路介紹；《烤箱讀書會》則有電視節目及網路呈現，皆可見閱讀推廣與跨媒介敘事之關聯。本研究著重閱讀推廣之生命教育主題，盼剖析「老人」主題繪本傳達之「老齡」議題為何？如何協助兒童理解老人議題？傳播者如何藉跨媒介轉述而再現文本，供兒童以不同管道接觸老人主題之繪本內容？

　　本研究以獲得「國際繪本大獎」之「老人主題」繪本為例，探索下列主題：

1. 老人主題繪本圖文所呈現旨趣為何？

2. 閱讀推廣者如何依圖文素材，跨媒介轉述為影音形態？如何依目標閱聽人之需，召喚閱聽人參與文本世界？

二、文獻探索

（一）繪本、生命教育與閱讀推廣

　　繪本乃以圖為主、文為輔之媒介，盼兒童能「看圖說故事」而引發感動（林良，2011；Nikolajeva, & Scott, 2006）。繪本圖像可模擬日常生活樣貌，藉由角色及道具等描繪而傳達主題；文字可輔佐圖像而強化說明，協助兒童理解繪本作者表述旨趣（Godstone, 2008; Hocks & Kendrick, 2003; Nikolajeva & Scott, 2006）。

　　繪本盼藉圖文之「藝術性」而吸引兒童，另藉「教育性」透露生命教育等價值觀；再藉隱喻等「傳達性」促使兒童理解故事，並體現「趣味性」（林敏宜，2000；Short, 2011）。易言之，繪本可由圖文召喚兒童參與故事世界，藉觀賞、找尋圖像線索而理解畫面意義，從線條、色彩、形狀等理解描繪空間及情節演變（Godstone, 2008; Herman, 2010）。

　　繪本可藉虛構圖像而傳達創作旨趣，也可運用紀實素材（如攝影、日記、自白及歷史事件等）而增加故事說服力（Kiefer & Wilson, 2011）。攝影家大塚敦子出版《再見，愛瑪奶奶》，拍攝愛瑪奶奶罹癌至離世之照片。繪本末尾時眾人聚集，共同懷念愛瑪奶奶。本書盼呈現生命乃流動歷程，盼兒童能體認消逝為必經路程再見（林真美譯，2005 ／ 河合隼雄、松居直、柳田邦男，2001）。

　　或如《艾瑪畫畫》乃改編真實事件之繪本作品，參考藍本為艾瑪 ‧ 史坦之習畫歷程（劉清彥，2011）。艾瑪 ‧ 史坦雖未受藝術科班訓練，卻一筆筆描繪生活記憶，並累積了四百多幅作品（劉清彥，2011）。本書亦提醒兒童，長者之創作力、活力為美化世界的良方。易言之，繪本可融合非虛構素材，盼引發兒童哲學等省思（Kiefer & Wilson, 2011）。

繪本可由詩句、押韻文字組成，較易轉化為聲音、韻律及節奏（林真美譯，2005／河合隼雄、松居直、柳田邦男，2001；Nikolajeva & Scott, 2006）。繪本文字亦可轉自歌詞，輔助圖像呈現。如繪本《老夫妻》（Les Vieux）文字乃由香頌歌手 Jacques Brel 歌詞轉化；描寫生命階段發展中，老夫妻相互扶持之生活點滴（林真美譯，2005／河合隼雄、松居直、柳田邦男，2001）。

整體言之，繪本可藉圖文呈現生命教育意涵。繪本可改作真實故事而更真切傳達訊息給予兒童，亦可藉虛構圖像、非虛構素材而傳達紀實故事之發展。繪本文字可結合詩句、歌詞等易傳頌類型，便於兒童賞玩文字／聲韻而融入故事。

（二）繪本圖文、傳播者「再述」及老齡議題

閱讀推廣歷程中，傳播者可思索兒童角度（即虛構讀者）及發展特質，位此選擇合宜傳播方向，如調整文字為易理解形式、增加趣味（林良，2011；林偉信，2011）。閱聽人賞析老人關懷主題繪本，有助於釐清老人之理解，並在祖孫互動間增向正向形象及情感（張美蘭，2006；林乃慧，2011）。

以傳播者言之，傳播者聲調轉化、模擬實境音效等，均為吸引兒童元素（谷瑞勉，2013）。傳播者盼召喚兒童融入故事而共同思考主題，引發兒童對生命議題等關注（林偉信，2011；劉清彥，2011；林真美譯，2005／河合隼雄、松居直、柳田邦男，2001）。如《花婆婆》呈現老奶奶散播植物種子，行走各地後而生成美麗花卉。國小教師依此設計生命教育主題，思索如何美化世界（林乃慧，2010）。易言之，傳播者可先行理解繪本主題及值得探索處，選擇合宜傳播方式予特定閱聽人，協助閱聽人能迅速理解故事主題（林偉信，2011）。

　　繪本之生命教育可助兒童探索人生信念，理解生命發展等主題。傳播者講述／詮釋繪本時，乃以故事為中介，可選自身有所體驗之處而詮釋繪本（林偉信，2011；劉清彥，2011）。《獾的禮物》觸及死亡等議題，盼用簡單隱喻向兒童溝通生命教育課題；亦有醫師朗讀繪本予癌末兒童，盼藉此鼓勵兒童及家長面對人生課題（林真美譯，2005 ／河合隼雄、松居直、柳田邦男，2001）。《獾的禮物》主角是聰明的獾，教授小動物技藝。隨著獾的年齡增長，獾知道自己將前往另一世界，故留紙條給動物們「我到長隧道的另一頭去了，再見」（林真美譯，2005，頁 108 ／河合隼雄、松居直、柳田邦男，2001）。小動物們誠然感傷，但之後動物們共同話題均為獾的故事、技能，成為溫暖大家的因子。

　　由上可知，傳播者可融入「敘事」角度，剖析故事主題、概要及隱喻，也可更有確切引領兒童方式（劉清彥，2011；林真美譯，2005 ／河合隼雄、松居直、柳田邦男，2001）。傳播者藉由反思、詮釋而深化先前理解，更精確地掌握文本傳達意義（林乃慧，2011；林偉信，2011）。

（三）繪本圖文、跨媒介轉述及老齡議題

1. 繪本圖文模組及跨媒介敘事

　　傳播者可藉「媒介」而傳達資訊，需考量媒介提供物質形式而產製符號，並配合不同模組（mode）而詮釋文本（Dena, 2010; Nørgaard, 2010）。模組意指相異媒介潛藏之敘事元素，繪本即包括圖文等多模組形式，藉圖文呼應之效而呈現故事意義；Dena, 2010; Evans, 1998）。多模組包括不同符號系統，某一模組均具特有物質形態，如聲調、影像、音效等（Kress, 2010）。

　　以跨媒介轉述言之，傳播者可運用不同媒介平台之技術及資源，轉述特定內容為單一模組或多模組形式（Dena, 2010; Kress & van Leeuwen, 2001）。跨媒介敘事涉及兩平台類型之轉化歷程，如影像轉化為口語、文

字轉化為聲音及曲調等（Herman, 2010; Kress, 2010）。跨媒介敘事者可思索，科技提供何種多模組而再述故事，不同類型之敘事資源可否再創造內容（Kress, 2010; Page, 2010）。易言之，跨媒介敘事者可藉多模組形式，以多面向角度再述故事及既有修辭，達成不同傳播效果（Kress, 2010; Page, 2010）。

傳播者盼兒童藉聲音而引發想像及情感，了解繪本更多元面向（林偉信，2011；林真美譯，2005 ／ 河合隼雄、松居直、柳田邦男，2001）。傳播者也可加入表情及肢體動作，配合文字描寫而加入手勢、增加故事張力，建立生動氣氛（林乃慧，2011）。傳播者也可藉由斷句、加重、重複等聽覺元素，凸顯故事特色（林偉信，2011）。

以圖文故事為列，傳播者可藉多模組之符號資源而再述故事，依循圖像呈現之場景、角色、動作及事件，轉化為口語、旁白等形態（Herman, 2010）。繪本因與圖像藝術、文字表述（聲音傳達）等媒材相繫，故研究者可理解繪本潛藏之符號因素，如何藉跨媒介歷程而轉化為其他形式展現（Lewis & Dockter, 2011; Painter, Martin &Unsworth, 2013）。如繪本《再見，愛瑪奶奶》及《地球的禱告》均有傳播者之紙本書寫，融合生命閱歷而再詮釋（劉清彥，2011）。

2. 繪本圖文模組及轉述策略

傳播者可藉數位形態再詮釋繪本原作，考量不同媒介賦予之敘事資源及轉化歷程（Kress, 2010; Painter, Martin & Unsworth, 2013; Salisbury & Styles, 2012）。傳播者運用不同媒介介質、多模組再現文本，引導閱聽人以相異方式接收與交流（Kress, 2010; Salisbury & Styles, 2012）。

傳播者需慮及「敘事目標」，因應多模組敘事元素而調整內容，盼因應目標閱聽人之需（Kress, 2010）。跨媒介敘事者轉述故事時，除兼顧相

異媒介之多模組資源，亦需思考召喚閱聽人參與之形式（Jenkins, Ford, & Green, 2013; Kress, 2010）。傳播者可思考閱聽人感「便利」、「可攜」形式，以不同平台接觸閱聽人，引發閱聽人涉入及傳散動機（Jenkins, Ford, & Green, 2013; Kress, 2010）。以數位形態為例，傳播者可運用易分享之網路介面而呈現資訊，協助資訊擴散（Elleström, 2014; Jenkins, Ford, & Green, 2013）。

(1) 引發閱聽人熟悉感：傳播者可融入閱聽人熟悉之日常生活脈絡，喚起閱聽人熟悉感（Jenkins, Ford, & Green, 2013）。

(2) 傳散概念：傳播者可考量特定價值觀、生命教育等主題，傳遞重要概念或新觀點（Jenkins, Ford, & Green, 2013; Marcus, 2012）。《狐狸忘記了》（Die Geschichte vomfuchs, der den verstandverlor）獲德國青少年文學獎圖畫書獎，本書以隱喻方式介紹失智症。本書描述狐狸漸漸忘記所行目標、日常事物，有賴周圍小動物協助面對。國內如小魯文化之臉書則以動畫形式推介本書，藉由網路傳散而鼓勵閱聽人理解失智症。

(3) 激發共鳴：傳播者可引用幽默、情感等元素而激發閱聽人興趣，盼激起閱聽人生命體驗、共鳴並建構意義（Evans, 2011; Jenkins, Ford, & Green, 2013）。

(4) 引發多元體驗：傳播者可藉跨媒介轉述而提供多元版本（模仿原作及既有文本而引發閱聽人懷舊感），藉由不同模組（如聲光效果等）給予閱聽人多元體驗（Dena, 2010; Jenkins, Ford, & Green, 2013）。

(5) 激發分享動機：傳播者可藉由網路等載具，結合新進議題、時事等討論而引發閱聽人分享動機（Evans, 2011; Jenkins, Ford, &

Green, 2013）。傳播者可結合社群媒體及時事實而即時思辨，喚起閱聽人日常生活經驗（Jenkins, Ford, & Green, 2013）。

(6) 激發跨媒介參與：傳播者撰寫開放式結局或插曲，鼓勵閱聽人對照原作而跨媒介涉入、化解謎團（Evans, 2011; Jenkins, Ford, & Green, 2013）。閱聽人若賞析繪本跨媒介轉述文本，實可比對不同版本之同異元素；亦可能因載具呈現而享多元視聽刺激，新增感官愉悅（Holthuis, 2010; Salisbury & Styles, 2012）。

整體言之，傳播者可藉由不同平台特質而「轉化」原作，運用相異模組、素材而再述故事（Dena, 2010）。另以跨媒介轉述之敘事策略言之，傳播者再詮釋故事時可思考如何引發「閱聽人熟悉感」及「共鳴」，盼藉「跨媒介參與」以強化閱聽人「多元體驗」及「分享動機」而有助「傳散新概念」。

三、研究方法

(一) 個案選擇

本研究循「文化部兒童文化館：繪本花園」、「實踐大學民生學院老人學學分學程」（http://humaneco.usc.edu.tw/files/archive/223_693f039a.pdf）、「火金菇讀書會」之「銀髮族」類別書單、博客來書店（以「老人」、「爺爺」、「奶奶」、「祖孫」為關鍵字檢索），共檢索 79 筆繪本書籍。本研究盼取材兼顧敘事、圖像設計及生命教育，故從中檢索國際繪本大獎作品；並再從中比對跨媒介轉述為得獎節目紀錄（如金鐘獎作品），依此擇定分析案例。表 3-1 為本研究比對後共篩選十冊繪本作品簡表。

表 3-1　獲國際大獎之老人主題繪本簡表

主題	書　　　名	故 事 內 容	繪本得獎紀錄	跨 媒 介轉 述 形 態
老人智慧	《地球的禱告》（ *Grandad's prayers Of the earth* ）	本書描寫祖孫情誼。爺爺讓主角理解，大自然流水聲、鳥鳴及花朵均為上蒼恩賜。	本書獲 2000 年「克里斯多夫書籍獎」（ Christopher Book Award），本獎項鼓勵人文精神及價值。	1. 電視節目《烤箱讀書會》 2. 廣播節目《閱讀推手》
老人智慧	《沒關係，沒關係》	本書提到老人處世哲慧及包容。爺爺面對孫子焦慮，總是溫和地安慰「沒關係，沒關係」。	本書獲「講談社『出版文化獎』繪本獎」。	廣播節目《閱讀推手》
老人智慧	《怕浪費的奶奶》（ *Mottainai Grandma* ）	本書提及老人愛物惜物之特質。奶奶希望物盡其用，不浪費物資。	本書獲「日本劍淵繪本獎」。日本劍淵繪本獎之獎助書目，包括兒童成長、生命教育、愛與關懷等主題。	1. 電視節目《烤箱讀書會》 2. 廣播節目《閱讀推手》
老人情感	《星空下的舞會》（ *Tina & Tom* ）	本書描寫老夫老妻之情誼。湯姆爺爺想請婷娜奶奶一同參加舞會。在湯姆爺爺心目中，婷娜奶奶永遠美善。	本書獲 2003 年「加泰隆尼亞 Llibreter 獎」（the Llibreter Award），本獎項頒發考量包括敘事及繪圖藝術。	1. 電視節目《烤箱讀書會》 2. 廣播節目《閱讀推手》
老人記憶	《威威找記憶》（ *Wilfrid Gordon McDonald Partridge* ）	威威喜歡老人院的南西奶奶，試著為她找尋丟失的記憶。	本書為「美國圖書館協會優良兒童圖書」（American library association Notable Book）。	1. 電視節目《烤箱讀書會》 2. 廣播節目《閱讀推手》

（續上表）

主題	書　　　　名	故　事　內　容	繪本得獎紀錄	跨　媒　介轉　述　形　態
老人與樂齡	《花婆婆》（*Miss Rumphius*）	花婆婆隨身帶著花卉種子，行走之餘亦散播花香，盼留下美好事物。	本書獲「美國圖書獎」（American Book Award）。本獎項表彰書籍對美國文學貢獻。	1. 電視節目《烤箱讀書會》 2. 廣播節目《閱讀推手》
老人與生命故事	《凱茲太太和小屁屁》（*Mrs. Katz and Tush*）	凱茲奶奶與小男孩相識，分享猶太人承受苦難之生命故事。	1993 年「珍亞當斯和平獎」(the Jane Addams Peace Association Honor Award)，本獎項頒予傳達和平、平等、正義等價值觀之圖書。	1. 電視節目《烤箱讀書會》 2. 廣播節目《閱讀推手》
死亡	《再見，愛瑪奶奶》（*Goodbye, grandma Erma*）	本書以照片形式呈現，拍攝愛瑪奶奶罹癌至離世之生活點滴。	1. 本書獲 2001 年「講談社繪本獎」（Kodansha Award for Picture Books）。 2. 本書獲 2001 年「小學館兒童出版文化獎」（Shogakukan Children's Publication Culture Award）。本獎項鼓勵兒童出版文化，獎助類別包括書籍與雜誌。	廣播節目《閱讀推手》

（續上表）

主題	書　　　名	故　事　內　容	繪本得獎紀錄	跨媒介轉述形態
死亡	《豬奶奶說再見》（Old pig）	本書記述祖孫情誼，如何面對「死亡」課題。豬小姐帶著奶奶共同欣賞自然風光，並演奏大提琴給奶奶聽。	1. 本書獲 1997 年「《紐約客》年度最佳圖書」。 2. 本書獲 1997 年「《芝加哥論壇報》年度最佳圖書」。	廣播節目《閱讀推手》
死亡	《獾的禮物》	獾教授小動物技藝，也為小動物所喜。隨著獾的年齡增長，獾最終仍走完生命歷程。小動物們誠然傷感，但日後共同記憶均為獾的故事。獾留下的禮物，即為溫暖心靈因子。	本書獲「鵝媽媽新人獎首獎」（the Mother Goose Award）。	1. 電視節目《烤箱讀書會》 2. 廣播節目《閱讀推手》

資料來源：本研究製表

（二）多模組文本分析

　　傳播者可運用多模組而再現故事，整合故事元素及詮釋因果關係（Herman, 2010）。多模組敘事分析盼理解「媒介」影響力，剖析不同模組如何凸顯傳播內容之特殊性（Kress, 2010）。研究者可比對跨媒介轉述之模組運用，如轉化歷程保留何種共同元素、符號特徵；並比對跨媒介轉述之元素增刪，以此分析傳播者盼彰顯之媒介特質（如圖文、影像及聲調等；Herman, 2010; Kress & van Leeuwen, 2001; Nørgaard, 2010）。

以跨媒介轉化歷程為例，研究者可比對不同文本而理解傳播者之選擇標準、擷取何種符號（Page, 2010）。研究可剖析相異類型之多模組資源，提供何種轉化限制及機緣；如可探索多模組（影音類型）如何協助繪本轉化為不同形態，也可探析單一模組（如聲音類型）如何協助繪本轉化為聽覺形式（Herman, 2010; Page, 2010; Painter, Martin & Unsworth, 2013）。

跨媒介轉化歷程與敘事者考量相繫，如類型元素運用、作品之再詮釋歷程及目標群眾等（Kress, 2010）。故研究者可依跨媒介模組分析結果，理解傳播者之詮釋考量及目標，如何因應媒介素材而轉化內容（Kress, 2010）。

四、分析與討論

傳播者之詮釋策略盼兼顧文本旨趣、多模組資源、目標閱聽人所需（Holthuis, 2010; Jenkins, Ford, & Green, 2013）。以下分述之：

（一）文本素材與再詮釋

傳播者需依互文知識而再詮釋文本，涉及對類型表現、文本公式等體認（Holthuis, 2010）。互文涉及「外部互文」及「內部互文」，前者如引用經典等參照外部資源，後者如文本內部之影音及語句之組合脈絡（Holthuis, 2010; Iser, 1993）。

以外部互文言之，傳播者可引用原作元素、詞彙、形式（如繪本既有之圖像元素及文字元素），轉化為動態視覺形式及音韻特徵（Holthuis, 2010; Painter, Martin &Unsworth, 2013）。以圖像為例，傳播者可選擇既有構圖等媒介特徵，置於再詮釋歷程；以文字為例，傳播者可運用典故、相關情節等再詮釋文本（Gibbons, 2010; Holthuis, 2010; Painter, Martin & Unsworth, 2013）。以《烤箱讀書會》介紹《獾的禮物》為例，傳播者呼應老人遺愛人間議題，故帶入老人（及已離逝的親人）饋贈禮物故事、輔以老人照片等，

融入生命體驗而詮釋繪本（好消息電視台，2014 年 11 月 1 日）。如主持人劉清彥提及，「我們過世的長輩、親人，他們雖然離開我們了，他都會留下一些禮物給我們。有時候是看的到的禮物，有一些是看不到的禮物」，依個人生命經歷而詮釋繪本情節（好消息電視台，2014 年 11 月 1 日）。

繪本《地球的禱告》曾具「石頭的禱告」情節，故《烤箱讀書會》安排製作「石頭餅干」食譜及歷程；繪本《獾的禮物》曾出現獾教授「兔子薑餅」情節，《烤箱讀書會》帶入「兔子薑餅」現場烘烤歷程而呼應故事內容；繪本《怕浪費的奶奶》則融合節省旨趣，故教導兒童製作「超省錢香橙蛋糕」，盼閱聽人以不同形式體驗繪本（好消息電視台，2014 年 11 月 1 日；好消息電視台，2013 年 5 月 26 日；好消息電視台，2015 年 5 月 16 日）。

以內部互文言之，傳播者於影視節目推廣繪本閱讀時，可依老人題材繪本而逐頁講解。

《烤箱讀書會》對照繪本圖像後詮釋，並再對照下一頁畫面而構成連貫之效；另傳播者亦可朗讀繪本文字、搭配圖像，引導閱聽人注重畫面關鍵。

(二) 多模組與再詮釋：影音類型及行動載具

傳播者需因應特定類型之多模組敘事資源，框現元素、選擇合宜呈現之符號形式而達成傳播目標（Grishakova & Ryan, 2010; Kress, 2010）。

1. 影音類型

如《烤箱讀書會》結合動畫、音效、閱讀推廣者之動作，主持人因應繪本題材發想之甜點及食譜，依影視類型而跨媒介轉述。主持人依《地球的禱告》繪本內容延伸「鳥鳴」、「水流聲」等大自然音效，結合現場兒童互動、旁白，引入「地球禱告」主題（好消息電視台，2015 年 5 月 16 日）。主持人可朗讀繪本，並運用音調抑揚頓挫而詮釋情節。

　　以《烤箱讀書會》推介《星空下的舞會》為例，節目依循繪本「星空」背景而製作「璀璨星星餅干」。安排主持人與現場參與兒童互動，如邀請兒童協助製作餐點（攪拌奶油等）、融入兒童對星星餅干反應等，舖陳《星空下的舞會》故事背景（好消息電視台，2015 年 4 月 16 日）。

　　《烤箱讀書會》推薦《花婆婆》時，節目配合「花朵」主題而教導兒童製作「玫瑰花香酥餅」（好消息電視台，2013 年 1 月 6 日）。除搭配主持人對白、食譜字卡、製作糕餅音效外，亦搭配麵粉份量等影像及說明；呈現時亦會加入餅干鑄模、切塊等畫面，並輔助主持人說明餅干厚度及烘烤時間（好消息電視台，2013 年 1 月 6 日）。

　　整體言之，閱讀推廣者可運用影音及現場互動等形式，再詮釋「說故事」劇本；並自繪本圖文發想相關畫面、聲音及音效等元素，藉由主持人「補白」而擴增節目內容。

2. 行動載具

　　以「跨媒介行動載具」為例，傳播者可藉敘事資源（如多媒體元素等）而轉化內容（Jenkins, Ford, & Green, 2013）。以行動載具為例，如廣播節目《閱讀推手》即推出 APP，供網友下載節目內容而於手機聆聽。《閱讀推手》、《烤箱讀書會》均推出臉書專頁，前者整合不同繪本主題（如「祖孫情」），輔以封面及專題說明而舖陳節目梗概；後者則整合繪本主題、點心製作食譜等短訊，以不同媒介形態推廣閱讀。

3. 目標閱聽人需求與再詮釋

　　以目標閱聽人為例，或可置於閱聽人之生命脈絡，理解閱聽人之發展歷程及特質（Holthuis, 2010; Jalongo, 2014）。以《星空下的舞會》為例，傳播者可考量兒童發展（如未必認識口紅等化妝品），而加以解釋、並利用畫

格放大圖像，協助兒童理解情節（好消息電視台，2015 年 4 月 16 日）。

　　傳播者可融入生命體驗、信仰與價值觀，憑藉生命經驗而與文本交流（Iser, 1993; Short, 2011）。以《烤箱讀書會》推介《威威找記憶》為例，當中安排主持人對長者、食物及生命故事詮釋：「我沒有辦法教妳阿嬤的味道，……然後妳記得學了以後把它留住，千萬別讓阿嬤的味道失傳了。」（好消息電視台，2014 年 1 月 18 日）。主持人盼點心成為祖孫記憶延續，故強調「老人手作」食物等傳承與獨特味道，則促進祖孫情感、正向祖孫溝通。

　　閱聽人賞析文本時乃伴隨敘事期待，隨情節轉折等而引發情感等反應（Pantaleo, 2009）。以《烤箱讀書會》為例，閱聽人或可理解節目常設單元為製作點心（與故事相關者）、讀繪本故事、安排舞蹈或遊戲等。閱聽人觀賞《烤箱讀書會》時會可依遊戲等類型期待，而思索搭配故事場景之遊戲（如推介《威威找記憶》時，可猜想「找記憶」遊戲為何、影棚造景引發之記憶等）。

五、小結與研究建議：圖像敘事、跨媒介轉述及跨齡溝通

（一）小結

　　繪本強調無功利性之心靈愉悅，如因純真而體驗事物原先樂趣，且不受現實利害影響（無功利性）（林良，2011）。閱聽人可透過生命經驗而詮釋文本，理解文本言外之義而享悅讀之樂（Pantaleo, 2009）。

1. 老人主題繪本旨趣

　　本研究發現，老人主題繪本可與「老人智慧」及「樂齡」相繫。另外，此類繪本多半融入「祖孫情誼」，盼兒童可在閱讀歷程理解與老人共處方式

（如失智老人）。老人主題繪本亦可呈現「衰老」及「死亡」議題，繪本多以第二視角（如孫子、寵物貓等）而記述老化歷程；另繪本圖像呈現多以隱喻方式說明逝去情節，且畫面多半選擇柔和色澤及簡單線條。

2. 閱讀推廣者之跨媒介轉述與補白歷程

閱讀推廣者可將繪本轉述為影音節目、廣播節目（含 APP）、臉書專頁等，供閱聽人理解內容。傳播者轉述繪本時可依循「文本旨趣」（如繪本曾出現圖像及情節），設計製作餅干等節目橋段。傳播者亦可藉由影音等多模組資源，融入動作、聲調、走位、旁白、音效及動畫等，依節目基調而再詮釋繪本。傳播者亦考量目標閱聽人發展歷程，如協助解說目標客層陌生事物；或以目標客層熟知元素（如點心）及類型（如遊戲），召喚閱聽人涉入。

整體言之，傳播者可運用閱聽人熟悉類型（影音媒介及繪本）、熟知事物而引發閱聽人熟悉感，鼓勵閱聽人克服陌生感而走入故事。「老人主題繪本」閱讀推廣者可再詮釋繪本欲「傳散概念」，融入個人生命歷程、現場節目互動及解讀，盼引發目標閱聽人「共鳴感動」。傳播者可運用跨媒介行動載具，藉圖像及專題介紹而激發閱聽人「分享動機」。閱聽人或可因行動載具、網路介紹等而理解繪本概要，尋求更完整繪本故事而達「跨媒介參與」，享有「多元體驗」。

2. 研究建議及延伸討論

(1) 老人已歷經人生發展階段，如何運用生命體驗而擔任「閱讀推廣者」角色？

老人可能因回顧人生閱歷，重讀繪本或有不同體驗（林真美譯，2005 ／河合隼雄、松居直、柳田邦男，2001）。國內閱讀重要推手林良、鄭明進、楊茂秀等，林良逾九十歲高齡仍出版兒童文學著作，融合個人觀察而介紹作品；鄭明進滿八十歲時則出版評析童畫創作及選輯，並以祖孫共融角度而出

版圖文書（林良，2011；楊茂秀，2011；鄭明進，2012a, 2012b, 2012c）。若老人成為傳播者，跨媒介敘事之轉述歷程應帶有更多生命肌理及閱歷。往後研究或可探詢，老人如何協助閱讀推廣？如何再述老人為題之繪本？

如林良推廣兒童教育多年，分享《小兔彼得的故事》（*The tale of Peter Rabbit*）等繪本，亦推廣《長襪皮皮》（*PippiLangstrump*）、《愛麗絲夢遊仙境》（*Alice's adventures in wonderland*）及《柳林中的風聲》（*The wind in the willows*）等兒童文學（林良，2011）。以《柳林中的風聲》為例，原書為兒童版，其後才經作者大量增補修辭、詩句為目前暢銷之成年版（林良，2011）。本書作者盼呈現：「*關於生命，關於陽光，關於樹林，關於塵土飛揚的鄉間小路，關於冬天圍爐取暖的書*」（林良，2011，頁182）。若老人擔任閱讀推廣之傳播者，如何運用生命之美感體驗而向兒童說故事？

(2) 老人若熟知兒童文學等發展脈絡，創作之老人主題繪本面貌為何？

前述多為繪本再現「老人」等主題，若由老人參與繪本、文字之跨媒介轉述，可能有哪些功效？老人或可應用美學訓練而繪圖，並補述圖像之發想脈絡及生命故事（鄭月妹，2015a）。老人亦可選擇合適媒材，詮釋畫作為文字或詩句或具體設計，加上口述記憶而傳達生命意義（鄭月妹，2015b）。未來在跨齡溝通層面，或可由老人參與、共同執筆及推廣閱讀，盼兒童理解「樂齡」實踐。

【參考書目】

好消息電視台（2013 年 1 月 6 日）。《烤箱讀書會：花婆婆》。取自：
　　https://www.youtube.com/watch?v=kkplW1xhcsM

好消息電視台（2013 年 5 月 26 日）。《烤箱讀書會：怕浪費奶奶》。取自：
　　https://www.youtube.com/watch?v=cKpZXdcLM1g

好消息電視台（2014 年 1 月 18 日）。《烤箱讀書會：威威找記憶》。取自：
　　https://www.youtube.com/watch?v=w-WOmTG9bKg

好消息電視台（2014 年 11 月 1 日）。《烤箱讀書會：獾的禮物》。取自：
　　https://www.youtube.com/watch?v=cKpZXdcLM1g

好消息電視台（2015 年 4 月 16 日）。《烤箱讀書會：星空下的舞會》。取自：
　　https://www.youtube.com/watch?v=9dSSGzGr4dY

好消息電視台（2015 年 5 月 16 日）。《烤箱讀書會：地球的禱告》。取自：
　　https://www.youtube.com/watch?v=9vnK4-ieRdA

李筱雯（2016 年 2 月 15 日）。〈紙牌屋 X 新世紀福爾摩斯：BBC 網路影
　　視的爭霸戰〉，**《轉角國際》**。取自 http://global.udn.com/global_vision/
　　story/8664/1502060

陳是祈（2021 年 2 月 22 日）。〈兒童節目需求量增串流平台搶占市場〉，**《臺
　　灣醒報》**。取自 https://www.anntw.com/articles/20210222-cJex

谷瑞勉（2010）。**《幼兒文學與教學》**。台北：心理。

幸佳慧（2014）。**《用繪本跟孩子談重要的事》**。台北：如何。

林乃慧（2010）。**《繪本融入生涯發展教育議題：創新教學之研究》**。台北：
　　心理。

林良（2011）。**《純真的境界》**。台北：國語日報。

林真美譯（2005）。**《繪本之力》**。台北：遠流。（原書：河合隼雄、松居直、
　　柳田邦男 [2001]。**《本の力》**。東京：岩波書店。）

林偉信（2011）。**《故事閱讀與討論：一個兒童哲學式的觀點》**。台北：財團法人台灣兒童閱讀學會。

林敏宜（2011）。**《圖畫書的欣賞與應用》**。台北：心理。

張美蘭（2006）。**《繪本在教學上的運用：以「老人關懷」為例》**。臺東大學兒童文學研究所碩士論文。

彭芸（2015）。**《「後」電視時代：串流、競合、政策》**。台北：風雲論壇。

楊茂秀（2011）。**《重要書在這裡！楊茂秀的繪本哲學》**。台北：遠流。

劉清彥（2011）。**《閱讀裡的生命教育：從繪本裡預見美麗人生》**。台北：親子天下。

鄭月妹（2015a）。〈從繪製記憶地圖開始〉，鄭月妹（編），**《彩繪人生：阿公阿婆畫圖說故事》**，頁 1-16。台北：洪葉文化。

鄭月妹（2015b）。〈留下生命的足跡〉，鄭月妹（編），**《彩繪人生：阿公阿婆畫圖說故事》**，頁 1-16。台北：洪葉文化。

鄭同僚（2015）。〈敘事訪談的意義與方法〉，鄭月妹（編），**《彩繪人生：阿公阿婆畫圖說故事》**，頁 233-244。台北：洪葉文化。

鄭明進（2012a）。**《繪本阿公話孫女：鄭明進的體驗式美力教養》**。台北：青林國際。

鄭明進（2012b）。**《兒童畫的力量：繪本阿公看兒童畫臺灣》**。台北：維京國際。

鄭明進（2012c）。**《鄭明進爺爺珍藏的世界兒童畫》**。台北：雄獅美術。

鄭茂平（2011）。**《音樂審美的心理時間》**。四川：西南師範大學。

賴玉釵（2016）。〈創新敘事策略與跨平台串流：以 BBC《新世紀福爾摩斯》跨媒介敘事網絡為例〉，彭芸（編），**《創新、創意、創世紀論文集》**，頁 165-191。台北：風雲論壇。

Jay（2013）。**《SHERLOCK ピンク色の研究》**。日本東京：角川書店。

Jay（2014）。**《SHERLOCK 死を呼ぶ暗号》**。日本東京：角川書店。

Jay (2016)。《SHERLOCK 大いなるゲーム》。日本東京：角川書店。

Adams, G. (2012). *Sherlock: The casebook.* UK: Random House.

Beddows, E. (2012). *Consuming transmedia: How audiences engage with narrative across multiple story modes.* Thesis doctoral, Swinburne University of Technology.

Bernardo, N. (2011). *The producer's guide to transmedia: How to develop, fund, produce and distribute compelling stories across multiple platforms.* London, UK: beActive Books.

Bernardo, N. (2014). *Transmedia 2.0. : How to create an entertainment brand using a transmedial approach to storytelling.* London, UK: beActive Books.

Clarke, M. J. (2013). *Transmedia television: New trends in network serial production.* London, UK: Bloomsbury Academic.

Dena, C. (2010). Beyond multimedia, narrative, and game: the contributions of multimodality and polymorphic fictions, In R. Page (Ed.), *New perspectives on narrative and multimodality* (pp. 183-201). London, UK: Routledge.

Dewdney, A. (2011). Transamediation: Tracing the social aesthetic. *Philosophy of photography, 2*(1), 97-113.

Dowd, T., Fry, M., Niederman, M., & Steiff, J. (2013). *Storytelling across worlds: Transmedia for creatives and producers.* Burlington, MA: Focal Press.

Elkins, J. (2004). *Pictures & Tears: A history of people who have cried in front of paintings.* London, UK: Routledge.

Elleström, E. (2014). *Media transformation: The transfer of media characteristics among media.* New York, NY: Palgrave Macmillan.

Engulund, A. (2010). Intermedial topography and metaphorical interaction. In L. Elleström (Ed.), *Media borders, multimodality and intermediality* (pp. 69-80). New York, NY: Palgrave Macmillan.

Evans, E. (2011). *Transmedia television: Audience, new media, and daily life.* London, UK: Routledge.

Evans, E. J. (2012). Shaping Sherlocks: Institutional practice and the adaptation of character. In L. E. Stein & K. Busse (Eds.), *Sherlock and transmedia fandom: Essays on the BBC series* (pp. 102-117). Jefferson, NC: McFarland.

Evans, J. (Ed.) (1998). *What's in the picture? Responding to illustrations in picture books.* London: Paul Chapman.

Faubert, P. (2010). 'Perfect Picture Material': Anthony Adverse and the Future of Adaptation Theory. *Adaptation, 4*(2), 180-198.

Filice, M., & Young, S. (2012). From mainstage to movies to media: Sustaining the live and performing arts through artistic convergence and the Balaban and Katz philosophy of continuous performance. *International journal of arts management, 14*(2), 48-56.

Geraghty, C. (2007). *Now a major motion picture–Film adaptations of literature and drama.* Lanham, MD: Rowan and Littlefield.

Gibbons, A. (2010). The narrative worlds and multimodal figures of *House of leaves:* "-find your own words; I have no more", In M. Grishakova & M. Ryan (Eds.), *Intermediality and storytelling* (pp. 285-311). New York, NY: De Gruyter.

Godstone, B. (2008). The paradox of space in postmodern picturebooks, In L. R. Sipe & S. Pantaleo (2008), *Postmodernpicturebooks: Play, parody, and self-referentiality* (pp. 117-129). New York, NY: Routledge.

Grainge, P. (2004). Branding Hollywood: Studio logos and the aesthetics of memory. *Screen, 45*(4), 344-362.

Grishakova, M. & Ryan, M. (2010). Editors' preface, In M. Grishakova & M. Ryan (Eds.), *Intermediality and storytelling* (pp. 1-7). New York, NY: De Gruyter.

Harvey, C. B. (2012). Sherlock's webs: What the detective remembered form the Doctor about transmediality. In L. E. Stein & K. Busse (Eds.), *Sherlock and transmedia fandom: Essays on the BBC series* (pp. 118-132). Jefferson, NC: McFarland.

Herman, D. & Page, R. (2010). Coda/ Prelude: Eighteen questions for the study of narrative and multimodality, In R. Page (Ed.), *New perspectives on narrative and multimodality* (pp. 217-220). London, UK: Routledge.

Herman, D. (2010). Word-image/ utterance-gesture: Case studies in multimodal storytelling, In R. Page (Ed.), *New perspectives on narrative and multimodality* (pp. 78-98). London, UK: Routledge.

Hills, M. (2012). Sherlock's epistemological economy and the value of "fan" knowledge: How producer-fans play the (great) game of fandom. In L. E. Stein & K. Busse (Eds.), *Sherlock and transmedia fandom: Essays on the BBC series* (pp. 27-40). Jefferson, NC: McFarland.

Hocks, M., & Kendrick, M. (2003). Introduction: Eloquent images, In M. E. Hocks & M. R. Kendrick (Eds.), *Eloquent images: Word and image in the age of new media* (pp. 1-16). London, UK: Routledge.

Holthuis, S. (2010). Intertexualtiy and meaning constitution. In J. S. Petöfi & T. Olivi (Eds.), *Approaches to poetry: Some aspects of textuality, intertexuality and intermediality* (pp. 77-93). New York, NY: Palgrave Macmillan.

Hutcheon, L. (2006). *A theory of adaptation.* London, UK: Routledge.

Iser, W. (1993). *The fictive and the imaginary: Charting literary anthropology.* New York, NY: The Johns Hopkins University Press.

Jalongo, M. R. (2004). *Young children and picture books.* Washington, DC: National Association for the Education of Young Children.

Jenkins, H. (2006). *Convergence culture: Where old and new media collide.* New York, NY: New York University Press.

Jenkins, H. (2010). Transmedia storytelling and entertainment: An annotated syllabus. *Continuum: Journal of media & cultural studies, 24*(6), 943-958.

Jenkins, H., Ford, S., & Green, J. (2013). *Spreadable media: Creating value and meaning in a networked culture.* New York, NY: New York University Press.

Kafalenos, E. (2004). Overview of the music and narrative field. In M, Ryan (Ed.), *Narrative across media* (pp. 275-282). Lincoln, Neb.: University of Nebraska Press.

Kattenbelt, C. (2008). Intermediality in theatre and performance: Definitions, perceptions and medial relationships. *Culture, language and representation, 6,* 19-29.

Kiefer, B., & Wilson, M. I. (2011). Nonfiction literature for children: old assumption and new directions, In S. A. Wolf, K. Coats, P. Enciso, & C. A. Jenkins (Eds.), *Handbook of research on children's and young adult literature* (pp. 290-301). New York, NY: Routledge.

Kress, G & van Leeuwen, T. (2001). *Mutilmoda discourse: the modes and media of contemporary communication.* London, UK: Hodder Arnold.

Kress, G. (2010). *Multimodality: A social semiotic approach to contemporary communication*. London, UK: Routledge.

Lewis, C. & Dockter, J. (2011).Reading literature in secondary school: Disciplinary discourses in global times, In S. A. Wolf, K. Coats, P. Enciso, & C. A. Jenkins (Eds.), *Handbook of research on children's and young adult literature* (pp. 76-91). New York, NY: Routledge.

Lowe, V. (2010). 'Stages of Performance': Adaptation and intermediality in Theatre of Blood. *Adaptation, 3*(2), 99-111.

Marcus, L. S. (2012). *Show me a story!: Why picture books matter: Conversations with 21 of the world's most celebrated illustrators.* Somerville, MA: Candlewick Press.

Mitchell, W. J. (2004). Homer to home page: Designing digital books, In D. Thorburn & H. Jenkins (Eds.), *Rethinking media change: The aesthetic of transition* (pp. 203-215). New York, NY: Routledge.

Ndalianis, A. (2004). Architecture of the senses: Neo-Baroque entertainment spectalces, In D. Thorburn & H. Jenkins (Eds.), *Rethinking media change: The aesthetic of transition* (pp. 355-373). New York, NY: Routledge.

Nikolajeva, M., & Scott, C. (2006). *How picturebooks work.* London, UK: Routledge.

Nørgaard, N, A. (2010). "I contain multitudes": Narrative multimodality and the book that bleeds, In R. Page (Ed.), *New perspectives on narrative and multimodality* (pp. 78-98). London, UK: Routledge.

Page, R. (2010). Introduction, In R. Page (Ed.), *New perspectives on narrative and multimodality* (pp. 1-13). London, UK: Routledge.

Painter, C., Martin, J. R., & Unsworth, L. (2013). *Reading visual narratives: Image analysis of children's picture books.* London, UK: Equinox.

Pantaleo, S. (2009). *Exploring student response to contemporary picturebooks.*

Toronto, ON: University of Toronto Press.

Passalacqua, F., & Pianzola, F. (2011). Defining transmedia narrative: problems and questions. Dialogue with Mary-Laure Ryan. *Enthymema, IV,* 65-71.

Pearson, R. (2014). Forward. In C. A. Scolari, P. Bertetti & M. Freeman (Eds.), *Transmedia archaeology: Storytelling in the borderlines of science fiction, comics and pulp magazines* (pp. vi-ix). New York, NY: Palgrave Macmillan.

Pearson, R., & Smith, A. N. (Eds). (2015). *Storytelling in the media convergence age: Exploring screen narratives.* New York, NY: Palgrave Macmillan.

Phelan, J. (2001). Why narrators can be focalizers: and why it matters. In W. van Peer & S. Chatman (Eds.), *New perspectives on narrative perspective* (pp. 51-64). New York, NY: State University of New York Press.

Porter, L. (2012). *Sherlock Holmes for the 21st century: Essays on new adaptations.* Jefferson, NC: McFarland Publishing.

Salisbury, M. & Styles, M. (2012). *Children's picturebooks: The art of visual storytelling.* London, UK: Laurence King.

Scolari, C. A., Bertetti, P., & Freeman, M. (2014a). Introduction: Towards an archaeology of transmedia storytelling. In C. A. Scolari, P. Bertetti & M. Freeman (Eds.), *Transmedia archaeology: Storytelling in the borderlines of science fiction, comics and pulp magazines* (pp. 1-14). New York, NY: Palgrave Macmillan.

Scolari, C. A., Bertetti, P., & Freeman, M. (2014b). Conclusions: Transmedia storytelling and popular cultures in the twentieth century. In C. A. Scolari, P. Bertetti & M. Freeman (Eds.), *Transmedia archaeology: Storytelling in the borderlines of science fiction, comics and pulp magazines* (pp. 72-77). New York, NY: Palgrave Macmillan.

Scott-Zechlin, A. (2012). " But it's the solar system！": Reconciling science and faith through astronomy. In L. E. Stein & K. Busse (Eds.), *Sherlock and transmedia fandom: Essays on the BBC series* (pp. 56-69). Jefferson, NC: McFarland.

Short, K. G. (2011). Reading literature in elementary classroom, In S. A. Wolf, K. Coats, P. Enciso, & C. A. Jenkins (Eds.), *Handbook of research on children's and young adult literature* (pp. 48-62). New York, NY: Routledge.

Smith, T. (2011). Brand salience not brand science: A brand narrative approach to sustaining brand longevity. *The marketing review, 11*(1), 25-40.

Stein, L. E. (2012). Introduction: The literacy, televisiual and digital adventures of the beloved detective. In L. E. Stein & K. Busse (Eds.), *Sherlock and transmedia fandom: Essays on the BBC series* (pp. 9-24). Jefferson, NC: McFarland.

Tribe, S. (2014). *Sherlock: The chronicles.* London, UK: Random House.

Zeiser, A. (2015). *Transmedia marketing: from film and TV to games and digital media.* Burlington, MA: Focal Press.

4　改編產業與原作者執筆 / 官方授權

壹、授權經濟與懷舊脈絡：以《哈利波特》系列為例

　　跨媒介敘事（transmedia storytelling）引發學界及實務領域關注，創作者整合多種媒介載具，並於多平台建構故事宇宙（Freeman, 2017; Pearson, 2014）。跨媒介產製者企劃系列故事，可購買特定作品之智慧財產權，延伸故事多元樣貌以利於創造收益（Delwiche, 2016; Freeman, 2017）。

　　跨媒介敘事者可延伸既有故事設定，規劃故事系列內容、衍生多平台類型，串接各平台版本之連結（Freeman, 2014）。跨媒介敘事可運用特定角色貫串故事網絡，便於閱聽人整合相異分支為同系列作品（Scolari, Bertetti, & Freeman, 2014）。易言之，跨媒介研究可探索特定角色如何在不同媒介轉化，或在不同系列文本有所延伸；或對照相異版本強化角色屬性，相異時空環境如何改變表現形態（Pearson, 2014）。

　　近年經典電影之系列發展，推出懷舊類型之消費經濟，也受電影業者及OTT 平台關注（Taurino, 2019）。懷舊指涉對過去回憶之正向情感，其引發「懷舊文化」與閱聽人感受相繫；如閱聽人兒時美好記憶，藉懷舊商品而重溫觀影回憶，整合當下與先前之時空距離（Castellano & Meimaridis, 2019; Maganzani, 2019）。若以跨媒介敘事脈絡言之，敘事者可依互文特質，勾勒角色對應故事世界，建立系列作品之連貫邏輯（Freeman, 2014）。如系列作品之角色設定，涵蓋角色成長曲線、背景、角色外表及關係網絡等；再如系

列作品之故事世界建構，包括敘事安插新道具或設定（Freeman, 2017）。易言之，跨媒介產製為流動狀態，系列作品發展需視原作者、改編團隊及閱聽人期待，或與文化工業等情境相繫（Delwiche, 2016; Mittell, 2001）。如敘事者考量「懷舊」目標客層，翻拍經典電影、重啟若干系列，即以「懷舊文化」召喚閱聽人（Castellano & Meimaridis, 2019; Maganzani, 2019）。以特定改編團隊為例，產製者著重跨媒介平台之系列故事發展，試圖建構「故事品牌」（Dena, 2008; Dhoest & Malliet, 2012）。

　　懷舊商品化再媒介化過往影音資訊，提供當代閱聽人反思懷舊文化，或整合當代形態改作經典文本、「再想像」懷舊經典（Taurino, 2019; Yanders, 2019）。如華納影業及 J. K. Rowling 系統式開發《哈利波特》故事宇宙，衍生前傳及後傳等作品，即展現「再媒介化」懷舊文本歷程。以後傳為例，J. K. Rowling 參與舞台劇《哈利波特：被詛咒的孩子》編劇團隊，延伸中年哈利波特心境（Rowling, Thorne, & Tiffany, 2016／林靜華譯，2016）。舞台劇述及哈利波特之親子衝突、稚子阿不思如何面對眾人期待與內心糾結。阿不思為大英雄哈利波特之子，但卻被分類到「史萊哲林學院」，且與謠傳的「佛地魔之子」小天蠍成為好友。舞台劇《哈利波特：被詛咒的孩子》除在倫敦「皇宮劇院」公演，也至百老匯及澳洲等巡演，並獲得「東尼獎最佳戲劇」等重要獎項（Neil，2019 年 9 月 10 日；British Library, 2017; Real, 2018）。即便在 Covid-19 防疫期間，舞台劇樂曲仍於 Apple Music 等串流平台流散，成為「迷因行銷」利器。

　　閱聽人或許未見第一手歷史資訊，需經「媒介化」文本、「媒介化」文史知識，方能理解過往事物（Maganzani, 2019）。如千禧世代之年輕閱聽人，僅能經由「翻拍」或「系列文化」以「想像」彼時場景，未能直接體驗文本世界（Castellano & Meimaridis, 2019; Maganzani, 2019）。如以電影《哈利波特》前傳電影《怪獸與牠們的產地》系列為例，闡釋霍校華茲校長鄧不利

多、黑巫師葛林戴華德之魔法際遇。電影《怪獸與牠們的產地》出自小說番外篇，故事時間為 1926 年（反派佛地魔於當年出生），對應現實世界「經濟大恐慌」脈絡（怪獸與牠們的產地，2016 年 12 月 3 日）。編劇兼製片 J. K. Rowling 依據小說《哈利波特》系列為藍本，鋪陳魔法史、原作角色等成長背景，編寫前傳電影（哈利波特仙境，2016 年 10 月 13 日）。J. K. Rowling 也參與電影編劇，並親至片廠「督軍」；除了劇情走向外，魔法奇獸美術設計也需經 J. K. Rowling 核可，充份展現原作者話語權（Nathan, 2016; Power, 2016; Rowling, 2016）。

目前跨媒介產業發展系列「懷舊文本」，多考量文化多元、文化變遷等，再詮釋經典、開發後續文本（Yanders, 2019）。《哈利波特》故事世界已屬全球媒介地景，如日本兒童文學《MOE》雜誌推介電影《怪獸與牠們的產生》、策劃大阪環球影城等專題（MOE，2017 年 1 月 a）。另電影《怪獸與牠們的產地》也因應全球化訴求，如前兩集主線置於美國及法國，第三集則涉及中國桂林及不丹（Hsu，2022 年 3 月 1 日；娛樂新聞組，2022 年 4 月 13 日）。編劇團隊融合在地素材以吸引跨國閱聽人，如第二集融入《山海經》神獸、第三集融入麒麟聖獸，整合諸多在地元素（娛樂新聞組，2022 年 4 月 13 日）。

《哈利波特》系列以小說起家，改編為電影、電玩、主題樂園及實體展覽；前傳電影《怪獸與牠們的產地》與後傳舞台劇《哈利波特：被詛咒的孩子》則由影音起始，再改作為劇本、實體展覽、虛擬導覽等形態。質言之，《哈利波特》故事宇宙的改編路數也越發多元，值得在數位匯流時期詳加探究。

（一）以「故事延展」言之，懷舊脈絡下之系列作品延伸何種元素（Freeman, 2017）？如何與原作交互參照，並持續擴寫？跨媒介改編者增刪故事元素之動機為何（Dhoest & Malliet, 2012）？

（二）以「媒介延展」言之，跨媒介敘事者需因應相異媒介之多模組元素，提供異於原初故事世界之新鮮感（Beddows, 2012; Taymor, 2017）。不同載具提供之多模組敘事資源為何？敘事者如何因應懷舊經濟，「再媒介化」經典文本、承襲符碼，發展為圖（影）像連動之系列版本？敘事者如何傳承懷舊風格，持續於多平台再塑系列創作？

貳、文獻探索

一、懷舊系列與故事品牌維繫

「懷舊」指涉閱聽人以正面情感憶及過往，並比對現今物事，建構「懷舊影音」為特殊文本、照亮閱聽人當下心靈彼刻（Maganzani, 2019）。跨媒介產製者盼閱聽人持續涉入故事，衍生系列文本為常見策略（Freeman, 2014）。跨媒介敘事者依授權經濟，轉化為系列作品（改編文本）、媒體推播及周邊商品等，促成商業互文（commercial intertext）趨勢（Herbert, 2017）。跨媒介產製者創作系列故事，強化互文連結，鞏固閱聽人之故事品牌認識（Evans, 2011）。

敘事者產製懷舊文本時，需以「媒介中介」，讓閱聽人憶及先前「媒介形塑」過往之經驗（Taurino, 2019）。跨媒介敘事者依「電影工業互文」（industrial intertextuality）貫串系列文本，轉述影視作品為其他文化商品（Herbert, 2017）。跨媒介敘事者可自單一文本起始，依關鍵角色、造景及道具等「互文性」發展系列故事（Freeman, 2014）。產製者衍生故事體系，促使閱聽人持續涉入文本世界，拓展跨媒介網絡及「經濟加值」（Beddows, 2012; Scolari, Bertetti, & Freeman, 2014）。

整體言之，跨媒介敘事策略包括「延續性」及「多元性」，前者如產製

者依故事連貫及合理邏輯，建構系列文本；後者如產製者依類型多元性，改作系列作品存於多種媒介平台（Beddows, 2012）。未來研究可探索「互文商品」（intertextual commodity）規劃，說明系列作品如何延續故事世界（Beddows, 2012; Freeman, 2017）。

二、「懷舊脈絡」之奇幻劇集與故事延展

敘事者改編既有文本，並讓新作情節呼應當代語境，塑造系列影視「故事支線」（narrative franchises）（Biesen, 2019）。懷舊影音包括下列類型，如懷舊感引發之系列創作（系列電影、前傳、後傳及衍生創作）、懷舊經濟復興文本（經典翻拍）（Taurino, 2019）。

「懷舊經濟」反映舊時文本形式，或重映文本內容，供閱聽人連結原作及懷舊衍生系列（Biesen, 2019; Taurino, 2019）。跨媒介研究者可對照核心文本、改作版本，理解敘事者如何藉「互文」線索，承接多種版本之連續性；或探索不同載具之模組資源，如何引導故事內容規劃（Weedon, Miller, Franco, Moorhead, & Pearce, 2014）。

跨媒介產製者形塑「系列」（series）作品時，可細緻化角色、動作、道具、地域、時空背景等設定，建構故事連結、延伸敘事設定（Bertetti, 2014; Booth, 2010; Freeman, 2014; Scolari, 2013）。閱聽人觀賞懷舊劇集時，試圖翻轉時間感；閱聽人經懷舊現象之「個人」或「群體」討論，重回往昔時空情境，感受「難以回溯」歷史懷舊情感（Castellano & Meimaridis, 2019）。跨媒介敘事者可依據互文線索，增補角色特質及細節，塑造多平台呈現「跨媒介角色」（transmedia character；Bertetti, 2014; Freeman, 2017）。跨媒介角色存於多平台，每一平台之版本可補上角色設定及設明，並運用相異類型詮釋角色細節（賴玉釵，2020；Freeman, 2017）。

　　以懷舊脈絡為例，閱聽人若缺乏第一手經驗，面對舊有時空場景等建構，或因懷舊感而考掘集體記憶、理解經典影視「媒介化」成效（Campbell & Pallister, 2019）。跨媒介敘事者選取故事元素等互文線索，建構故事體系（Delwiche, 2016）。敘事者建立故事世界時，需考量角色、時間、空間、情節及主題等（Zeiser, 2015）。跨媒介敘事者可從延續角色既定特徵，或延續時間軸結構、承襲既有地理造景等，循角色、時空造景等發展系列故事（Kurtz, 2017）。以角色言之，跨媒介研究者可比對各版本之角色樣貌、心理特徵及故事背景，理解跨媒介角色變異與指涉產業脈絡（Freeman, 2017）。以時間言之，研究者可比對系列故事之設定時序（如前傳及後傳等），或對照其歷史基礎；以空間言之，研究可參照各版本描繪之地理造景，理解地理特徵變異如何形塑故事世界（Delwiche, 2016; Richards, 2016）。以情節及主題言之，研究者可對照系列故事衍生後續衝突，理解敘事旨趣及價值觀（Richards, 2016; Zeiser, 2015）。跨媒介研究者亦可探索，系列故事之角色、時空及空間等連續性，映射作者、改編團隊／著作權持有者等敘事考量（Kurtz, 2017; Phillips, 2012）。如《哈利波特》電影放映滿二十周年時，即推出《重返霍格華茲》等文本，回溯主角們成長、當年 3D 影像塑造等歷程，滿足懷舊導向之年長閱聽人（窺見長大的「霍格華茲」三口組）。

　　目前研究方向多將「原作者」視為「跨媒介故事考掘」系譜端，如以改編文本「溯源」至原著設定、文化肌理與政經脈絡。部分研究點出作者參與之影響力，如繪本《野獸國》改編同名電影，原作者桑達克力主保有相關橋段（賴玉釵，2016）。即便「奇幻類型」故事品牌潛力，但原作者投入改編劇本歷程、參與美術設定等案例較少。如 J. K. Rowling 強調個人授權，維繫《哈利波特》故事宇宙之原真性，召喚年長閱聽人不斷涉入文本世界。此種作者個人授權取徑、懷舊品牌維繫，少見於目前奇幻類型之改編，也彰顯本研究價值。

三、「懷舊脈絡」之奇幻劇集與媒介延展

跨媒介敘事者因應多模組資源，轉化為多類型之系列故事（Demaria, 2014）。跨媒介轉述文本可存於多種平台，每一版本均對故事世界有所貢獻，提供閱聽人豐厚之娛樂體驗（Herbert, 2017; Jenkins, 2006）。易言之，敘事者可藉不同模組轉述文本，並依互文性達相互指涉效果，建構故事網絡美學（Beddows, 2012）。

以系列影視為例，敘事者重塑既有文本，並「再媒介化」舊作視聽符碼（Rehak, 2018）。如產製事者融入道件及物件等「懷舊元素」，投資鉅資「再建構」經典作品（Biesen, 2019; Taurino, 2019）。敘事者經由知名角色與場景，引發閱聽人對特定角色及造景「情感依附」，重新投入特定時空回憶（Yanders, 2019）。易言之，敘事者經由「媒介敘事」連動閱聽人想像（並非植基於真實事件），此即「媒介化」文本引動個人情感及體驗（Stephan, 2019）。故敘事者可因應新版本之模組特質，再媒介化經典文本，強化特定情節及故事氣氛（Booth, 2016）。

敘事者建構懷舊文本時，常伴隨「經典圖騰」，或道具、故事環境、音樂等「媒介化」外顯內容（Rehak, 2018; Stephan, 2019）。以視覺元素為例，影像敘事者可藉圖像表徵、角色動作、鏡頭語言等，傳遞故事旨趣（Jones, 2012）。以聽覺元素為例，電影敘事者可因應主題，選擇對話、旋律及音調，輔助視覺呈現（Mavers, 2012; West, 2012; Salway, 2010）。電影敘事者可結合音樂，連結視覺畫面、增強閱聽人情感觸動（Mavers, 2012; West, 2012）。易言之，敘事者融入目標閱聽人往昔「媒介中介」體驗、經典文本「媒介化」，建構閱聽人懷舊情感與集體記憶（Stephan, 2019）。

奇幻類型改為電影／動畫、周邊、主題樂園等案例甚多，不少與懷舊經濟相繫。著名如芬蘭精靈「嚕嚕咪」已是長銷百年經典，再如日本小說

《魔女宅急便》、英國兒少文學《借物少女艾莉緹》改編為宮崎駿執導動畫（龍貓大王通信，2019 年 11 月 30 日；洪蜜禪，2021 年 11 月 17 日）。跨媒介產製者以「懷舊」為名（如某經典一百二十週年），參照奇幻電影「標記」拍攝場景，融合虛構圖音而塑造「影像旅行」等觀光商機（Roberts, 2016）。凡此種種，皆可見懷舊脈絡之奇幻類型與授權經濟潛力。

參、研究方法

一、多模組分析

　　跨媒介研究者盼探索多模組分析工具，探索跨媒介文本轉述歷程（Jewitt, 2012）。多模組為媒介形式匯總，如圖文／影音模組等交互使用（Page, 2010）。多模組分析闡釋特定載具之敘事資源，理解原作如何轉化為特定形態（Jewitt, 2012; Scolari, 2013）。易言之，多模組分析關切敘事者如何選擇原作元素，另如何依照新載具之敘事資源而轉譯文本（Page, 2010; Scolari, 2013）。

　　多模組分析關切相異類型之轉譯功能及限制，另媒介載具如何影響符碼組合、敘事模式（Page, 2010）。研究者可對照各類型版本之異同，轉述者如何由核心文本延伸為故事網絡（Scolari, 2013）。多模組分析可再探索跨媒介之轉述策略，如研究者可先比較不同文本，理解跨媒介產製者延伸／忽略特定元素、重新排列／置換原作設定（Freeman, 2017; Scolari, 2013）。多模組分析除關切故事元素等內容規劃，也可再探索「科技」如何引導故事再現；如影音模組涵括影像／動畫、音樂及聲效等，增加刻劃角色等可能性（Freeman, 2017; Jones, 2012）。

　　跨媒介改編作品或具互文元素，版本或隨跨世代、科技載具及文創脈

絡而變異（Solomon, 2017）。多模組分析探索故事元素、故事再現後，可進一步釐清跨媒介產業之通俗文化、歷史、媒介匯流等成立條件（Freeman, 2017）。研究者可參照經濟視角，理解市場及跨媒介產製者如何形塑內容；或探索跨媒介敘事者之美感判斷、臆測閱聽人需求等，如何引導系列文本發展歷程（Gianfranco, 1993）。

二、案例選擇

本研究考量懷舊經濟，故以《哈利波特》系列作品、前傳電影《怪獸與牠們的產地》、後傳舞台劇《哈利波特：被咀咒的孩子》為軸，探索「懷舊脈絡」與「故事品牌」維繫。如前文所述，《哈利波特》、前傳及後傳之獨特處，乃承襲 J. K. Rowling 個人品牌，如官網「Wizarding world」標有 J. K. Rowling 簽名、續寫角色背景，持續融入電玩等創新元素（Brummitt, 2016; The Wizarding World, 2021b）。以《哈利波特》前傳《怪獸與牠們的產地》為例，J. K. Rowling 參與編劇並續寫鄧不利多成長故事、塑造英國以外之巫師世界；另前傳也結合英國「自然史博物館」推出數位策展〈怪獸與自然驚奇〉（Fantastic beasts: The wonder of nature），結合標本、日常物種介紹、奇幻生物之靈感來源。

或如後傳《哈利波特：被祖咒的孩子》為舞台劇，描述哈利波特中年後面對親子關係等困擾；且敘述佛地魔女兒潛伏於魔法世界，引發後續衝突、危險及轉折。此作已於百老匯上映，並推出劇本、幕後花絮等官方說明，提供往後產製「迷因」參考。

至於《哈利波特》小說改編影視則多以「影片上映滿二十年」、「小說出版滿二十年」為訴求，後續更新實體商店、李維斯登片場之懷舊消費（如魔法早餐）。或如售價不匪之彈立式立體書，素來以「小眾／迷群」為收藏目標。立體書出版商結合「紙藝設計」，再媒介化電影場景為紙雕形態，供

年長閱聽人典藏（需更多經濟能力）。再如《哈利波特》小說圖像及影音也「再媒介化」為「虛擬導覽」，如數位策展〈哈利波特：一段魔法史〉（Harry Potter: A history of magic）。「JK Rowling」官網也呼應「原作者個人品牌」，除有 J. K. Rowling 簽名字型，另也於 Covid-19 防疫期間開放部分文本授權，用於「遠距教學」等用途。凡此種種，皆可見原作者個人品牌、迷因傳散等潛力。表 4-1 為《哈利波特》故事宇宙之分析案例。

表 4-1　《哈利波特》故事宇宙之分析案例

《哈利波特》故事宇宙	分 析 文 本
《哈利波特》前傳電影	1. 電影《怪獸與牠們的產地》系列。 2. 電影劇本《怪獸與牠們的產地》系列。 3. 數位策展（虛擬導覽）：〈怪獸與自然驚奇〉（Fantastic beasts: The wonder of nature）。 4. 跨文本支線： 　(1) 電影《怪獸與牠們的產地》之官方角色設定、美術設定專輯。 　(2) 官方網站「Wizarding world」及 J. K. Rowling 補遺（合併原先官網 Pottermore）。
《哈利波特》小說	1. 電影《哈利波特》系列。 2. 電玩系列： 　(1) 樂高電玩。 　(2) 官方網站 Wizarding world「分類帽程式」等電玩。 　(3) AR 手遊《巫師聯盟》（Wizards unite）。 3. 主題樂園及實體展覽： 　(1) 環球影城《哈利波特》主題樂園（大阪、奧蘭多）。 　(2) 英國李維斯登片廠、日本電影片廠。 　(3) 英國圖書館〈穿越魔法史〉展覽。

（續上表）

《哈利波特》故事宇宙	分 析 文 本
	4. 數位策展（虛擬導覽）：網頁〈哈利波特：一段魔法史〉（Harry Potter: A history of magic）。 5. 魔法周邊： (1) 紐約旗艦店。 (2) 主題樂園及片廠之販售食品、魔杖等。 (3) 小眾珍藏立體書：《哈利波特：霍格華茲導覽立體書》（Harry Potter: A pop-Up guide to Hogwarts）與《哈利波特魔法立體書》（Harry Potter: Based on the film phenomenon）。 6. 跨文本支線： (1) 電影《哈利波特》之官方角色設定、服裝設定、美術設計等專書。 (2) 官方網站「Wizarding world」及 J. K. Rowling 補遺（合併原先官網 Pottermore）。 (3) 官方網站「JK Rowling」：J. K. Rowling 個人網頁，開放防疫時間之《哈利波特》小說教材「遠距學習」。
《哈利波特》後傳舞台劇	1. 舞台劇《哈利波特：被詛咒的孩子》。 2. 舞台劇本：文字劇本成為《哈利波特》書系第八集。 3. 跨文本支線： (1) 舞台劇《哈利波特：被詛咒的孩子》之官方幕後說明專書，含 J. K. Rowling 參與歷程。 (2) 官方網站「Wizarding world」及 J. K. Rowling 補遺（合併原先官網 Pottermore）。

資料來源：本研究製表。

肆、研究分析與討論

一、原作者／官方授權之改編與「敘事延展」

　　敘事者可依循特定時代之懷舊風格，回應目標閱聽人之集體情感、美感反應（Castellano & Meimaridis, 2019）。懷舊風潮植基於閱聽人盼返回特定片刻，並渴望美好舊時代「原真性」及「延續性」（Castellano & Meimaridis, 2019）。懷舊情感常與「媒介化」影視相繫，如系列作品多具互文參照地標；故研究者可運用「互文分析」解析文本與懷舊消費關聯（Sirianni, 2019）。

　　研究者可探索原作與系列文本之關聯，理解系列作品如何延伸原作角色、對白及主題，再進一步解析改編新作之敘事目標（Scolari, Bertetti, & Freeman, 2014）。小說《怪獸與牠們的產地》為《哈利波特》書系之番外篇，呈現形態如同奇獸的百科全書詞條，本書於 2001 年出版（Nathan, 2016）。J. K. Rowling 之後授權華納影業，並參與電影版編劇，發展《哈利波特》系列前傳（Rowling, 2016）。電影也延續小說《哈利波特》要角及魔法史，並承襲《哈利波特》「爆角怪」（Erumpent）等奇獸描繪（如霍格華茲學生 Luna Lovegood 家藏「爆角怪」裝飾）（Nathan, 2016）。除此之外，J. K. Rowling 以個人名義開設「J. K. Rowling 專欄」（J. K. Rowling achieve），撰寫十四世紀魔法史、一九二〇年代美國魔法世界等介紹（The Wizarding World, 2021b）。

　　跨媒介敘事者補述原作未敘明，再補充時空脈絡、角色動機，持續形塑故事世界（world- building；Freeman, 2017）。故事背景之所以選擇一九二〇年代，乃因一次大戰、經濟大恐慌時節，故閱聽人期許安穩和平，此為「巫師」及「莫魔」對立起點至於故事延展部分，因一九二〇年代為一次大戰結

束、面對經濟大恐慌後，故當時民眾期許和平、發展既有文化，亦為改編故事設立起點（Rowling, 2016; Power, 2016）。

影視產製者試圖引發閱聽人觀影記憶，如彼時對特定角色與情感；若閱聽人同理角色之心路歷程，此感受實融合同理、懷舊情緒（Sirianni, 2019）。電影《怪獸與牠們的產地》提及巨蛇娜吉妮曾是人類，引發戲迷串接小說《哈利波特》等諸多討論；如佛地魔曾藉著巨蛇分泌乳汁，度過虛弱歲月，此引發「粉絲理論」及猜測（娜吉妮是否為佛地魔生母）（草原跳的羊，2018 年 10 月 6 日）。

電影《怪獸與牠們的產地》也結合文化迷因，如印尼蛇神等民俗傳說、韓星扮演巨蛇，開拓亞洲市場。Rowling 出面補充，巨蛇在亞洲文化有獨特地位，如蛇神 Naga 即為顯例；此也讓巨蛇娜吉妮、亞洲演員出演具「作者背書」正當性（妞新聞，2018 年 10 月 2 日；電影神搜，2018 年 12 月 2 日）。再如娜吉妮由韓國女明星扮演，此為電影《怪獸與牠們的產地》少見的亞洲臉孔（電影神搜，2018 年 12 月 2 日）。

以懷舊脈絡言之，年長閱聽人或因憶及先前觀影記憶，聯想特定觀影時刻之情感與體驗（Sirianni, 2019）。故就網友「粉絲理論」腦補歷程、考掘小說《哈利波特》與前傳電影系譜，或追尋「韓星」與「巨蛇娜吉妮」網路圖文，此皆為迷因行銷帶動網路聲量等例證。

二、原作者／官方授權之改編與「媒介延展」

跨媒介產製者改編原作為電影等多種類型，或依原作設定而規劃主題樂園或故事旅行，或推出周邊商品。跨媒介敘事者轉化核心文本為影音體系，需考量視覺語言及組成結構（Dewdney, 2011）。跨媒介研究者可對照相異模組之敘事資源，理解特定媒材如何引導故事設計（Beddows, 2012）。

(一) 原作者／官方授權與前傳「改編電影」

　　跨媒介敘事者可對照既有文本、「再媒介化」版本，理解影音形式變異、整合何種互文線索，並探討轉述者之敘事目標（Demaria, 2014）。懷舊經濟之影劇系列揭示閱聽人與過往媒介之關聯，如藉形似媒介文本重溫彼時片刻，展現閱聽人貼近「美好舊時代」及「原真性」（Gauthier, 2019）。

1. 經典圖（影）像

　　跨媒介敘事研究者可理解「懷舊影視」之社會、文化及機構等產製脈絡，發掘文化建構論述之多義性及實踐（Gauthier, 2019; Sirianni, 2019）。

　　電影《怪獸與牠們的產地》典故出自小說《哈利波特》番外篇，主力為電影五部曲（《哈利波特》前傳），再出版為劇本書。此種文化實踐形態不同以往，先前小說《哈利波特》由文字發動，改編為影視與電玩等類型。正因電影《怪獸與牠們的產地》由影像發動，故承襲舊作圖（影像）為關鍵互文元素。如小說《哈利波特》出版滿二十周年，全球書籍發行逾億冊，其封面與插圖皆為閱聽人之集體記憶；再如《哈利波特》電影系列已滿二十周年，「霍格華茲城堡」等影像深植人心，此皆可為跨媒介網絡之改編參照點。前傳《怪獸與牠們的產地》再現「霍格華茲校園」既定風貌，協助較年長閱聽人辨識《哈利波特》與前傳之互文體系，此亦為懷舊經濟之展現。

2. 場景

　　懷舊風格「媒介化」常呼應復古「原真性」訴求，便於閱聽人對照往昔脈絡，探索多種媒材之主題、比喻及美感等複合關係（Tembo, 2019）。懷舊風格與「場景」相繫，如與老照片、懷舊影音等媒介互文（Sirianni, 2019）。如電影《怪獸與牠們的產地》設定於美國一九二〇年代「經濟大恐慌」時期，導演 David Yates 與道具設計 Stuart Craig 均赴紐約了解地景細節（Power, 2016）。電影團隊參考當年好萊塢熱映默片，對照 J. K. Rowling

劇場筆記，勾勒一九二〇年代紐約天際線（Nathan, 2016; Power, 2016）。彼時紐約天際線異於當前樣貌，故電影團隊先以綠幕拍攝再後製動畫與視覺特效（Nathan, 2016）。易言之，電影團隊參照老照片、經典影音等媒材，「再媒介化」為閱聽人記憶之紐約市容，塑造懷舊脈絡之系列文本。

3. 道具、裝飾與服裝

電影道具、裝飾與服裝等具體元素，均有助表現懷舊文本「原真性」，協助閱聽人隱遁至往日情懷（Sirianni, 2019）。道具設計 Stuart Craig 依循故事年代，勾勒商品標籤等草圖；再交由藝術部門道具組，轉為具體影像呈現（Power, 2016）。初級道具設計 Molly 指出，曾參考小說《哈利波特》系列，探索巫師人格與魔杖材質關聯；他也承襲上述設定，發展前傳電影之魔杖等道具設計，經由道具及裝飾映射主人翁性格（如主角紐特生性木訥，故魔杖設計較古樸（Wizarding world, 2016, January 7）。

4. 音樂

電影道具、裝飾與服裝等具體元素，均有助表現懷舊文本「原真性」，協助閱聽人隱遁至往日情懷（Sirianni, 2019）。電影《怪獸與牠們的產地》前奏承襲《哈利波特》〈嘿美主題曲〉，展現魔法故事體系之相互依存關聯（Wizarding world, 2016, Octorber 7）。閱聽人可從熟悉旋律，憶及兒時觀看《哈利波特》等懷舊回憶，再融入情感至懷舊消費脈絡。

5. 美術設計

影視產製者藉由美術設計（如角色形貌），引發閱聽人懷舊聯想、移情作用（Sirianni, 2019）。電影《怪獸與牠們的產地》團隊設計奇獸圖像，需經 J. K. Rowling、導演與設計總監等三方同意；美術設計者亦參考 J. K. Rowling 繪製圖像、描摹角色特質，模擬奇獸動態反應（Power, 2016）。易言之，作者 J. K. Rowling 在美術設計層次亦享有話語權；電影團隊設計怪獸造型及奇

幻造景前，均對照 J. K. Rowling 原作、劇本及手稿，團隊與 J. K. Rowling 充分討論後方才拍板定案（Nathan, 2016; Power, 2016）。如電影團隊依據 J. K. Rowling 描繪之奇獸形貌、身高、毛色質感等，作美術設計依據；另也參照小說《哈利波特》所述奇獸功能，如「幻影猿」具隱形技藝（Salisbury, 2016）。

電影團隊也符合當代語境，融入「自然紀錄片」等質感至美術設定（Nathan, 2016）。如場景設計貼合各大洲（各國）環境地貌，並思考氣溫及當地物種習性；或如怪獸物種之美術設定，也參考既有生物檔案圖片，略作視覺修正（Salisbury, 2016）。易言之，電影團隊除考量「懷舊質感」，也納入當代接納自然素材等美感風格，揉合「懷舊風」及當代風格、展現文化協商歷程。

（二）原作者／官方授權與後傳「舞台劇」

懷舊消費多呼應原作敘事素材，吸引既有閱聽人與粉絲，重返喜愛之經典世界，促成「懷舊經濟」商機（Tembo, 2019）。J. K. Rowling 參與編寫舞台劇《哈利波特：被詛咒的孩子》，此屬小說《哈利波特》系列後傳；舞台劇台詞承襲小說《哈利波特：死神的聖物》第終章，時間點為佛地魔逝世十九年、保有「霍格華茲三口組」等要角，維持原作故事體系一致性（Rowling, Thorne, & Tiffany, 2016 ／ 林靜華譯，2016；Wizarding world, 2016, July 14）。

敘事者依懷舊氛圍等考量，轉移經典情節至當代語境，或改編經典故事素材至相異媒介類型（Tembo, 2019）。舞台劇《哈利波特：被詛咒的孩子》講述中年哈利波特際遇，他在魔法部工作，並為三個稚子的父親（Rowling, Thorne, & Tiffany, 2016 ／ 林靜華譯，2016）。哈利波特的小兒子名「阿不思‧賽佛勒斯」，紀念哈利波特在霍格華茲兩大恩師；然而「阿不思‧賽

佛勒斯」希望擺脫父親名聲包袱，也希望遠離歷史重擔（Rowling, Thorne, & Tiffany, 2016／林靜華譯，2016；Wizarding world, 2016, July 14）。適逢佛地魔女兒重返人世，故哈利波特中年之親子危機、魔法世界正邪對立就此展開。

多模組分析關切同一作品之符號互動，如影像敘事元素互涉及建構意義（Kress & van Leeuwen, 2001; Nørgaard, 2010; Page, 2010）。以舞台劇言之，包括視覺形態及聽覺表現等敘事資源（Hutcheon & Hutcheon, 2010; Kress & van Leeuwen, 2001）。戲劇類型之視覺表現包括角色特徵、肢體語言（動作）、服裝化妝設計、舞台場景及道具設置；聽覺表現包括語言、音樂（歌手演唱、曲目及配樂）、聲效（配音及混音等；Simonton, 2009）。舞台劇《哈利波特：被詛咒的孩子》承襲原作設定，如關鍵要角（正反派皆具）、霍格華茲校服與分類帽等設計（Rowling, Thorne, & Tiffany, 2016／林靜華譯，2016；MOE，2017 年 1 月 c）。舞台劇敘事者以視聽符碼鋪陳情節表現，或融入歷史文化意涵而編劇（Hutcheon & Hutcheon, 2010; Kress & van Leeuwen, 2001）。如舞台劇循原作圖像符碼，再現霍格華茲四大學院標誌等（MOE，2017 年 1 月 c）。

1. 視覺表現

（1）場景、道具與空間設計

本劇以 9 又 3/4 月台開場，並營造車站拱門形象，呈現致意原作「空間設定」互文效果。再如著名場景「分類帽儀式」，則安排四大學院院徽、分類帽隨後逐步唱名等情節。另如原作及電影「掃帚飛行課」形態，舞台劇演員集體聚集、學習使喚掃把等行動，實與小說與電影「跨媒介互文」。再如「魁地奇運動」等魔法師養成訓練之場景，舞台劇也模仿小說原作及電影「找選手」等設定。

本研究認為，舞台劇融入科技聲光特效，彰顯「奇幻」舞台劇亮點。如巫師打鬥場面，舞台劇融入爆破特效，展現鬥法激烈。當哈利波特與對手馬份鬥法時，舞台劇則以椅子位移、道具更動、燈光明滅等變異，並搭配演員肢體不自然扭曲，展現巫師施咒效力。另如舞台劇也融入投影等科技元素，模仿特快車移動情境，讓閱聽人感受火車疾速前行，營造舞台環境「空間轉化」。

(2) 服裝化妝設計

舞台劇設置場景元素時，常呼應原作及電影設定。如魔法學校之巫師制服等樣貌，可與電影跨媒介互文。

(3) 演員肢體語言

演員表現需配合舞台劇動線，如以演員群舞以模擬群體候車場景。再如演員常需模擬「奇幻」效果生成，常以肢體語言突顯角色狀態改變。如佛地魔之女蝶非喝下變身水，則以扭曲肢體動作，展現魔法藥水效果、變形歷程。

(4) 角色特徵

舞台劇演員之角色特徵常與原作、電影「跨媒介互文」，承繼《哈利波特》故事品牌形象。如舞台劇愛哭鬼麥朵居住於廁所，此為「維多利亞時期」舊式水槽，承襲電影設計概貌；再如愛哭鬼麥朵突然在水槽浮現，驚擾哈利波特等角色，展現鬼魅形象，此皆傳承小說及改編電影之角色特質。再如愛哭節麥朵聲音也形似電影設定，展現聲音互媒之效。

2. 聽覺表現

(1) 現場聲效

舞台劇增加現場聲效，如特快車鳴笛聲響呼應火車進場；另如舞台劇聲效也搭配演員舞動魔杖等畫面，烘托角色靜候「分類帽儀式」焦慮情緒。

（2）演員「聲音表情」與超語言線索

對白及聲音展現敘事者之再詮釋，反映編導及演員視角，逐步達成表意效果（Hutcheon & Hutcheon, 2010）。演員「聲音表情」可為超語言線索，如哈利波特與稚子阿不斯爭吵時，角色發音常帶入急促重音以展現衝突質感。再如哈利波特作夢時，舞台劇以迴聲音效模仿佛地魔呼喚之嘶啞聲；暗示午夜夢迴裡，邪惡力量未曾遠離。上述「聲音表情」及「午夜惡夢迴聲」等方式，也呼應舞台劇強調「衝突張力」等特質。

（三）原作者／官方授權與空間敘事：主題樂園、片廠展覽、數位策展

懷舊經濟常伴隨「商品消費」，延續及拓展票房成功之故事支線（Tembo, 2019）。影像旅行引發「觀光客」凝視，連動影像文本、媒介地景與現實世界（Roberts, 2016）。

1. 李維斯登片廠「聖誕晚餐」及懷舊活動

奇幻影像旅行整合電影、拍攝場景（魔法地景）、魔法故事，產製者模擬／再造魔法空間造景，指向巫師日常等魔法社群體系。時值電影《哈利波特：神祕的魔法石》上映滿二十週年，李維斯登片廠因應聖誕節推出「雪中的霍格華茲」（Hogwarts in the Snow）、放映經典電影片段（The Wizarding World Team, 2021, September 20）。「雪中的霍格華茲」（Hogwarts in the Snow）融入聖誕氣氛，此為 2021 年新開發項目，閱聽人可見白雪覆蓋的「禁忌森林」、「斜角巷」與「海格小屋」（The Wizarding World Team, 2021, September 20）。霍格華茲「聖誕晚餐」開放閱聽人訂票，讓閱聽人享用至少兩道菜餚、應景服飾；片廠並搭配聖誕樹及節慶裝飾，讓閱聽人感受自己如同魔法學校學生（The Wizarding World Team, 2021, September 20）。因應電影上映滿二十週年活動尚有再現「蜂蜜公爵」甜食，李維斯登片廠

也放映電影《哈利波特：神祕的魔法石》，試圖喚起閱聽人懷舊回憶（The Wizarding World Team, 2021, September 20）。

2. 華納片廠、實體魔法展覽及社群

華納影業在日本東京開設第二座片廠，陳設電影《哈利波特》系列及《怪獸與牠們的產地》造景、美術設計、服飾道具等佈置（Warner Bros. Studio Tour Tokyo, n.d.）。新片廠也結合霍格華茲列車等設計，增加 9 又 3/4 月台等推車擺設，供閱聽人互動、參與魔法世界；片廠也提供奶油啤酒、周邊商品等，鼓勵閱聽人體驗超凡的魔法設施，共融於魔法社群（Warner Bros. Studio Tour Tokyo，2021 年 3 月 24 日）。

3. 大阪環球影城、魔法實景與懷舊消費

大阪環球影城「哈利波特」主題樂園，也吸引成年閱聽人參加，展現「懷舊經濟」魅力。當中亦有懷舊文化「商品化」等設定，如「三隻掃帚的店」、白雪紛飛之「活米村」、霍格華茲列車等造景，也曾應景推出「萬聖節大餐」、巧克力蛙、柏蒂全口味豆、奶油啤酒、霍格華茲校服與魔杖等紀念品（哈利波特仙境，2016 年 10 月 1 日）。大阪環球影城也承襲《哈利波特》電影之圖（影）像造型，如魁地奇大賽與禁忌森林等 3D 遊戲、劫盜地圖、鷹馬雲宵飛車等（MOE，2017 年 1 月 b），此均為「懷舊」與代表性「圖像、圖騰」運用。

4.《哈利波特》紐約專賣店與懷舊消費

小說《哈利波特》本傳初始設定為童話風格，漸次轉為成人複雜思維（如善惡難分），此隨目標閱聽人逐步調整閱讀難度。隨著系列小說及電影《哈利波特》播畢，始有前傳及後傳等「懷舊商機」，提供老戲迷追尋成長之回憶點滴。《哈利波特》故事宇宙熱潮未減，近年因電影《怪獸與牠們的產地》故事場景設於紐約，故華納影業計畫於紐約推出「全球旗艦店」（Honan &

King, 2020, January 7）。商店擺設也「再媒介化」前傳電影，供閱聽人投射觀影經驗、回味關鍵故事轉折，如同與魔法社群「共在」。旗艦店設置龍與「魔法風險等級時鐘」，試圖融入古銅色「魔杖旗桿」等招牌擺設（Honan & King, 2020, January 7）。此即圖像互文等具體展現，也為圖（影）像召喚懷舊情感、回應成年閱聽人重返「魔法世界」需求。

5. 跨媒介支線、紀實素材與實體展覽

大英圖書館（The British Library）舉辦「穿越魔法史」展覽，整合小說《哈利波特》書系與文史素材。著名如小說之「鍊金術師」尼樂勒梅（Nicolas Flamel）為真實人物，展覽提供圖文說明；再如小說要角「天狼星」取材「大犬星座」傳說，呼應天狼星護法為巨狗等小說設定，展覽也附上西塞羅《星座圖》與相關詩句（British Library, 2017）。

電影《怪獸與牠們的產地》延伸至實體策展、數位策展，電影主角紐特致力保護神奇物種，故促成華納影業、BBC、倫敦白然史博物館（The Natural History Museum）合作，介紹奇幻電影其後之生態資訊；實體展覽補充若干歷史文獻，提及神獸傳說的起源（Amos, 2020, October 26）。如《哈利波特》故事宇宙「幻影猿」（Demiguise）之隱身術，則類似若干生物「保護色」概念，本展也一併介紹具保護色之昆蟲（Amos, 2020, October 26）。策展概念整合科普知識推廣，或許可見跨媒介敘事結合「紀實資訊」等趨勢。

6. 跨媒介支線、紀實素材與數位策展（虛擬導覽）

數位策展「哈利波特：一段魔法史」（Harry Potter: A history of magic）結合數位策展形態，再現《哈利波特》與大英圖書館展覽實景；並介紹「魔蘋果」與對應植物、魔法史之古時圖稿（Google arts & culture, 2018; Google arts and culture, 2018, February 27）。網頁也放置 J. K. Rowling 之註記、發想及「示意圖」等設計手稿，展現魔法世界「原真性」（Google arts &

culture, 2018）。

　　電影《怪獸與牠們的產地》線上策展〈怪獸與自然驚奇〉（Fantastic beasts: The wonder of nature）則與 Google「藝術與文化」（Google arts & culture）合作，轉化前傳電影為虛擬導覽（Google arts & culture, n.d.）。數位展覽以「美人魚」及「龍」等奇獸為策展軸線，融入對應自然物種與標本；再如前傳電影「爆角怪求偶舞」動作，取自現實世界「孔雀蜘蛛」等求偶表現（Google arts & culture, n.d.）。易言之，《哈利波特》小說本傳、電影前傳均具「數位策展」等跨媒介支線，引介文史典藏、自然素材及生態介紹，塑造「博物館敘事」等外延文本。

（四）原作者／官方授權與迷群「魔法立體書典藏」

　　立體書等小眾收藏，兼顧「收藏家」手工限量等典藏價值，開拓更多元市場。彈立式立體書（pop-up books）結合紙藝模型與繪本圖文，供閱聽人近身參與故事世界。跨媒介敘事者萃取《哈利波特》故事網絡之圖（影）像素材，「再媒介化」為高單價迷群典藏，即藉關鍵圖像引動閱聽人懷舊記憶。

　　閱聽人可賞玩魔法造景，或經觸感、紙藝彈立「聽覺」引發多感官體驗。若成年閱聽人眼見電影《哈利波特》「再媒介化」為紙本，或可因熟悉角色、建築及造景，引發懷舊感動、協同鞏固懷舊經濟。如《哈利波特：霍格華茲導覽立體書》（Harry Potter: A pop-Up guide to Hogwarts）彈立式主圖為「禁忌的森林」，再媒介化系列電影場景；如路平化身狼人、蜘蛛阿拉哥、巨人呱啦等電影美術設定，皆可循線互動賞析（Reinhart, 2018）。易言之，敘事者選取經典元素並轉為實體設置，供目標閱聽人連結「眼前」事物與懷舊「虛構」故事世界；整合懷舊情感與眼前親見紙藝，塑造更多層次感官體驗。或如立體書敘事者依紙藝結構，安排「不同層次」之森林造景，閱聽人可逐一查搜黑魔王匿身之處；再如紙藝立體設計，也讓閱聽人能拉動互動標籤，窺

看「海格小屋」紙模型、細探屋內傢俱（Reinhart, 2018）。

或如《哈利波特魔法立體書》（*Harry Potter: Based on the film phenomenon*）「再媒介化」電影圖像、幕後花絮，並以彈立式紙藝展演互動遊戲空間。此彈立式立體書「再媒介化」電影要角（如鷹馬、騎士墜鬼馬等造型），並結合幕後製作說明、小說典故等圖框設計（Kee, Foster, & Williamson, 2010）。立體書「再媒介化」電影《哈利波特：消失的密室》「魔藥學」授課場景，如以彈立紙藝展現「往上拉動」魔蘋果情景，讓閱聽人親身體驗「動感」。立體書也補述小說典故，如魔蘋果治療蛇妖引發「石化」毒性；並補充電影特效設計師 Nick Dudman 現身說明幕後產製歷程，如蛇妖「石化」等後製考量（Kee, Foster, & Williamson, 2010）。

再如《哈利波特斜角巷》立體書也打破「書」結構，除了逐頁翻閱、互動，閱聽人可展開全書為蜿蜒巷弄（Reinhart, 2020）。創作者將波特等故事角色作為「紙偶」，讓閱聽人宛若隨要角在「斜角巷」穿梭，增加不同視點的互動樂趣（Insight Editions, 2020, August 4）。

三、防疫時期《哈利波特》故事宇宙與 IP 熱度：J. K. Rolwing 授權「魔法教學」

懷舊影視具「跨世代磁吸效果」，如經典影視「再媒介化」後，吸引年長懷舊客層（Gauthier, 2019）；或如藉「網路迷因」傳散，吸引新世代閱聽客層。《哈利波特》魔法世界也因「防疫」推出新設施，並由 J. K. Rowling 開放若干授權核可（Grown-up Gateway, 2020, March 20）。J. K. Rowling 於 2020 年 4 月 1 日宣佈啟動「在家學《哈利波特》」（Harry Potter at home）計畫，放寬著作權等限制，便於教師運用讀物「遠距魔法教學」（Grown-up Gateway, 2020, March 20; The Wizarding World, 2021a）。J. K. Rowling 並以個人授權等名義發佈相關指引，提供《哈利波特：神祕魔法石》線上有聲書

（多國語言），便於學子下載及閱讀（Grown-up Gateway, 2020, March 20; The Wizarding World, 2021a）。學子也可登錄網站，參與「分類帽儀式」等電玩；或瀏覽繪本風格的彩圖，理解《哈利波特》魔法歷史（The Wizarding World, 2021a）。

再如電玩《巫師聯盟》（*Wizards unite*）為 AR 遊戲，類似「寶可夢」AR 抓寶手遊（Gartenberg, 2020, April 20）。電玩《巫師聯盟》考量防疫之自我隔離限制，故新增「騎士巴士」等互動設計（未必需搭配實際街景），方便玩家參與魔法格鬥（Gartenberg, 2020, April 20）。

防疫時期「迷因行銷」延伸至教學現場，另也延伸至隔離等「個人」空間。J. K. Rowling 與官網 Wizarding world 共同開發「防疫時期」等應用可能性，並於官網 Wizarding world 聲明 J. K. Rowling 授權等事項。故「防疫時期」結合「故事宇宙」與「作者品牌」，因應潛在閱聽人（學童等）維持故事品牌熱度（特別是時值前傳電影《怪獸與牠們的產地》第三集拍攝期），此也可供後續「奇幻文學品牌」與「授權經濟」借鏡。

伍、結語

「懷舊情感」伴隨過往年代之正面情感，常與閱聽人兒時及青少年記憶相繫。敘事者考量「懷舊客層」需求，重啟經典影視系列。跨媒介敘事者可「再媒介化」經典，推出系列文本以滿足年長世代「懷舊情感」。《哈利波特》本傳之系列小說、系列電影結束後，老戲迷盼持續追尋成長之回憶點滴，激發前傳與後傳「懷舊經濟」。本研究以《哈利波特》本傳、前傳電影《怪獸與牠們的產地》、後傳舞台劇《哈利波特：被咀咒的孩子》為例，探討系列互文脈絡、懷舊消費及故事品牌建立。

以「懷舊脈絡」與系列文本「故事延展」言之，本研究探討懷舊情境之系列作品承襲既有敘事內容。產製者參照原作體系，擴寫知名角色與情景，引發閱聽人對原作「情感依附」、重返特定時空回憶。華納影業推出《哈利波特》前傳、後傳、數位策展等網路迷因，即運用「媒介化」文本連動閱聽人往昔情感。

以「懷舊脈絡」與系列文本「媒介延展」言之，產製者可整合相異載具，因應對應多模組資源以「再媒介化」經典創作。懷舊脈絡之敘事者可承襲「經典圖（影）像」，經由媒介互文而為參照起點；或藉經典影音及老照片等再塑「場景」，「再媒介化」閱聽人記憶之城市地景；另「道具、裝飾與服裝」展現懷舊年代「原真性」，協助召喚閱聽人懷舊情感；再如「音樂」也可模擬熟知旋律，協助閱聽人融入彼時觀影情感；或如「美術設計」也可擬仿特定年代「懷舊風格」，並融合當代美感及類型期待，展現文化協商及實踐行動。

懷舊文化「商品化」也可見於《哈利波特》故事網絡，如小說本傳改編影視多以「小說／電影上映滿二十周年」為旨，更新片場策展（經典電影道具）、魔法餐食。再如懷舊消費也考量較具「經濟潛力」之目標成年客層，推出紙藝蒐藏。如彈立式立體書「再媒介化」經典場景為紙雕模型，供小眾迷群整合「當下可觸碰」景物、「懷舊」魔法世界。閱聽人整合觸覺等多感官體驗，並因情感而協同塑造「懷舊經濟」。

懷舊元素也可成為「網路迷因」，如《哈利波特》前傳及小說之圖（影）像「再媒介化」為虛擬導覽、數位策展，塑造網路「博物館敘事」。網路迷因也助維持防疫時期之「故事品牌」及「作者品牌」熱度，如遠距教學等授權原作文本、官網提供互動電玩等，均為「授權經濟」與「懷舊消費」具體展現。

【參考書目】

妞新聞（2018 年 10 月 2 日）。〈佛地魔亞裔愛寵「娜吉妮」牽扯種族歧視？
　　J.K. 羅琳親回：有真正的含義〉，《妞新聞》。取自 https://tw.news.
　　yahoo.com/%E4%BD%9B%E5%9C%B0%E9%AD%94%E4%BA%9E%
　　E8%A3%94%E6%84%9B%E5%AF%B5%E5%A8%9C%E5%90%89%E
　　5%A6%AE%E7%89%BD%E6%89%AF%E7%A8%AE%E6%97%8F%E
　　6%AD%A7%E8%A6%96jk%E7%BE%85%E7%90%B3%E8%A6%AA%
　　E5%9B%9E%E6%9C%89%E7%9C%9F%E6%AD%A3%E7%9A%84%E
　　5%90%AB%E7%BE%A9-085344357.html

怪獸與牠們的產地（2016 年 12 月 3 日）。〈POPO 聊電影：《怪獸與牠
　　們的產地》彩蛋介紹＆原作世界觀連結〉，《怪獸與牠們的產地》。
　　取　自：https://www.facebook.com/FantasticBeastsTW/?hc_ref=PAGES_
　　TIMELINE&fref=nf

林靜華譯（2016）。《哈利波特：被咀咒的孩子：第一部 & 第二部》，台北：
　　皇冠。（原書 Rowling, J. K., Thorne, J. & Tiffany, J.（2016）. *Harry
　　Potter and the cursed child, parts 1 & 2, special rehearsal edition script.*
　　New York, NY: Arthur A. Levine Books.）

哈利波特仙境（2016 年 10 月 13 日）。〈《怪獸與牠們的產地》製作特輯 (3)
　　──黑暗力量〉，《哈利波特仙境》。取自 https://www.youtube.com/
　　watch?v=u82CIP_b6Uo

哈利波特仙境（2016 年 10 月 1 日）。〈冬季限定！大阪【哈利波特魔法世界】
　　聖誕白雪大換面〉，《哈利波特仙境》。取自 https://www.hpfl.net/#!/
　　home/news/fullstory.php?nid=1665

洪蜜禪（2021 年 11 月 17 日）。〈【老片新看】從宮崎駿動畫《借物少女艾
　　莉緹》裡找到勇氣：人生必須為了值得保護的人而奮力向前〉，《生活
　　報橘》。取自 https://buzzorange.com/vidaorange/2021/11/17/movie-the-

secret-world-of-arrietty/

娛樂新聞組（2022 年 4 月 13 日）。〈逗貓棒收服騶吾麒麟…中國神獸成了
魔法世界主角〉，《世界新聞網》。取自 https://www.worldjournal.com/
wj/story/121233/6236148

草原跳的羊（2018 年 10 月 6 日）。〈粉絲理論：娜吉妮其實是佛地魔
的生母？〉，《哈利波特仙境》。取自 https://www.hpfl.net/forum/
thread/28684

電影神搜（2018 年 12 月 2 日）。〈《怪獸 2》帶你認識 J.K. 羅琳鋪梗 20
年——血咒宿主「娜吉妮」的五大重點拆解〉，《電影神搜》。取自
https://news.agentm.tw/28710/%E3%80%8A%E6%80%AA%E7%8D%B
82%E3%80%8B-%E5%B8%B6%E4%BD%A0%E8%AA%8D%E8%AD
%98%E8%A1%80%E5%92%92%E5%AE%BF%E4%B8%BB%E5%A8
%9C%E5%90%89%E5%A6%AE/

賴玉釵（2016）。〈跨媒介敘事與擴展「敘事網絡」歷程初探：以國際大獎
繪本之跨媒介轉述為例〉。《新聞學研究》。*126*: 133-198。

賴玉釵（2020）。〈閱聽人詮釋跨媒介角色之紀實支線歷程初探：以經典童
話角色為例〉。《新聞學研究》。*143*: 55-111。

龍貓大王通信（2019 年 11 月 30 日）。〈《魔女宅急便》30 周年紀念（下）：
墜落地面之前的奮力飛升，改變了吉卜力的命運〉，《電影神搜》。取
自 https://news.agentm.tw/86025/%E9%AD%94%E5%A5%B3%E5%AE
%85%E6%80%A5%E4%BE%BF-30%E5%91%A8%E5%B9%B4%E7%
B4%80%E5%BF%B5-%E4%B8%8B-%E5%A2%9C%E8%90%BD%E5
%9C%B0%E9%9D%A2%E4%B9%8B%E5%89%8D%E7%9A%84%E5
%A5%AE%E5%8A%9B%E9%A3%9B%E5%8D%87/

Hsu（2022 年 3 月 1 日）。〈《怪獸與鄧不利多的秘密》終極預告發布！曝
光「不丹王國」是許多魔法的重要起源地！〉，《**GQ**》。取自 https://

www.gq.com.tw/entertainment/article/%E6%80%AA%E7%8D%B8%E8
%88%87%E9%84%A7%E4%B8%8D%E5%88%A9%E5%A4%9A%E7%
9A%84%E7%A7%98%E5%AF%86-%E5%93%88%E5%88%A9%E6%B
3%A2%E7%89%B9-%E9%A0%90%E5%91%8A

MOE（2017年1月a）。〈第1章魔法使いニュートの新しい冒 映画「フ
ァンタスティックビーストと魔法使いの旅」〉，《MOE》，447: 6-15。

MOE（2017年1月b）。〈第2章女優 清原果耶さんと訪れる魔法世界ユ
ニバーサルスタジオジャパン魔法界の完全ガイドマップ〉，《MOE》，
447: 16-27。

MOE（2017年1月c）。〈第3章再びホグワーツ魔法魔術 校へ8番目
の物語『ハリーポッターと呪いの子』19年後の人物相関 〉，《MOE》，
447: 28-32。

Neil（2019年9月10日）。〈慶祝霍格華茲開學！《哈利波特：被詛咒的孩子》
霸氣攻佔紐約時代廣場全部廣告螢幕！〉，《Jusky》。取自 https://
www.juksy.com/article/94304-%E6%85%B6%E7%A5%9D%E9%9C%8D
%E6%A0%BC%E8%8F%AF%E8%8C%B2%E9%96%8B%E5%AD%B8
%EF%BC%81%E3%80%8A%E5%93%88%E5%88%A9%E6%B3%A2%
E7%89%B9%EF%BC%9A%E8%A2%AB%E8%A9%9B%E5%92%92%
E7%9A%84%E5%AD%A9%E5%AD%90%E3%80%8B%E9%9C%B8%
E6%B0%A3%E6%94%BB%E4%BD%94%E7%B4%90%E7%B4%84%E
6%99%82%E4%BB%A3%E5%BB%A3%E5%A0%B4%E5%85%A8%E
9%83%A8%E5%BB%A3%E5%91%8A%E8%9E%A2%E5%B9%95%EF
%BC%81?atl=2

Warner Bros. Studio Tour Tokyo（2021年3月24日）。《《スタジオツア
ーロンドンメイキングオブハリーポッター》ご案内映像》。【YouTube
影片】。取自 https://youtu.be/OPKYEPevgN0

Amos, J. (2020, October 26). Fantastic beasts in the real world and where to find them. ***BBC***. Retrieved from https://www.bbc.com/news/science-environment-54653165

Beddows, E. (2012). ***Consuming transmedia: How audiences engage with narrative across multiple story modes.*** Thesis doctoral, Swinburne University of Technology.

Bertetti, P. (2014). Conan the barbarian: Transmedia adventures of a pulp hero. In C. A. Scolari, P. Bertetti & M. Freeman (Eds.), ***Transmedia archaeology: Storytelling in the borderlines of science fiction, comics and pulp magazines*** (pp. 15-38). New York, NY: Palgrave Macmillan.

Biesen, S. C. (2019). Binge watching the past: Netflix's changing cinematic nostalgia from classic films to long-form original. In K. Pallister (Ed.), ***Netflix nostalgia*** (pp. 41-55). Lanham, MD: Lexington Books.

Booth, P. (2010). Memories, temporalities, fictions: Temporal displacement in contemporary television. ***Television & new media, 12***(4), 370-388.

Booth, P. (2016). ***BioShock:*** Rapture through transmedia. In B. W. L. D. Kurtz & M. Bourdaa (Eds.), ***The rise of transtexts: Challenges and opportunities*** (pp. 153-168). London, UK: Routledge.

British Library. (2017). ***Harry Potter: A journey through ahistory of magic.*** New York, NY: Bloomsbury Childrens.

Brummitt, C. (2016). Pottermore: Transmedia storytelling and authorship in Harry Potter. ***The Midwest Quarterly, 58***(1), 112-132.

Campbell, P., & Pallister, K. (2019). "You can't rewrite the past": Along and digital communications technology in 13 reasons why. In K. Pallister (Ed.), ***Netflix nostalgia*** (pp. 203-217). Lanham, MD: Lexington Books.

Castellano, M., & Meimaridis, M. (2019). "Weaponizing nostalgia": Netflix,

revivals, and Brazilian fans of Gilmore girls. In K. Pallister (Ed.), *Netflix nostalgia* (pp. 169-184). Lanham, MD: Lexington Books.

Delwiche, A. (2016). Still searching for the Unicorn: Transmedia storytelling and the audience question. In B. W. L. D. Kurtz & M. Bourdaa (Eds.), *The rise of transtexts: Challenges and opportunities* (pp. 33-48). London, UK: Routledge.

Demaria, C. (2014). True detective stories: Media textuality and the anthology format between remediation and transmedia narratives. *Between, IV*(8), 1-24.

Dena, C. (2008). Emerging participatory culture practices: Player-created tiers in alternate reality games. *Convergence: The International Journal of Researchinto New Media Technologies, 14*(1), 41-57.

Dewdney, A. (2011). Transamediation: Tracing the social aesthetic. *Philosophy of photography, 2*(1), 97-113.

Echo, U. (1994). *Six walks in the fictional words.* Cambridge, Mass.: Harvard University Press.

Evans, E. (2011). *Transmedia television: Audience, new media, and daily life.* London, UK: Routledge.

Freeman, M. (2014). Superman: Building a transmedia world for a comic book hero. In C. A. Scolari, P. Bertetti & M. Freeman (Eds.), *Transmedia archaeology: Storytelling in the borderlines of science fiction, comics and pulp magazines* (pp. 39-54). New York, NY: Palgrave Macmillan.

Freeman, M. (2017). *Historicising transmedia storytelling: Early twentieth-century transmedia story worlds.* London, UK: Routeldge.

Gartenberg, C. (2020, April 20). Niantic's AR Harry Potter game has a cute solution to COVID-19 self-quarantines. *The Verge.* Retrieved fromhttps://

www.theverge.com/2020/4/20/21228335/harry-potter-wizards-unite-knight-bus-fortresses-ar-update

Gauthier, P. (2019). Nostalgia as a problematic cultural space. In K. Pallister (Ed.), *Netflix nostalgia* (pp. 75-90). Lanham, MD: Lexington Books.

Gianfranco, M. (1993). *Aesthetics and economics.* Norwell, Mass, and Dordrecht: Kluwer Academic.

Google arts & culture. (2018). *Harry Potter: A history of magic.* Retrieved from Google arts & culture Web site: https://artsandculture.google.com/project/harry-potter-a-history-of-magic

Google arts & culture. (n.d.). *Take a virtual stroll through the exhibition.* Retrieved from Fantastic beasts: The wonder of nature Web site: https://artsandculture.google.com/story/take-a-virtual-stroll-through-the-exhibition/CwIC5WiUgJ_VJw

Google arts and culture. (2018, February 27). Skills for a modern wizard: 4 lessons in muggle magic with the Super Carlin Brothers. [YouTube]. Retrieved from https://www.youtube.com/watch?v=qMD-FF0PE9A

Grown-up Gateway. (2020, March 20). J.K. Rowling grants open licence for teachers during Covid-19 outbreak. *JK Rowling.* Retrieved from https://www.jkrowling.com/j-k-rowling-grants-open-licence-for-teachers-during-covid-19-outbreak/

Herbert, D. (2017). *Film remakes and franchises.* New Brunswick, NJ: Rutgers University Press.

Herbert, D. T. (2001). Literary places, tourism and the heritage experience. *Annals of tourism research,* 28, 312-333.

Honan, K., & King, K. (2020, January 7). NYC Harry Potter store might have to tame its design dragons. *The Walt Street Journal.* Retrieved from https://

www.wsj.com/articles/nyc-harry-potter-store-might-have-to-tame-its-design-dragons-11578449936

Hutcheon, M., & Hutcheon, L. (2010). Opera: Forever and always multimodal, In R. Page (Ed.), *New perspectives on narrative and multimodality* (pp. 65-77). London, UK: Routledge.

Insight Editions. (2020, August4). Harry Potter: A pop-up guide to Diagon Alley and beyond. [YouTube]. Retrieved from https://www.youtube.com/watch?v=hn8fr9n8Hx0

Jenkins, H. (2006). *Convergence culture: Where old and new media collide.* New York, NY: New York University Press.

Jewitt, C. (2012). An introduction to multimodality. In C. Jewitt (Ed.), *The Routledge handbook of multimodal analysis* (pp. 14-25). London, UK: Routledge.

Jones, R. H. (2012). Technology and sites of display. In C. Jewitt (Ed.), *The Routledge handbook of multimodal analysis* (pp. 114-126). London, UK: Routledge.

Kee, L., Foster, B., & Williamson, A. (2010). *Harry Potter: A pop-up book.* San Rafael, CA: Insight Editions.

Kress, G & van Leeuwen, T. (2001). *Mutilmoda discourse: the modes and media of contemporary communication.* London, UK: Hodder Arnold.

Kurtz, B. W. L. D. (2016). Set in stone: Issues of canonicity of transtexts. In B. W. L. D. Kurtz & M. Bourdaa (Eds.), *The rise of transtexts: Challenges and opportunities* (pp. 104-118). London, UK: Routledge.

Maganzani, P. (2019). Netflix's Cable girls as reinvention of a nostalgic past. In K. Pallister (Ed.), *Netflix nostalgia* (pp. 153-167). Lanham, MD: Lexington Books.

Mavers, D. (2012). Image in the multimodal ensemble: Children's drawing. In C. Jewitt (Ed.), *The Routledge handbook of multimodal analysis* (pp. 263-271). London, UK: Routledge.

Mittell, J. (2001). A Cultural approach to television genre theory. *Cinema Journal, 40*(3), 3-24.

Nathan, I. (2016). *Inside the magic: The making of Fantastic beasts and where to find them.* London, UK: Harper Design.

Nørgaard, N, A. (2010). "I contain multitudes": Narrative multimodality and the book that bleeds, In R. Page (Ed.), *New perspectives on narrative and multimodality* (pp. 78-98). London, UK: Routledge.

Page, R. (2010). Introduction. In R. Page (Ed.), *New perspectives on narrative and multimodality* (pp. 1-13). London, UK: Routledge.

Pearson, R. (2014). Forward. In C. A. Scolari, P. Bertetti & M. Freeman (Eds.), *Transmedia archaeology: Storytelling in the borderlines of science fiction, comics and pulp magazines* (pp. vi-ix). New York, NY: Palgrave Macmillan.

Power, D. (2016). *The art of the film: Fantastic beasts and where to find them.* London, UK: Harper Design.

Real, E. (2018). Tonys: *'Harry Potter and the Cursed Child'* wins best play. Retrieved from The Hollywood Reporter site: https://www.hollywoodreporter.com/news/general-news/harry-potter-cursed-child-wins-best-play-at-2018-tony-awards-1118794/

ReHak, B. (2018). *More than meets the eye: Special effects and the fantastic transmedia franchise.* New York, NY: New York Univ Press.

Reinhart, M. (2018). *Harry Potter: A pop-Up guide to Hogwarts.* San Rafael, CA: Insight Editions.

Reinhart, M. (2020). *Harry Potter: A pop-Up guide to Diagon Alley and beyond.* San Rafael, CA: Insight Editions.

Richards, D. (2016). Historicizing transtexts and transmedia. In B. W. L. D. Kurtz & M. Bourdaa (Eds.), *The rise of transtexts: Challenges and opportunities* (pp. 15-32). London, UK: Routledge.

Roberts, L. (2016). On location in Liverpool: Film-related tourism and the consumption of place. In P. Long & N. D. Morpeth (Eds.), *Tourism and the creative industries: Theories, policies and practice* (pp. 31-42). London: Routledge, Taylor & Francis Group.

Rowling, J. K. (2016). *Fantastic beasts and where to find them: The original screenplay.* New York, NY: Scholastic.

Salisbury, M. (2016). *The case of beasts: Explore the film wizardry of Fantastic beasts and where to find them.* London, UK: Harper Design.

Salway, A. (2010). The computer-based analysis of narrative and multimodality, In R. Page (Ed.), *New perspectives on narrative and multimodality* (pp. 50-64). London, UK: Routledge.

Scolari, C. A. (2013). Lostology: Transmedia storytelling and expansion/compression strategies. *Semiótica, 195*, 45-68.

Scolari, C. A., Bertetti, P., & Freeman, M. (2014). *Transmedia archaeology: Storytelling in the borderlines of science fiction, comics and pulp magazines.* New York, NY: Palgrave Macmillan.

Sibley, B. (2012). *Harry Potter: Film wizardry.* London, UK: Harper Design.

Simons, N., Dhoest, A., & Malliet, S. (2012). Beyond the text: Producing cross- and transmedia fiction in Flanders. *Northern lights, 10*, 25-40.

Simonton, D. K. (2009). Cinematic success criteria and their predictors: The art and business of the film industry. *Psychology & Marketing, 26*(5), 400-420.

Sirianni, J. M. (2019). Nostalgic things: Stranger things and the pervasiveness of nostalgic television. In K. Pallister (Ed.), *Netflix nostalgia* (pp. 185-201). Lanham, MD: Lexington Books.

Solomon, C. (2017). *Tales as old as time: The art and making of Beauty and the Beast.* California, CA: Disney Editions.

Stephan, M. (2019). Branding Netflix with nostalgia: Totemic nostalgia, adaptation, and the postmodern turn. In K. Pallister (Ed.), *Netflix nostalgia* (pp. 25-39). Lanham, MD: Lexington Books.

Taurino, G. (2019). Crossing eras: Exploring nostalgic reconfigurations in media franchises. In K. Pallister (Ed.), *Netflix nostalgia* (pp. 9-23). Lanham, MD: Lexington Books.

Taymor, J. (2017). *The lion king: Pride rock on Broadway.* New York, NY: Disney editions.

Tembo, K. D. (2019). Carrying that weight: Shinichiro Watanabe's cowboy bebop and nostalgia. In K. Pallister (Ed.), *Netflix nostalgia* (pp. 219-233). Lanham, MD: Lexington Books.

The Wizarding World Team. (2021, September 20). Warner Bros. Studio Tour London announces its festive season and special Philosopher's Stone screenings. *Wizarding World.* Retrieved from https://www.wizardingworld. com/news/warner-bros-studio-tour-london-announces-festive-season-and-anniversary-screenings

The Wizarding World. (2021a). *Harry Potter: Reading magic.* Retrieved from The Wizarding World Web site: https://www.wizardingworld.com/ collections/starting-harry-potter

The Wizarding World. (2021b). *J.K. Rowling originals.* Retrieved from The Wizarding World Web site: https://www.wizardingworld.com/writing-by-

jk-rowling

Warner Bros. Studio Tour Tokyo. (n.d.). *Discover the film making magic of Harry Potter.* Retrieved from Warner Bros. Studio Tour Tokyo Web site: https://www.wbstudiotour.jp/

Weedon, A., Miller, D., Franco, C. P., Moorhead, D., & Pearce, S. (2014). Crossing media boundaries: Adaptations and new media forms of the book. *Convergence, 20*(1), 108-124.

West, T. (2012). Music and designed sound. In C. Jewitt (Ed.), *The Routledge handbook of multimodal analysis* (pp. 284-292). London, UK: Routledge.

Wizarding world. (2016, January 7). Meet wand designer Molly Sole: a real-world Ollivander. *Wizarding world.* Retrieved from https://www.wizardingworld.com/news/interview-with-molly-sole-fantastic-beasts-wand-designer

Wizarding world. (2016, July 14). Watch J.K. Rowling's notes on the cursed child cast come to life. *Wizarding world.* Retrieved from https://www.wizardingworld.com/news/jk-rowling-notes-on-cursed-child-cast

Wizarding world. (2016, October 7). Exclusive: Pottermore debuts the main theme from the soundtrack for fantastic beasts. *Wizarding world.* Retrieved from https://www.wizardingworld.com/news/pottermore-officially-debuts-main-theme-from-fantastic-beasts-soundtrack

Yanders, J. (2019). "We can't have two white boys trying to tell a Latina story": Nostalgia, identity, and cultural specificity. In K. Pallister (Ed.), *Netflix nostalgia* (pp. 137-151). Lanham, MD: Lexington Books.

Zeiser, A. (2015). *Transmedia marketing: From film and TV to games and digital media.* Burlington, MA: Focal Press.

5　閱聽人參與文化與迷因創作

壹、迷因再製與跨媒介故事網絡

　　跨媒介敘事研究者自 2011 年便著眼「迷因」（meme）概念，說明迷因常伴隨衛星文本、副文本（paratext）、跨文本支線（transtext or transmedia franchise）或同人誌等形態（賴玉釵，2023；Johnston & Battis, 2015; Kitchens & Hawk, 2019; Kurtz & Bourdaa, 2017; Sánchez-Olmos, & Viñuela, 2017; Skains, 2023; Wilson & Unruh, 2011）。該領域研究者肯定迷因文本之「跨媒介導航」效力，協助閱聽人找尋解釋原作方向，或助閱聽人銜接多平台之改編版本（賴玉釵，2023）。

　　跨媒介敘事者試以迷因再製等副文本形態，續寫故事世界的細節，增補原作未言明間隙（Johnston & Battis, 2015）。網路迷因再製與集體智慧相繫，另也展現個人創意（Johnston & Battis, 2015; Wilson & Unruh, 2011）。迷因再製者也常參照通俗視覺文本為起點，融入其他互文典故，轉化為其他跨媒介敘事表現（Kitchens & Hawk, 2019; Wilson & Unruh, 2011）。近年如網路梗圖即迷因再製的實例，創作者模仿視聽符碼形貌，搭配簡易圖文而詮釋若干時事議題。易言之，創作者提取原作圖像迷因及文字典故，開展跨媒介故事網絡。

　　部分學術著作聚焦社會文化脈絡，闡釋迷因副文本與跨文本支線如何共構故事世界，拓展改編產業（Johnston & Battis, 2015; Kitchens & Hawk, 2019; Kurtz & Bourdaa, 2017; Skains, 2023）。迷因再製者模仿既有文本，並轉化為具個人風格的成品，展現草根文化的生命力。網路迷因再製者常重

頌及轉發改作文本，並將影響力擴及其他閱聽人，開拓粉絲基本盤以外之客層。近年如南韓歌手 PSY「江南風」YouTube 影音，帶動閱聽人再製及轉化為多種風格，引發跨媒介敘事現象之討論與反思（Sánchez-Olmos & Viñuela, 2017）。易言之，迷因再製並非「迷群」或「迷文化」專利，一般閱聽人也能觸及或參與改作行列。閱聽人選擇揀選特定視聽元素、文字典故，參照互文概念以構築迷因文本「衛星支線」，持續建構跨媒介故事網絡。

就目前學術光譜言之，跨媒介敘事研究常以「多模組分析」解讀迷因文本；或參照迷因流佈時地、重組形態，整合符號學「共時系統」及「歷時體系」解讀迷因再製；亦可詮釋迷因文本之通俗文化及美學體系（Goodwin, 1992; Sánchez-Olmos & Viñuela, 2017）。跨媒介敘事與迷因研究也探索閱聽人認知歷程，如迷因「衛星文本」具「跨媒介導航」（transmedia navigation）效力，協助閱聽人銜接多平台之改編體系（賴玉釵，2023）。

由上可知，跨媒介敘事研究著眼參與文化，併將閱聽人之迷因再製納入改編版圖。隨著傳播研究近年倡議「身體感轉向」，創作者如何依憑身體感知而設計故事，也引發跨媒介敘事領域關注。另則，閱聽人之迷因再製領域，除了關切粉絲投入，也關切涉入度不一的閱聽人參與情況。故下文探索之閱聽人身體感知，包括涉入度高的迷群、涉入度不一的參與者（如再製迷因、轉發網路文本等）。下文以身體感為例，說明閱聽人如何依身體感知而參與「迷因再製」，形塑跨文本支線。

貳、閱聽人身體感與迷因再製：「味覺想像」篇

跨媒介敘事領域之新興範疇如「跨媒介料理」（transmedia food），關切「虛構文學之飲食書寫」如何轉為「真實料理」。虛構文學作者窮盡奇想

描寫「不存於世」飲食，旨在側寫角色特質或帶出後續發展（段振離、段曉鵬，2011；陳墨，2021）。另外，閱聽人未能在日常生活親眼目睹、品嚐「不存現世」菜色，這也帶給迷因再製者更多想像空間，彰顯「身體感」之於跨媒介「衛星文本」重要性（賴玉釵，2023）。

　　在現實世界裡，一般讀者面對想像（甚至不存現世）的虛構小說飲食書寫，只能從文學描寫裡「提煉」及「萃取」印象深刻的元素（此即「迷因」種子）。迷因再製者以「食材」重現虛構文學飲食，銜接文學意境與現實生活；再製者考量食材分佈區域、工具技藝等「日常烹飪」脈絡，再現虛構文學飲食描寫（賴玉釵，2023）。虛構文學原作者窮盡想像描寫「想像」食品，搭配場景設定、複雜作工或意在側寫角色特質（如《紅樓夢》、金庸武俠小說之飲食書寫等）。閱聽人亦無法在日常生活品嚐作家「想像」料理（奇想食品未必存於現世），這帶給迷因再製者動員「身體感」詮釋的創作空間。

　　「跨媒介料理」製作者主要萃取部分文學書寫的迷因種子，並以「感官導向」勾勒想像食材，再慮及食材易得性、烹煮容易度。故迷因再製者面對作家「想像／未存於現世」美食，更需藉文學詮釋連動身體感聯想，這也彰顯「虛構文學」轉為「跨媒介料理」特殊性，異於其他類型的迷因再製。

　　以金庸武俠小說描寫轉為「跨媒介料理」為例，迷因再製者需從虛構文學之美食書寫「提煉」印象深刻文字，萃取箇中「迷因種子」轉為「跨媒介料理」。如《射鵰英雄傳》第十二回〈亢龍有悔〉描寫美食「二十四橋明月夜」，取自杜甫詩〈寄揚州韓綽判官〉意境。由於黃蓉希望洪七公傳授更多武功給郭靖，因此想出許多美食名目，盼贏得洪七公歡喜。本段飲食書寫如下（金庸，2006，頁502）：

　　　　「當晚黃蓉果然炒了一碗白菜，蒸了一碟豆腐給洪七公吃……
　　那豆腐卻是非同小可，先把一隻火腿剖開，挖了廿四個圓孔，將

豆腐削成廿四個小球分別放入孔內，紮住火腿再蒸，等到蒸熟，火腿的鮮味已全到了豆腐之中，火腿卻棄去不食。洪七公一嚐，自然大為傾倒。這道蒸豆腐也有個唐詩的名目，叫作『二十四橋明月夜』。」

或如《射雕英雄傳》第十二回〈亢龍有悔〉描寫美食「玉笛誰家聽落梅」（金庸，2006，頁487）：

「洪七公哪裡還等她說第二句，也不飲酒，抓起筷子便夾了兩條牛肉條，送入口中，只覺滿嘴鮮美，絕非尋常牛肉，每咀嚼一下，便有一次不同滋味，或膏腴嫩滑，或甘脆爽口，諸味紛呈，變幻多端，直如武學高手招式之層出不窮，人所莫測。洪七公驚喜交集，細看之下，原來每條牛肉都是由四條小肉條拼成。洪七公閉了眼辨別滋味，道：『嗯，一條是羊羔坐臀，一條是小豬耳朵，一條是小牛腰子，還有一條……還有一條……』黃蓉抿嘴笑道：『猜得出算你厲害……』她一言甫畢，洪七公叫道：『是獐腿肉加兔肉揉在一起。』」

「黃蓉微笑道：『若是次序的變化不計，那麼只有二十五變，合五五梅花之數，又因肉條形如笛子，因此這道菜有個名目，叫做玉笛誰家聽落梅。』」

上述「美食書寫」側寫黃蓉才藝、行事動機、洪七公貪吃等角色特質，致意於特定文學類型特質（如武學意境等）。「跨媒介料理」創作者以金華火腿等華人常見食材，取代「二十四橋明月夜」菜色設計，呼應特定族群之飲食習慣（中視新聞，2018年7月4日；娛樂追蹤，2022年3月27日）。

跨媒介料理創作者也考量重點或為可行食材（如以雞腿肉取代小說「兔肉」，鴨腿代替小說「獐肉」），並考量料理烹煮難易度，改以韭菜圈綁肉品（GTV八大電視，2017 年 7 月 18 日；娛樂追蹤，2022 年 3 月 27 日）。或如迷因再製者萃取虛構小說飲食書寫「迷因種子」，再對應「河南菜」等飲食文化系譜，形塑「金庸宴」等迷因再製成品（TVBS，2018 年 3 月 18 日）。此即跨媒介料理創作者提取經典文學「迷因種子」，嘗試再現金庸武俠宴。

易言之，「虛構文學之飲食書寫」迷因再製者面對「想像中的食品」（甚至未存於現實生活之料理），未必能參照具體表徵，有時也難以全依「跨媒介互文」詮釋。如上文黃蓉設計菜餚之「玉笛誰家聽落梅」與「二十四橋明月夜」等美食書寫，此屬虛構故事描寫，未必能充份對接現實生活之飲食文化脈絡。再如「二十五變」、「五五梅花之數」乃至菜色名「玉笛誰家聽落梅」及「二十四橋明月夜」互文典故，跨媒介料理創作者較難全然掌握及再現。迷因再製者只能依照部分字句等「迷因種子」（即印象深刻之片語或畫面），想像可能味道、可得食材，再轉為可烹調之跨媒介料理。

類似案例亦可見華人文學領域「美食復刻」，如《紅樓夢》等虛構文學涉及飲食書寫，側寫烹調者角色特質、時空造景設定。虛構文學書寫之美食料理，或許菜餚不存於現實，但旨在展現文學家想像。此時只能依賴跨媒介料理創作者萃取印象深刻的迷因種子，融入文學解讀及身體感知的想像，彰顯虛構文學之美食描寫轉為「跨媒介料理」獨特處。

整體言之，迷因再作者發掘「跨媒介料理」靈感，展開「體物入微」交流歷程，同時成就虛構文學之文化迷因傳承、參與文化基因輸出（賴玉釵，2023）。迷因文本如同種子（seed），協助閱聽人記憶、複誦或改變觀念（Kitchens & Hawk, 201; Wilson & Unruh, 2011）。閱聽人若選擇特定迷因元素並加以再製，即承襲文化基因系譜，共同傳散特定文化觀念（Blackmore, 2000）。整體言之，迷因再製者對應能理解文句、能尋得文獻（此即「文化

迷因」傳散歷程、基因複製），並整合身體感知聯想，想像跨媒介料理製作的可行樣貌。

參、閱聽人身體感與迷因再製：「聽覺想像」篇

一、研究緣起

美國百老匯為音樂劇（musical）殿堂代表，研究者盼探索百老匯音樂劇產製歷程（邱瑗，1997；鍾敬堂，2012）。百老匯音樂劇敘事者如何轉化既有文本及符碼，持續獲取文化及經濟資本，均值得關注（Hillman-McCord, 2017a, 2017b）。百老匯音樂劇長銷歌曲有助迷因傳散，經典曲目常與劇場情節「跨媒介互文」，維繫百老匯音樂品牌。如閱聽人聆聽音樂劇唱曲，或能聯想後續韻律及對應劇情、引發敘事期待，此即音樂迷因協助聲音行銷力證。或如百老匯「音樂迷因」常與偶像明星、歌手、劇場人結合，帶動粉絲經濟；如百老匯曾推出 Clubhouse 官方頻道「On Broadway」，線上直播甄選《獅子王》演員歷程，維持閱聽人沉浸故事世界之熱度。凡此種種，皆可說明「迷因文本」對百老匯音樂劇之重要性。

百老匯音樂劇強調臨場感及「現場體驗」，故先前多以劇院表演為主要通路（Moynihan, 2015, November 11）。百老匯在疫情期間曾暫時熄燈、觀光客大減（部分區域封城），促成百老匯強化線上演出之誘因（陳煒智，2020 年 4 月 17 日；BWW News Desk, 2021, January 9）。2020 年後敘事者及閱聽人長期居家防疫，讓數位傳播成為主要創作及觀劇平台（Rabinowitz, 2021, January 2）。如 Broadway 推出「Broadway On Demand」，切合防疫時期之串流影音趨勢；Disney+ 等 OTT 平台也播映《小美人魚》音樂劇，此版本整合實體互動及經典動畫，吸引闔家觀看之目標客層；再如「The Shows Must Go On!」也推出 YouTube 頻道重映百老匯音樂劇，迄

2021/11/30 全球已有 143 萬人次訂閱。

　　疫情時期也彰顯粉絲協作契機，跨媒介研究者可探索「迷因再製者」如何轉化及延伸內容。科技中介之百老匯音樂劇敘事語境，引導產製者說故事形態，繼而衍生創新敘事結構及風格（BWW News Desk, 2021, January 6; BWW News Desk, 2021, January 7; BWW News Desk, 2021, January 8）。音樂劇敘事者需因應數位匯流形態，突破既有劇場表現形式，如改變故事結構及舞台設計等既有類型特質（BWW News Desk, 2021, January 5a; BWW News Desk, 2021, January 7）。

　　TikTok 音樂劇《料理鼠王》（*Ratatouille*）為第一部粉絲線上共創「網路原生劇」，並獲百老匯官方背書（BWW News Desk, 2021, January 9）。音樂劇《料理鼠王》由 TikTok 與 TodayTix 聯合發行，並於美東時間 2021 年 1 月 1 日首映，線上映演時間為 72 小時（BWW News Desk, 2020, December 30）。TikTok 音樂劇《料理鼠王》首映獲 100 萬美元票房，已獲全球逾二億閱聽人關注；故百老匯音樂劇除以東尼獎及艾美獎得主等陣容吸引閱聽人，也憑藉社群平台迷因再製，提供網路劇院觀影方式（BWW News Desk, 2020, December 30; BWW News Desk, 2021, January 5a; Rabinowitz, 2021, January 2）。

　　若以疫情時期「網路原生音樂劇」為例，迷因再製者如何改編動畫為網路原生舞台劇以服膺社群媒體需求，值得後續深耕。百老匯於疫情期間透過不同社交媒體開發新客層，突破傳統劇場同溫層。防疫時期之百老匯音樂迷因傳散，展現「聲音行銷」等耳朵經濟潛力。以至 2021 年 9 月解封後，百老匯仍透過 YouTube 頻道，邀請明星演唱《阿拉丁》等著名歌曲，並請琥碧戈柏主持音樂劇電視節目；該節目上映二個月內湧入 59 萬有效觀看人次，顯見百老匯虛擬劇場之網路聲量及品牌好感度（The View, 2021, September 29）。再如英國西區音樂劇院、安德魯・洛伊・韋伯（Andrew Lloyd

Webber）主持之劇場，均模仿百老匯 FB 社群推播、明星行銷等方式。

　　音樂劇研究暢議，往後可深耕跨媒介敘事學理，闡釋改編產業「敘事活力」（narrative vitality）及創收潛力（Drummond, Aronstein, &Rittenburg, 2018）。故迷因再製者如何於疫情期間推出「網路原生音樂劇」，並集結社群媒體以改編既有故事，值得再探索。

（一）時值防疫期間，童話改編百老匯音樂劇之迷因再製形態為何？

　　百老匯音樂劇《料理鼠王》為 TikTok 網路原生劇，彰顯數位科技提供社群協作空間（Rabinowitz, 2021, January 2）。業餘創作者選擇喜愛曲目，經社群推播引發熱度，再經由著作權持有者同意粉絲迷因再製，再於百老匯正式平台播映（Rabinowitz, 2021, January 2; Rickwald, 2020, December 30; Shaw, 2020, December 31）。本研究探索「疫情時期」迷因再製者有何創新敘事形態？如何有別於傳統守門方式？

（二）時值防疫期間，迷因再製者展現的參與文化為何？

　　迷因再製者如何因應 OTT 平台及社群媒介特質（如短影音、梗圖及迷因），製播劇目以吸引閱聽人關注？包括手機拍攝之直式螢幕、舞台觀影設計等，賦予音樂劇何種新貌？

　　本研究以疫情時期之網路原生音樂劇等「迷因再製」為例，探索經典動畫跨媒介轉述歷程。迷因再製者可整合科技濾鏡、影視類型語言，或整合網路紅人「明星行銷」及即時推播，推動有別傳統劇場公演之創新形態。研究個案以「網路原生音樂劇」為例，說明集體智慧及迷因再製之敘事脈絡。

二、文獻探索

（一）音樂劇敘事結構及基本元素

　　音樂劇為「音樂劇喜劇」（musical comedy）簡稱，突顯詼諧逗趣元素、結合通俗文化及日常用語，展現「通俗表演藝術」（慕羽，2012；Sorby, 2014）。音樂劇之視聽元素乃為推動劇情發展，整合戲劇、音樂、舞蹈及對白／唱詞等表演形式（慕羽，2012；鍾敬堂，2012）。百老匯音樂劇敘事多具宏偉情節，並置於奇幻等非現代情境；敘事者融入歌舞表演及華麗佈景，試圖引發閱聽人情感反應（Drummond, Aronstein, & Rittenburg, 2018）。音樂劇敘事可分視覺及聽覺系統，前者如角色、舞蹈、服裝、燈光、道具、背景、舞台設計，後者如音樂、歌詞／台詞、聲效，協助閱聽人沉浸想像世界（Sorby, 2014）。

1. 百老匯音樂劇之視覺系統

　　音樂劇敘事者以歌舞表現角色情緒，並依此推動故事衝突及高潮（邱瑗，1997）。角色塑造與演員肢體表演相繫，如舞蹈動作傳遞演員心境（Marshall & Stilwell, 2000）。歌舞場景多於各幕間出現，輔助情節推進，引導閱聽人沉浸故事情境（鍾敬堂，2012）。以百老匯各地巡演為例，演員、服裝、舞台設計及佈景等多屬重複形式；故百老匯敘事者如何依輸出地文史情境及閱聽人需求以調整視覺表現，後續亦可再關注（Kim, 2016）。

　　音樂劇集結劇場明星、編曲者、編舞者及作詞者等投入，百老匯音樂劇常以明星為號召（鍾敬堂，2012；Marshall & Stilwell, 2000）。百老匯音樂劇建制模仿系統以培訓新演員，如新演員需依循「劇場明星」既有表演方式（表情、聲調、肢體動作及姿勢），參閱紀錄片等資訊以擬仿詮釋慣例（Russell, 2007）。百老匯音樂劇也加入好萊塢明星出演，如琥碧戈柏參與

《獅子王》演出，呼應本劇非洲背景（Lassell, 2017; Taymor, 2017）。故百老匯音樂劇之明星行銷機制，如何循此培育新星及再製音樂劇，均值得再探（慕羽，2012；Russell, 2007）。

2. 百老匯音樂劇之聽覺系統

音樂劇具序曲、開場曲及主題曲等安排，或藉合唱歌隊再現劇情、表述角色動機（鍾敬堂，2012）。音樂劇敘事者經由曲詞及節奏，呼應視覺展演，表彰熱鬧或沉靜等故事轉折（Lehman, 2013）。音樂劇敘事者可安排休止符，暗示角色猶豫不定等情緒，或用大休止符展現互動氣氛凝結等（李宥穎，2016）。或如音樂劇落幕前則安排「終曲」，敘事者結合盛大歌舞建構戲劇效果，引發閱聽人更高昂情緒（鍾敬堂，2012）。易言之，音樂劇敘事研究者可經由「節奏分析」，思索曲目表現、閱聽人感知及沉浸感等關聯（Lehman, 2013）。

百老匯音樂劇表演者多以「聲音表情」結合喜劇套路，開展「聲音（音樂）娛樂」等體驗經濟（Drummond, Aronstein, & Rittenburg, 2018; Marshall & Stilwell, 2000）。角色情感「內心戲」常與歌詞相繫，揉合音樂向閱聽人傳達角色心境（Marshall & Stilwell, 2000）。百老匯音樂劇相較歌劇類型，更具通俗藝術及商業脈絡等考量；如歌詞需淺顯易懂，符合文化消費情境，便於跨世代、跨文化閱聽人接收（Kim, 2016; Sorby, 2014）。

迷因再製者若轉化動畫為網路原生音樂劇，創作歷程涉及相異媒介類型（如網路載具）與媒材（如曲目及唱詞）等轉譯機制（Rickwald, 2020, December 30; Stilwell, 2019）。以網路原生音樂劇言之，其屬性有別於傳統舞台劇、復刻版「電影／劇集」，提供閱聽人聆賞音樂劇之不同平台。敘事者如何根植於網路載具特質，並依此編製曲目、詞曲創作接力，屬後續可觀察之聽覺形式。

（二）網路原生音樂劇之迷因再製、科技載具與敘事機緣

疫情時期巡演、音樂旅行等皆有困難，故網路平台成為較可行之通路，網路社群、即時轉播及粉絲經濟均為熱門選項。防疫封城期間，百老匯成立專屬「Broadway HD」OTT 平台，並與 YouTube 等多家網路平台合作。

跨媒介產製者因應疫情而調整「音樂（故事）旅行」形態，剪輯／後製文本為 YouTube 虛擬劇場。跨媒介敘事者考量防疫而停止郵輪等音樂旅行，釋出郵輪獨家映演音樂劇《魔髮奇緣》全本 YouTube 連結（Dzurillay, 2020, September 1）。音樂劇《魔髮奇緣》取自童話〈長髮公主〉及 Disney 動畫，舞台劇之角色、場景及道具設計模擬動畫戲服和妝髮（Disney cruise line blog, None）。再如百老匯推出安德魯・洛伊・韋伯之彈奏經典音樂劇情歌影像，搭配 2021 年情人節活動，閱聽人可在線觀看知名編曲演奏實況及神情，另可聆賞著名音樂片段（BWW News Desk, 2021, February 14）。此舉或與「明星行銷」（著名編曲者）及粉絲經濟相繫，帶動節目網路流量及聲量，維持百老匯社群熱度。

然而，「網路原生音樂劇」創作歷程異於上述經典案例（如實場音樂劇發行 DVD 後，再上傳 OTT 平台）。網路原生音樂劇之發想、創作曲目、剪輯與後製，可整合社群媒體、手機載具及製作 APP（BWW News Desk, 2021, January 5b; BWW News Desk, 2021, January 7）；舞者甚至不需集合於特定空間，可透過濾鏡集合成不同框格之群舞片段。

再如「網路原生音樂劇」結合手機拍攝，甚而連動舞台劇意涵質變（BWW News Desk, 2021, January 5a; BWW News Desk, 2021, January 9; Fernandes, 2016; Hancox, 2021）。網路迷因再製者考量手機屏幕、網路播映營幕不同，重新設計舞者外型、動作、映演長度、攝製空間等；故敘事者因「網路載具」再調整音樂劇元素，形塑科技融合表演等動態場域（BWW News

Desk, 2021, January 5b;BWW News Desk, 2021, January 9; Fernandes, 2016; Hancox, 2021）。或如創作者亦可補述劇目相關之社群媒體發文，提供多種外部視角，補述故事體系。

（三）網路原生音樂劇與參與文化

1. 百老匯網路原生音樂劇與迷因再製

　　跨媒介敘事者可找尋特定個案，梳理閱聽人再製經典劇目之創新策略（Bunch, 2015）。Disney 於 2021 年同意粉絲改編《料理鼠王》TikTok 音樂劇，網路票券所得捐給「演員基金會」（The Actors Fund），鼓勵粉絲「再創作」以維持故事品牌之敘事活力（BWW News Desk, 2021, January 5a; Kokai& Robson, 2019）。百老匯網路原生劇推出後，或能鼓勵創作者持續投入虛擬劇場（如不需集體現場綵排，但十分依賴社群網路之接力與討論）（BWW News Desk, 2021, January 5a; BWW News Desk, 2021, January 9; Rabinowitz, 2021, January 2）。類似產製形態能否撼搖傳統劇場「音樂劇」定義，也可再觀察。

2. 網路音樂劇社群與詮釋／建構知識

　　跨媒介研究者可探索科技如何形塑二十一世紀音樂劇地景，發展數位時代之音樂劇主題、迷因傳散等理論版圖（Stiehl, 2017）。閱聽人選擇經典音樂劇電影《真善美》Julie Andrews 在山上旋轉跳舞之形象，轉為圖像等迷因再製；另閱聽人引用《真善美》曲目〈群山雀躍〉（The hills are alive）歌詞、影劇明星及著名公演橋段，編寫及回覆 Twitter 發文，促進網路迷因傳散（Bunch, 2017）。

　　音樂劇電視實況轉播強化閱聽人跨媒介涉入，如閱聽人參與社群討論而解讀音樂劇實況轉播，建構知識社群（knowledge community）等認同感

（Bunch, 2017）。以百老匯音樂劇網路討論為例，跨國閱聽人（來自不同家庭、階級及種族等）群聚於「虛擬社群」，分享熟悉劇情及歌曲以建立「共在」伙伴關係（Drummond, Aronstein, & Rittenburg, 2018; Hillman-McCord, 2017b; Stiehl, 2017）。

音樂敘事研究者盼探索，閱聽人如何憑藉網路社群互動，闡釋百老匯音樂劇形塑文化地景（cultural landscape）（Drummond, Aronstein, & Rittenburg, 2018; Hillman-McCord, 2017b）。閱聽人可透過音樂劇實況轉播，搭配 Twitter 等即時回饋與討論，塑造虛擬社群觀劇效果；如閱聽人觀看線上音樂劇時，參與社群即時互動而增涉入程度（Bunch, 2017）。閱聽人亦可參與網路社群，對照音樂曲風等文化發展脈絡而解讀劇目（Hillman-McCord, 2017b; Kramer, 2002）。

迷因再製者透過社群媒體等直播，因應防疫宅經濟需求。迷因再製者於音樂劇社群「協作／共創」作品，運用 IG 等傳散音樂迷因傳散資訊，或以網路直播形式交流想法，突破傳統劇場「專業科班菁英」之守門機制。

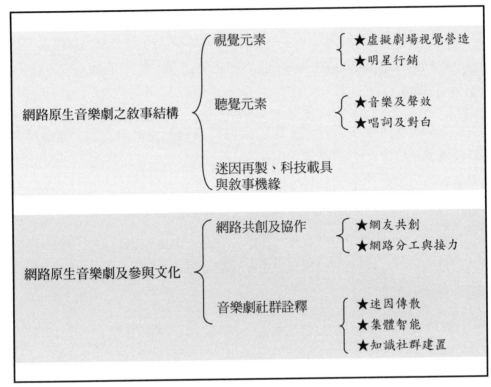

圖 5.1　匯網路原生音樂劇之敘事分析架構圖

資料來源：本研究整理

三、研究方法與分析架構

　　百老匯音樂劇與業餘粉絲於 2021 年共同合作，推出 TikTok 網路原生音樂劇，此為百老匯歷年首創。本書先擇定疫情期間之串流平台音樂劇文本，再以多模組文本分析說明社群媒體映演「網路原生音樂劇」特質。筆者參照粉絲創作之訪談報導資訊，說明「網路迷因傳散」及「網路集體智能」等面向。

（一）疫情期間「網路原生音樂劇」之敘事分析

多模組分析可對照原作、重製文本，探索科技中介之敘事機緣（視聽元素、科技載具約制之審美常規），再論其後映射之創作價值觀。分析指標如下：

1. 百老匯網路原生音樂劇之視覺元素

音樂劇研究者可探索故事世界之視覺元素，如角色、地點、空間／場域、鏡頭語言與剪輯等（Hancox, 2021; Stilwell, 2019）。百老匯音樂劇敘事者或因應社群平台，打破「傳統劇場」同溫層，開發更年輕客群。迷因再製者再現角色、設置、戲服、舞台設計等，彰顯何種戲劇效果？如何有別於傳統映演形態？

2. 百老匯網路原生音樂劇之聽覺元素

音樂敘事者依循特定規則串接聽覺元素，或參照既有文本而變革（王旭青，2013）。跨媒介研究者可考量不同類型特質（如其對應媒材），探索改編者如何轉化原作為其他版本（Drummond, Aronstein, & Rittenburg, 2018; Stilwell, 2019）。

音樂劇敘事者盼維持現場感與即時感，保有舞台劇聲音環境（Shearer, 2019; Stilwell, 2019）。以網路原生音樂劇為例，產製者如何因應社群媒體而控制時長、編寫歌曲，供閱聽人保有「即時」及「共時」參與感？

3. 百老匯網路原生音樂劇迷因再製、科技載具與敘事機緣

跨媒介研究者可探索「科技載具」、創作者「能動性」，釐清人與科技物之交互作用（Norman, 2016）。敘事者可結合智慧型手機，運用科技介面產製作品，塑造數位情境之美感效果（Hancox, 2021）。本研究藉多模組文

本分析，探索迷因再製者分享創作理念及動態，維持閱聽人注意力經濟。迷因再製者推播推播哪些真實資訊？敘事視角為何？補述支線對故事體系之貢獻為何？是否延伸閱聽人線上參與時間、情感忠誠度？

(二) 百老匯「網路原生音樂劇」及參與文化

敘事者參照通俗文化，或植基網路社群「參與文化」，模糊專業與通俗分際（Friedmann, 2018）。

1. 網路音樂劇與閱聽人協作／共創

(1) 疫情期間之百老匯音樂劇與迷因再製

跨媒介敘事研究可探索閱聽人「再創作」行動，如迷群轉為作者繼而與管理者交流（Branch & Phillips, 2019）。Disney 在防疫期間放寬智慧財產權限制，此舉如何彰顯「共創」可能性？

(2) 疫情期間之百老匯音樂劇與網路分工

音樂敘事者轉化原作為音樂文本時，融入「科技載具」使用，突顯特有創作意圖及故事邏輯（Hancox, 2021）。另如網路社群協作空間，或可見片段及零碎等共創現象（Drummond, Aronstein, & Rittenburg, 2018）。迷因再製者如何運用數位軟體拍攝與剪輯？如何體現社群平台之粉絲共創、合力分工（如從 A 粉絲創作歌曲，延伸為 B 粉絲製作影像，再共創為完整網路原生音樂劇）？

2. 網路音樂劇與社群詮釋

(1) 網路社群與迷因傳散

跨媒介研究可結合互文取徑，探索產製者敘事設計及考量（Freeman & Gambarato, 2019）。以迷因再製言之，改編者如何從動畫取得靈感？迷群如

何因應科技載具而再創作短影音，並於社群平台傳佈？或如迷群主動挖掘、整合哪些迷因，賦予音樂劇新義？

　　(2) 網路社群與集體智能

　　社群媒體之音樂產製屬「流動多工」樣態，集結跨國創作者（Drummond, Aronstein, & Rittenburg, 2018）。社群媒體突顯何種「網路原生音樂劇」創新可能（如集體創作取代傳統劇場「守門」機制）？以 TikTok 百老匯音樂劇《料理鼠王》為例，它融入 TikTok 短影音類型，故利於社群媒體流佈。它的呈現形態與傳統百老匯音樂劇有何差別？以 TikTok 百老匯音樂劇《料理鼠王》為例，它是集體創作的網路原生類型（剪輯及配音等多在網路社群完成）。在防疫期間，社群互動可能給音樂劇哪些突破？

　　防疫期間之網路音樂劇創作者如何透過科技軟體，再製視覺奇景？如何賦予閱聽人何種「沉浸」虛擬劇場等感受？「後疫期」時期之百老匯音樂劇能否更仰賴社群媒體，如更需網路聲量高之線上歌手及演員，憑藉「聲音行銷／聲音社交」維持疫情期間之粉絲粘著度？

　　本研究並以文本分析初步結果，增補跨媒介產製者之幕後紀實、訪談及 Twitter 等社交媒介推播訊息，闡釋官方如何推動百老匯網路原生音樂劇，對應傳統劇場經營形態。

（三）研究案例選擇

　　《料理鼠王》音樂劇改編自同名動畫，屬粉絲在 TiTok 平台協作版本，其後經百老匯官方認可後於 TodayTix 串流平台推播（此為百老匯史上頭一遭）（BWW News Desk, 2020, December 30; BWW News Desk, 2021, January 9）。音樂劇《料理鼠王》由六位音樂人共創，參與者多有 TikTok 音樂發表創作，並具相當網路聲量（Meyer, 2021, January 1）。除此之外，

本劇部分音樂人也有東尼獎及艾美獎獲獎背景（Rabinowitz, 2021, January 2）。百老匯與 TikTok 推出音樂劇《料理鼠王》，獲得全球二億人關注（BWW News Desk, 2020, December 30）。

本研究考量迷因再製、網路情境及參與文化等代表性，故以百老匯音樂劇《料理鼠王》為分析個案。本研究也持續關注 BWW News Desk 等「百老匯世界」（Broadway world）官方新聞、「網路劇院」創作者訪談，即時補充研究個案。

四、分析與討論

（一）網路原生音樂劇多模組分析

1. 百老匯網路原生音樂劇之視覺元素

以敘事效果營造言之，音樂劇《料理鼠王》共同製作者 Emily Jacobsen 起先用 TikTok 製作新歌，模擬小鼠心境；其次再增補動畫聲效，製作短影音文本（Rickwald, 2020, December 30）。如音樂劇《料理鼠王》共同創作者抽取動畫元素，轉為小鼠工作餐廳內部等視覺設計；再如製作團隊考量燈光與戲劇氛圍呈現，應用於舞台設計及後製效果（BWW News Desk, 2021, January 9）。故 TikTok 音樂劇《料理鼠王》屬粉絲集體共構產物；部分迷因再製者轉化 2D 動畫概念，落實於網路劇場「虛擬空間」（BWW News Desk, 2021, January 9）。

再如 Broadway 防疫期間推出串流平台「Broadway HD」，供閱聽人點選經典音樂劇（Meyer, 2020, August 24）。迷因再製者突顯演員特寫、群舞場面，融入多種鏡頭角度突顯華麗造景。易言之，「網路原生音樂劇」敘事者可揀選及剪輯多種鏡頭角度，供閱聽人接收「多視點」舞台表現，有別於「傳統劇場」定點觀看效果。

另如傳統音樂劇「明星行銷」（跨媒介明星），也見於「虛擬網路音樂劇」線上歌手「網路聲量」評比機制。「網路原生音樂劇」主要演員多具 TikTok 發表作品經驗，原先即有粉絲流量基本盤；部分音樂劇《料理鼠王》演員曾參演 Netflix 劇集《艾蜜莉在巴黎》，其在影集及網路音樂劇均有專屬歌唱片段，喚起閱聽人聯想觀影記憶、連動注意力經濟。本研究認為，跨媒介產製者選取劇場明星、知名編導之經典作品片段，憑藉「明星行銷」獲取粉絲「注意力經濟」。閱聽人可參與線上討論，回味早年劇場明星表現（如於網路討論特定明星其他作品、歌藝表現、舞台劇翻拍系譜等），體驗「虛擬共在」感動。

2. 百老匯網路原生音樂劇之聽覺元素

以樂曲表現言之，網路原生音樂劇《料理鼠王》植基社群平台，讓 TikTok 創作者編寫曲目，融入 Disney 遊樂園等生命經驗，展現貼近庶民之音樂劇樣貌（BWW News Desk, 2021, January 5b; Rickwald, 2020, December 30）。音樂劇《料理鼠王》共同創作者 Emily Jacobsen 分析，防疫居隔期間劇院關閉，促使閱聽人渴望由多管道聆聽百老匯樂曲（BWW News Desk, 2021, January 5b）。或隨 Apple music 及 Spotify 等串流音樂熱潮，閱聽人可即時點選熱門百老匯曲目，展現聲音敘事經濟潛力。

再如歌唱表現言之，網路原生音樂劇《料理鼠王》共同創作者 Nathan Fosbinder 表示，網路迷因再製者初始僅在 TikTok 寫下 45 秒歌曲，再逐步擴充為音樂劇開場、中段及結尾（BWW News Desk, 2021, January 5a）。網路音樂劇隨不同創作者加入，除兼顧唱詞及音調直觀想像（如不同歌手代言之動畫角色）；也慮及 TikTok 閱聽人慣於聆聽「短影音」等通俗文化，分別錄製多種零碎片段再串接為完整劇作。

音樂敘事涉及傳播者之個人品味及文化慣習，故展演需貼合特定語境脈

絡（Friedmann, 2018）。網路原生音樂劇考量「TikTok 音樂創作經驗」以確保演出品質，也因網路音樂劇演員需對著綠幕錄影、憑空歌唱（並無閱聽人現場回應，難即時調整），故需資歷豐富「網路唱將」參與以服膺錄製空間需求。本研究認為，虛擬音樂劇考量「TikTok 音樂創作經驗」以確保公演網路熱度，上述「單人演唱／個人秀」製作歷程相似網紅／直播文化，也與傳播者之社會資本相繫。

3. 百老匯網路原生音樂劇、迷因再製與科技協力

迷因再製者考量閱聽人熟悉社群介面設計，如以手機「直式螢幕」呈現內容，模擬 TikTok 短影音形態。迷因再製者因應「手機載具」特質，故造景難若傳統劇院複雜及精緻，便於手機螢幕容納簡易場景；網路原生音樂劇演員多以特寫展現表情、中景再現全身動作，方便閱聽人覺察場景切換。故網路原生音樂劇公演、創作者「手機錄製」及閱聽人「手機瀏覽」，屬防疫隔離時期之特有敘事方式。

「疫情時期」音樂劇更著重劇場明星、知名編導等影響力，吸引閱聽人付費點選網路原生音樂劇影音，並透過「視訊互動」宛如身處明星日常／幕後生活「共在感」。百老匯虛擬劇場常結合社交媒介，如發佈直播、IG「換裝及特效化妝」特輯、NG 片段等逗趣幕後花絮，吸引閱聽人關注。易言之，音樂迷因行銷為百老匯品牌優勢，但仍不離戲劇張力、視聽藝術等「總合」表現。易言之，防疫期間之人聲溫度「聲音行銷」、群募／群演等情感共創，減少演員及閱聽人之封城／警戒期間之孤獨感，呼應「寂寞經濟」商機。

（二）百老匯「網路原生音樂劇」及參與文化

跨媒介研究盼結合目標族群及故事品牌建構，近年尤其強調迷群、網路社群與品牌忠誠度（Hillman-McCord, 2017a, 2017b）。若干音樂素人多於社群媒體發佈創作，也彰顯社群平台共創音樂劇、發行專輯等契機（BWW

News Desk, 2021, January 5b; Meyer, 2021, January 1）。

1. 網路音樂劇與閱聽人協作／共創

「疫情時期」彰顯粉絲共創契機，跨媒介研究者可探索迷群如何篩選、轉化及延伸內容（BWW News Desk, 2021, January 5a）。百老匯音樂劇《料理鼠王》屬 TikTok 原生劇種，並以迷因形態傳播新作（Lorenz, 2020, December 30）。創作者可運用「互文」機制，參照通俗文本、日常生活經驗等線索（Hancox, 2021）。音樂劇《料理鼠王》共同製作者 Emily Jacobsen 率先轉化錄製聲音如動畫音效，製作 TikTok 影音〈雷米頌〉（Ode to Remy），此為網路原生劇開端（BWW News Desk, 2021, January 5b; Rickwald, 2020, December 30）。易言之，音樂劇敘事者可循個人「有感／共鳴」片段譜曲，萃取動畫迷因以轉為舞台劇元素。

網路原生音樂劇《料理鼠王》由 TikTok 等社群媒體發起，共創歷程表現網路「協作」本質。單一敘事者先發佈音樂劇《料理鼠王》簡短曲目，再塑經典 Pixar 動畫；音樂引發網路關注後，續有其他創作者譜曲、編舞、設計佈景及戲偶等（Rabinowitz, 2021, January 2）。TikTok 音樂劇團隊以社群媒體聯繫跨國創作者集體協力，運用後製軟體「多種編輯功能」，分工從事視覺設計、譜曲及和聲等（BWW News Desk, 2021, January 5a; BWW News Desk, 2021, January 5b; Rabinowitz, 2021, January 2）。

不少音樂劇工作者面臨 Covid-19 疫情緊繃且居家隔離情境，促使數位音樂傳播成為創作主要管道（Rabinowitz, 2021, January 2）。防疫期間之網路原生音樂劇編排形態，異於傳統劇場之大規模編劇及密集排練。迷因再製者因應隔離情境，演員可上傳個人負責片段，劇組再運用軟體後製群舞效果，避免群演失誤。故跨國創作者於 TikTok 等社群多方互動，分享新作並發揮「網紅熱度」影響，鼓勵閱聽人以全新科技通路聆賞百老匯劇目（Rabinowitz,

2021, January 2）。

　　音樂劇創作者以 TikTok 為共構／接力創作平台，善用 APP 自創粉絲版本；創作團隊嘗試填補防疫期間劇院關閉之經濟缺口，並以「虛擬劇場」節省場租費用（BWW News Desk, 2021, January 7）。音樂劇《料理鼠王》共同創作者 Christopher Routh 指出，TikTok 等社群媒體為「迷因再製」展演空間；另因音樂社群整合創作者、製作人、網路閱聽人等「社會網絡」，展現 TikTok「音樂協力」等敘事潛力（BWW News Desk, 2021, January 9）。或如音樂劇《料理鼠王》共同創作者 Emily Jacobsen 認為，敘事者整合社群媒體及 APP 程式共構音樂劇，實屬後續趨勢（BWW News Desk, 2021, January 5b）。如 TikTok「綠幕」攝錄功能，有利後製結合道具及場景等動畫效果；TikTok「後製、剪輯及特效」協助「和聲」呈現，有利創作者即時安插角色唱詞，剪輯及編排後續故事情節（BWW News Desk, 2021, January 5b）。再如網路原生音樂劇創作者開啟跨國合作模式，世界各地演員先行錄製表演，剪輯後於社群平台呈現。此舉突破時差、地理距離，或為日後跨國公演之參考模式。

2. 網路音樂劇與社群詮釋

(1) 迷因傳散

　　以「網路迷因傳散」言之，百老匯之經典歌曲及映演片段，有助轉為 MV 等形式，利於社群媒體傳散。閱聽人可參與音樂劇社群互動，經由聲音社交而形塑「共在感」。另則劇場明星及名編導之 Twitter 推播、百老匯官方 APP 推播，也常結合具網路聲量之數位策展形式（如「音樂劇改編電影」之 TikTok 片段、演員花絮），利於音樂劇之網路迷因傳散。

(2) 集體智能

　　網路劇院迷因再製之劇目產製歷程，涉及創作者之五感體驗（如視聽效

果設計）、個人情感（個人選擇「有感」音樂，自行流佈喜愛作品），並與
個人使用 APP 等科技載具之敘事技巧相關。

　　以「網路社群與樂曲詮釋」言之，音樂劇《料理鼠王》共同創作者
Nathan Fosbinder 表示，先前僅在 TikTok 寫下 45 秒歌曲，再延伸為開場、
中段及結尾（BWW News Desk, 2021, January 5b）。或如「多重編輯功
能」協助音樂劇「和聲」，便於其他創作者安排及穿插新角色（BWW News
Desk, 2021, January 5a）。

　　以「網路社群與詞曲詮釋」言之，社群媒體提供協作之開放空間，創作
者可結合個人創見、集體智能以詮釋詞曲。音樂劇《料理鼠王》共同創作者
Emily Jacobsen 自製歌曲〈雷米頌〉（Ode to Remy），表現小鼠烹調成功招
牌菜等得意心情（Rickwald, 2020, December 30）。故創作者憶及喜愛動畫
片段，編曲後上傳至社交媒介、引發網路討論及關注；其後又有不同創作者
接力譜曲，形成具「記憶點」配樂。

　　以「網路社群與整合音樂劇視聽元素間隙」言之，TikTok 結合綠幕及
「後製剪輯」等功能，增強音樂及視覺效果關聯（BWW News Desk, 2021,
January 5a）。如「網路原創音樂劇」產製者鑲嵌場域，類似「你家就是攝
影棚」。創作者搭配之場景音樂、燈光、個人台詞講述等，皆可獨立拍攝完
成。創作者類似「網紅」攝錄方式，呈現近似「個人秀」演出狀態。然而，
就對唱（其他演唱者反應）、閱聽人即時回饋及注意力，虛擬劇場實異於比
傳統劇院展演空間。

　　數位匯流情境下，生產者及閱聽人界線模糊，有別以往「上對下產製」
形態，故跨媒介研究者實可探索「數位匯流」、「迷因再製」及「參與共構」
關聯（MacDonald, 2017）。「虛擬音樂劇」或有別於學院及傳統劇場菁英
等定義，網路空間也讓庶民享有詮釋權及展演空間。「網路原生音樂劇」創

作模式也提供常民近用管道，異於專業劇場等學院呈現。防疫隔離期間「網路原生音樂劇」乃獨立「拆分」錄製，再由濾鏡製作特效（如「複製」單一演員樣貌，形塑「群舞」場面），最終剪輯為完整作品。

「網路原生音樂劇」演員戴耳機唱歌、控管音效品質，也提示閱聽人可用簡易器具「低成本進軍」劇場空間，降低音樂劇參與門檻。知名網路創作者結合 IG 等發佈「變裝片段」、免費幕後花絮、網友互動，滿足閱聽人接近網紅等情感聯繫。易言之，「社群媒體」短影音類型、網紅揭秘、迷群互動，形塑百老匯音樂劇之創新敘事形態。

音樂劇《料理鼠王》共同創作者 Danny Bernstein 認為，簡短音樂及喜劇類型較易於 TikTok 等社群媒體流佈，但較難達到傳統音樂劇深度（BWW News Desk, 2021, January 6）。易言之，網路使用者偏好、消費習慣及創作者網路聲量等，或利於輕薄短小之音樂劇生存。另如迷因再製者也整合 YouTube 等強勢 OTT 平台，並於防疫時期開發「Broadway HD」專屬 OTT 頻道。迷因再製者也剪輯經典劇目，配合閱聽人 OTT 追劇習慣（如以一小時為單位）；一則試圖維持閱聽人對故事品牌忠誠度、劇團（明星）好感度，二則因應閱聽人網路觀影形態，賦予音樂劇創新敘事元素。易言之，迷因再製者「鑲嵌」於虛擬敘事環境，並依此脈絡衍生／評析音樂劇種，突破傳統劇院戲劇科班菁英「守門」形態。

故「網路原生音樂劇」迷因再製者融合不同視聽綜效形態，如影音設計以攝錄框格為單位，再經濾鏡與剪輯效果以串接故事橋段。迷因再製者之共創歷程屬跳躍式之片段匯總，需由共創者在社群溝通及統籌，方能維持一貫基調以呈現「完整」網路音樂劇。

五、結論

　　網路原生音樂劇《料理鼠王》結合影音及 APP 後製，並於 2021 年率先推出百老匯 TikTok 版本（Rabinowitz, 2021, January 2）。本研究闡釋疫情時期迷因再製者之敘事規劃，探索「網路原生音樂劇」共創歷程。

（一）網路原生音樂劇多模組分析

1. 百老匯網路原生音樂劇之視覺元素

　　防疫期間迷因再製者以手機「直式螢幕」攝錄影片，並融合 TikTok 短影音呈現。本研究發現，迷因再製者考量手機螢幕，故道具及場景設計難同傳統劇院般細緻，需考量手機螢幕呈現簡易空間。再如網路原生劇產製者結合剪輯軟體，多鏡頭切換敘事視角，或以濾鏡製作群舞畫面，試為傳統劇場觀影「加值」。故網路原生劇映演、「手機載具」敘事產製，均屬防疫脈絡之創新敘事。

　　「網路原生音樂劇」演唱歌手多具 TikTok 等「網路聲量」，此機制類似於傳統百老匯劇場明星。百老匯虛擬音樂劇之主唱者多具社群媒體發表經驗，原即具基本粉絲客群；主唱者於 OTT 等流媒體演出，激起網路世代之閱聽人記憶。易言之，網路原生音樂劇整合「TikTok 流量明星」等個人品牌，帶動注意力經濟。

2. 百老匯網路原生音樂劇之聽覺元素

　　百老匯傳統劇場於防疫期間關閉，閱聽人需經其他管道聆賞百老匯音樂劇。迷因再製者對照動畫等通俗文化「萃取」迷因，繼而譜曲製為短影音，並於 TikTok 等社群媒體發佈。易言之，防疫期間「社群平台」為集體創作起點，迷因再製者融入自身體驗、TikTok 類型特色，打造貼近庶民文化之樂曲。

TikTok 音樂劇之迷因再製者需面對綠幕「獨自憑空」演唱，故演出者多屬網路唱將，方能適應虛擬劇場錄製空間。網路原生音樂劇之創作者譜曲及演唱近似個人秀，詮釋唱詞也考量 TikTok 網紅流佈效果。上述唱詞表現皆與 TikTok 創作者之社會網絡資本，也植基於網路熱度等人際互動資本。

3. 百老匯網路原生音樂劇之迷因再製、科技載具與敘事機緣

防疫期間之網路原生音樂劇屬「宅經濟」產物，閱聽人不需挹注高價劇院門票即可觀賞。網路原生音樂劇映演需面對社群通訊等影響，並承受各方注意力經濟之挑戰。再如閱聽人在付費期限內，可回放、倒帶及快轉網路原生音樂劇內容；故其觀賞專注度不如傳統劇院「現場」體驗，此為網路原生音樂劇映演限制。

TikTok 網路原生音樂劇整合人聲溫度「聲音行銷」，顧及共創等情感聯繫，呼應封城「寂寞經濟」商機。「百老匯網路原生音樂劇」強調網紅及流量，並藉 APP 即時推播新聞、發佈趣味幕後花絮，引發閱聽人同步參與「共在感」。

(二) 百老匯「網路原生音樂劇」及參與文化

1. 網路音樂劇與閱聽人協作 / 共創

百老匯網路原生音樂劇《料理鼠王》出自「迷因再製」脈絡，敘事者可萃取個人感動片段為迷因再製起點，轉述動畫為短影音。如 TikTok 創作者之迷因萃取情境，或與個人經驗、通俗文化相繫，且創作情境依附於網路聲量等流媒體。

音樂劇工作者多曾面臨 Covid-19 防疫居隔情境，需經「數位音樂傳播」流佈創作。網路原生音樂劇團隊可採「個人錄製」等分工形態，如規劃原唱、後製特效、濾鏡效果、剪輯與混音 / 和聲。網路原生音樂劇團隊也突

破國別時差限制，運用社群媒體維繫跨國分工團隊。易言之，防疫期間「網路原生音樂劇」屬粉絲共創、扁平化及流動等分工形態，異於傳統劇場菁英守門歷程。

網路音樂劇產製方式較流動及扁平化，也提供百老匯劇院創新元素。TikTok 創作者需慮及流行文化，或選擇幽默逗趣素材以創造流量，異於傳統音樂劇敘事。再如迷因再製者開啟更彈性「跨國合作」形態，提供各地創作者分工展演後，再剪輯為社群共創版本。易言之，此種創作形態植基 TikTok 集體接力等「參與文化」。

2. 網路音樂劇之集體智能與社群詮釋

「網路原生音樂劇」創作形態較接近常民，如 TikTok 演員自行打燈、戴耳機錄製，屬低成本參與劇場方式。此外，TikTok 等創作者運用軟體「多重剪輯功能」、跨國線上接力，完成視聽創作（BWW News Desk, 2021, January 5a）。再如「網路原生音樂劇」映演方式結合 TikTok 等短影音，貼近閱聽人熟知社群平台。如 TikTok 唱將與百老匯官方合力共構故事品牌，模糊官方／草根、官方品牌／粉絲（單純看倌）界線。上述歷程異於傳統劇場「守門機制」（訴諸於東尼獎、劇評家等文化菁英），有別於百老匯舞台劇之既定認識。

迷因再製者也反思「網路原生音樂劇」侷限性，意識可能危機。網路社群之熱門創作者、粉絲群可分享「音樂迷因再製」片段，或結合網紅等明星行銷，維繫劇目討論熱度。如 TikTok 社群媒體較易轉發娛樂性質之短影音及喜劇，難兼顧音樂劇深度。故創作者網路聲量（如網路唱將多具基本粉絲群）、TikTok 使用者偏好、社群觀影消費習慣等，或易引導創作團隊協力方向，利於輕鬆幽默之音樂小品常駐。

以「網路社群與樂曲詮釋」言之，音樂劇《料理鼠王》迷因再製者依憑

生命經歷，並參照通俗動畫等互文線索，轉化動畫為樂曲。以「網路社群與詞曲詮釋」言之，迷因再製者融入個人動見，編曲後上傳社群媒體並引發網路聲量；另整合集體智能，造就具「記憶點」配樂及場景。迷因再製者弭合影音元素形態，類似扁平流動之單元分工。創作者製作形態如同網紅製播，自行打燈、運用耳機聲控等，宛若視住處為攝影棚。故網路原生音樂劇弭合影音間距形態，較屬分工製作後再集群接龍，突顯數位影音詮釋之創新方向。

六、個案分析之學理及實務貢獻

(一) 學理貢獻

　　跨媒介意謂「典範移轉」（a paradigm shift），近年研究著重數位革命及匯流文化，探索文化機構、媒介載具與閱聽人關係（Bourgeon-Renault, Derbaix, Jarrier & Pet, 2019）。百老匯音樂劇敘事者先前呈現之唯一通路為傳統劇場，並以現場感及真實感等沉浸體驗為賣點；時值疫情時期，百老匯音樂劇產製者亦考量社群媒體及「虛擬劇場」，思索網路空間之故事品牌經營。

　　以本體論言之，跨媒介敘事研究者可思索「故事網絡」及「多平台」關聯，並探尋數位匯流之故事如何符合迷群需求（Branch & Phillips, 2019）。以疫情時期為例，閱聽人或可經由社群參與，理解虛擬空間如何維繫跨國接力創作、科技 APP 對創作助益，省察音樂劇新義（如科技介入、故事結構扁平化及網紅效益）。

　　以認識論言之，本研究反思動畫故事網絡形構，闡釋「媒介載體」如何引導展演形態。本研究亦關切創作者如何再認識經典文本／角色，或可聯想互文線索、洞察顛覆故事旨趣（Menise, 2019）。

以方法論言之，跨媒介敘事研究可探索「故事網絡」分析方式（Branch & Phillips, 2019）。跨媒介敘事研究者可提供理論及方法論建議，參照相異改編版本，理解媒材及類型如何影響藝術表達（Menise, 2019; Thon, 2019）。

（二）實務貢獻

本研究探索「疫情期間」網路原生音樂劇創作歷程，理解迷因再製者如何形塑閱聽人及創作者之情感連結。迷因再製者以改編音樂為聲音行銷工具，召喚閱聽人共構知識社群，也加速獨立音樂創作流佈。迷因再製者或能以聲音表情展現獨有詮釋，推動網路迷因傳散。易言之，百老匯網路原生音樂劇敘事者結合社群媒體，突顯「聲音行銷／串流音樂」優勢。

百老匯音樂劇敘事者於疫情期間之敘事策略、社群媒體 APP 推播等方式，或可供台灣劇場參考。跨媒介敘事研究可探索閱聽人涉入形態，如閱聽人使用科技載具、參與社群詮釋方式，再發掘創新敘事設計（Bourgeon-Renault, Derbaix, Jarrier& Pet, 2019; Freeman, 2017）。若閱聽人注意力已趨流動及碎片化，音樂劇敘事者或可援用「經典短影音」（如熱銷名曲影音）等網路迷因，增加社群傳散程度。易言之，「後疫情」百老匯音樂劇或有更多敘事可能，思考扁平化共創形態、網路聲量及音樂創作之網路熱度等，開拓異於傳統劇場經營策略。

肆、結語：閱聽人身體感知、迷因再製、跨媒介轉譯

本章著眼閱聽人參與文化，說明迷因再製、衛星文本與跨媒介故事網絡

等關聯。業餘閱聽人以「身體感知」解讀文本，萃取「迷因種子」建構副文本，輔助核心故事進展。本書慮及近年傳播領域聚焦「身體感轉向」，探索敘事者／閱聽人「體物入微」並「納物為己用」等歷程，即感知物事特質、體察敘事機緣。本章呼應跨媒介敘事、迷因再製及身體感知，故分從閱聽人「味覺」及「聽覺」想像起始，說明迷因文本之創作歷程。

以「味覺想像」為例，迷因再製者選擇虛構文學的美食典故，轉化視覺表徵為「迷因種子」。迷因再製者轉譯可理解之圖文為「可烹煮」及「可食用」菜餚，並推出跨媒介料理之串流影音或網路食譜。跨媒介料理創作者轉譯虛構文學之奇想美食時，需慮及烹飪工具易得性、烹煮技術難易度、食材易取得度，逐步轉譯虛構文學描寫為具體菜色。由於跨媒介料理者難以實地接觸虛構文學的奇想美食，故需動員身體感知以刻劃菜色特徵、擺盤外觀、氣味等。本章也論及「華人文化脈絡」，如跨媒介料理者重現《紅樓夢》大觀園佳餚時，融入在地風味菜色（如豫菜吊湯），展現迷因再製之活化與創新。

若以「聽覺想像」為例，迷因再製者若參照動畫典故後，可再動員「聽覺聯想」等身體感知以發想詞曲。本章以「百老匯網路原生音樂劇」為例，說明迷因再製者以聽覺聯想起始，並結合影音接力、特效剪輯等共構音樂劇。網路原生音樂劇創作者之合作形式較屬水平分工，有別於傳統劇場之菁英守門歷程。由於網路原生音樂劇創作者近用社群媒體多時，故呈現音樂劇形態近似短影音。迷因再製者常憑藉「網路唱將」等優勢，即以明星行銷帶動高流量，繼而達成社群媒體曝光度。迷因再製者憑藉「數位音樂社群」進行跨國合作，如整合社群媒體聯繫以克服時差，維持穩定團隊合作形態。易言之，迷因再製者及網紅協力形態，突破傳統劇場菁英「守門」界線，提供百老匯音樂劇之創新元素。

　　本章以閱聽人參與文化為出發點，論及閱聽人身體感知、迷因再製及跨媒介轉譯。最終章則匯整不同改編素材取向，再結合 AIGC 等軟體轉向趨勢，說明跨媒介敘事傳播之研究及實務建議。

【參考書目】

中視新聞（2018 年 7 月 4 日）。〈還原金庸小說料理！"二十四橋明月夜"輕鬆 DIY〉，《中視新聞》。上網日期：2023 年 1 月 24 日，取自 https://www.youtube.com/watch?v=0lNoZqBUK5I

王旭青（2013）。《言說的藝術：音樂敘事理論導論》。北京：人民音樂出版社。

李宥穎（2016）。《論音樂劇《拜訪森林》之母親角色詮釋：以女巫、麵包婦為例》。臺灣師範大學表演藝術研究所碩士論文。

邱瑗（1997）。《歌舞線上：從倫敦西區到紐約百老匯的音樂劇》。台北：音樂線上。

邱瑗（2006）。《音樂劇的 9 種風情》。台北：音樂線上。

金庸（2006）。《射鵰英雄傳（二）》。台北：遠流。

段振離、段曉鵬（2011）。《紅樓話美食：《紅樓夢》中的飲食文化與養生》。上海交通大學出版社。

娛樂追蹤（2022 年 3 月 27 日）。〈Recipes 金庸小說美食附「二十四橋明月夜」、「玉笛誰家聽落梅」食譜〉，《加拿大中文電視台》。上網日期：2023 年 1 月 24 日，取自 https://www.am1470.com/hot_topics_detail.php?i=6075

陳煒智（2020 年 4 月 17 日）。〈網路免費播藝文節目？從「百老匯慈善音樂會」線上轉播爭議談起〉。《聯合新聞網》。取自 https://opinion.udn.com/opinion/story/12827/4498891

陳墨（2021）。《陳墨文化金庸（上）》。台北：風雲時代。

慕羽（2012）。《百老匯音樂劇：美國夢和一個恆久的象徵》。台北：大地。

賴玉釵（2023）。〈跨媒介料理：互動性敘事中迷因再製之研究〉。《傳播研究與實踐》。*13*(2): 219-262。

鍾敬堂（2012）。《與音樂歌舞劇共舞》。高雄：中山大學。

GTV 八大電視（2017年7月18日）。〈金庸美食季！玉笛誰家聽落梅上桌〉，《**GTV 八大電視**》。上網日期：2023 年 1 月 24 日，取自 https://www.youtube.com/watch?v=UesIcF4g7Fg

TVBS（2018 年 3 月 18 日）。〈中國古典文學入菜豫菜烹飪大師〉，《**中國進行式**》。上網日期：2022 年 11 月 28 日，取自 https://www.youtube.com/watch?v=2UgeR5J60qE

Blackmore, S. (2000). *The meme machine.* Oxford University Press.

Bourgeon-Renault, D., Derbaix, M., Jarrier, É.,& Petr, C. (2019). Narrative transportation and transmedia consumption experience in the cultural field. *International journal of arts management, 21*(2), 27-42.

Branch, F., & Phillips, R. (2019). An ontological approach to transmedia worlds. In M. Freeman & R. R. Gambarato (Eds.), *The Routledge companion to transmedia studies* (pp. 383-391). New York, NY: Routledge.

Bunch, R. (2015). Oz and the musical: The American art form and the reinvention of the American fairy tale. *Studies in Musical Theatre, 9*(1), 53-69.

Bunch, R. (2017). "You can't stop the tweet": Social media and networks of participation in the live television musical. In J. Hillman-McCord (Ed.), *iBroadway: Musical theater in digital age* (pp. 173-206). New York, NY: Palgrave Macmillan.

BWW News Desk. (2020, December 30). Jeremy O. Harris Will Host Ratatouille: The TikTok musical preview. *Broadway World.* Retrieved from https://www.broadwayworld.com/article/Jeremy-O-Harris-Will-Host-RATATOUILLE-THE-TIKTOK-MUSICAL-Preview-Tonight-at-9pm-20201230

BWW News Desk. (2021, February 14). Video: Andrew Lloyd Webber plays a Valentine's Day medley of Phantom, Cinderella, and More! *Broadway World.* Retrieved from https://www.broadwayworld.com/article/VIDEO-Andrew-Lloyd-Webber-Plays-a-Valentines-Day-Medley-20210214

BWW News Desk. (2021, January 5a). BWW Exclusive: Meet the makers of Ratatouille: The TikTok musical: Emily Jacobsen. *Broadway World.* Retrieved from https://www.broadwayworld.com/article/BWW-Exclusive-Meet-the-Makers-of-RATATOUILLE-The-TikTok-Musical--Emily-Jacobsen-20210105?fbclid=IwAR3aWyMpRkcNmpz-hKaYY5eENlmHWij9wQYUKOIgVdv9lD3j3TCpMGWo3dw

BWW News Desk. (2021, January 5b). BWW Exclusive: Meet the makers of *Ratatouille:* The TikTok musical: Nathan Fosbinder. *Broadway World.* Retrieved from https://www.broadwayworld.com/article/BWW-Review-RATATOUILLE-THE-TIKTOK-MUSICAL-20210102

BWW News Desk. (2021, January 6). BWW Exclusive: Meet the makers of Ratatouille: The TikTok musical: Danny Bernstein. *Broadway World.* Retrieved from https://www.broadwayworld.com/article/BWW-Exclusive-Meet-the-Makers-of-RATATOUILLE-The-TikTok-Musical--Danny-Bernstein-20210106?fbclid=IwAR1LvcZ-xW8yxngybQ7de5_sMuC6yayGSDPb_1rxlB3CTGszs-DwkdL3bQ0

BWW News Desk. (2021, January 7). BWW Exclusive: Meet the makers of Ratatouille: The TikTok musical: Katie Johantgen. *Broadway World.* Retrieved from https://www.broadwayworld.com/article/BWW-Exclusive-Meet-the-Makers-of-RATATOUILLE-The-TikTok-Musical--Katie-Johantgen-20210107

BWW News Desk. (2021, January 8). BWW Exclusive: Meet the makers of

Ratatouille: The TikTok musical: GabbiBolt. *Broadway World.* Retrieved from https://www.broadwayworld.com/article/BWW-Exclusive-Meet-the-Makers-of-RATATOUILLE-The-TikTok-Musical--Gabbi-Bolt-20210108?fbclid=IwAR21jl1iF1zETVDCZPszKz2ce4TRtU2llYuyisG_we3DWNDZidcnlg2vrzw

BWW News Desk. (2021, January 9). BWW Exclusive: Meet the makers of *Ratatouille:* The TikTok musical: Christopher Routh. *Broadway World.* Retrieved from https://www.broadwayworld.com/article/BWW-Exclusive-Meet-the-Makers-of-RATATOUILLE-The-TikTok-Musical--Christopher-Routh-20210109

Disney cruise line blog. (None). Tangled: The musical. *Disney cruise line blog.* Retrieved from https://disneycruiselineblog.com/cruise-planning/live-stage-shows/tangled-the-musical/

Drummond, K., Aronstein, S., & Rittenburg, T. L. (2018). *The road to Wicked: The marketing and consumption of Oz from L. Frank Baum to Broadway.* New York, NY: Palgrave Macmillan.

Dzurillay, J. (2020, September 1). Is 'Tangled'a Broadway musical? How to watch the latest Disney live production. *Showbiz Cheatsheet.* Retrieved from https://www.cheatsheet.com/entertainment/tangled-a-broadway-musical-watch-latest-disney-live-production.html/

Freeman, M. & Gambarato, R. R. (2019). Introduction: Transmedia Studies—Where Now?. In M. Freeman & R. R. Gambarato (Eds.), *The Routledge companion to transmedia studies* (pp. 1-12). New York, NY: Routledge.

Freeman, M. (2017). *Historicising transmedia storytelling: Early twentieth-century transmedia story worlds.* London, UK: Routeldge.

Friedmann, J. L. (2018). *Musical aesthetics: An introduction to concepts,*

theories, and functions. London, UK: Cambridge Scholars Publishing.

Goodwin, A. (1992). *Dancing in the distraction factory: Music television and popular culture.* Routledge.

Hancox, D. (2021). *The revolution in transmedia storytelling through place: Pervasive, ambient and situated.* New York, NY: Routledge.

Hillman-McCord, J. (2017a). Musical theatre in the digital age. In J. Hillman-McCord (Ed.), *iBroadway: Musical theater in digital age* (pp. 1-13). New York, NY: Palgrave Macmillan.

Hillman-McCord, J. (2017b). Digital fandom: Hamilton and the participatory spectator. In J. Hillman-McCord (Ed.), *iBroadway: Musical theater in digital age* (pp. 119-144). New York, NY: Palgrave Macmillan.

Johnston, S., &Battis, J. (Eds.). (2015). *Mastering the Game of Thrones: Essays on George R.R. Martin's - A Song of Ice and Fire.* McFarland & Company.

Kim, H. (2016). Celebrating heteroglossic hybridity: Ready-to-assemble Broadway-style musicals in South Korea. *Studies in Musical Theatre, 10*(3), 343-354.

Kim, J. K. (2014). The recent trend in licensed Broadway musicals in South Korea: Hybrid cultural products of K-Drama and K-Pop. *Theatre symposium, 22,* 86-98.

Kitchens, J. C., & Hawk, J. L. (Eds.). (2019). *Transmediating the whedonverse(s): Essays on texts, paratexts, and metatexts.* Palgrave Macmillan.

Kokai, J. A., & Robson, T. (Eds). (2019). *Performance and the Disney theme park experience: The tourist as actor.* New York, NY: Palgrave Macmillan.

Kramer, L. (2002). *Musical meaning: Toward a critical history.* Berkeley, CA: University of California Press.

Kruse, S. D., &Prettyman, S. S. (2008). Women, leadership, and power revisiting the Wicked Witch of the West. *Gender and Education, 20*(5), 451-464.

Kurtz, B. W. L. D., &Bourdaa, M. (2016). The world is changing and transtexts are rising. In B. W. L. D. Kurtz & M. Bourdaa (Eds.), *The rise of transtexts: Challenges and opportunities* (pp. 1-11). Routledge.

Lassell, M. (2017). *The lion king: Twenty years on Broadway and around the world.* New York, NY: Disney editions.

Lehman, F. (2013). Hollywood cadences: Music and the structure of cinematic expectation. *Society for Music Theory, 19*(4), 1-29.

Lorenz, T. (2020, December 30). This is why you heard about TikTok so mush in 2020. *The New York Times.* Retrieved from https://www.nytimes.com/2020/12/31/style/tiktok-trends-2020.html

MacDonald, L. (2017). Connection in an isolating age: Looking back on twenty years of engaging audiences and marketing musical theatre online. In J. Hillman-McCord (Ed.), *iBroadway: Musical theater in digital age* (pp. 17-42). New York, NY: Palgrave Macmillan.

Marshall, B., & Stilwell, R. (Eds). (2000). *Musicals: Hollywood and beyond.* Portland, OR: Intellect Books.

Menise, T. (2019). Fairy tales between transformation and repetition: How audiences rethink the big romantic myth through Disney princess stories. *Sign Systems Studies, 47*(3/4), 526-551.

Meyer, D. (2020, August 24). BroadwayHD partners with Broadway booking office NYC to offer subscription discount. *Playbill.* Retrieved from https://

www.playbill.com/article/broadwayhd-partners-with-broadway-booking-office-nyc-to-offer-subscription-discount

Meyer, D. (2021, January 1). Ratatouille: The TikTok Musical Benefit, Starring Andrew Barth Feldman, Tituss Burgess, More, Streams. *Playbill.* Retrieved from https://www.playbill.com/ratatouillemusical

Moynihan, T. (2015, November 11). The lion king musical in VR Is an incredible experience. *Wired*. Retrieved from https://www.wired.com/2015/11/lion-king-vr-video/

Norman, S. (2016). Dancing on Occam's Razor: Expressive movement in/and place. In C. Fernandes (Ed.), *Multimodality and performance* (pp. 82-94). London, UK: Cambridge Scholars Publishing.

Rabinowitz, C. (2021, January 2). BWW Review: Rataouille: The TikTok musical. *Broadway World.* Retrieved from https://www.broadwayworld.com/article/BWW-Review-RATATOUILLE-THE-TIKTOK-MUSICAL-20210102

Rickwald, B. (2020, December 30). Meet the social media sensations behind Ratatouille: The TikTok musical. *Playbill.* Retrieved from https://www.playbill.com/article/meet-the-social-media-sensations-behind-ratatouille-the-tiktok-musical

Russell, S. (2007). The performance of discipline on Broadway. *Studies in Musical Theatre, 1*(1), 97-108.

Sánchez-Olmos, C., &Viñuela, E. (2017). The musicless music video as a spreadable meme video: Format, user interaction, and meaning on YouTube. *International Journal of Communication, 11*, 3634-3654.

Shaw, H. (2020, December 31). How Ratatouille: The TikTok musical came to be (and yes, Disney's okay with It). *Streaming Theater.* Retrieved from

https://www.vulture.com/2020/12/how-ratatouille-the-tiktok-musical-came-to-be.html

Shearer, M. (2019). The party's over: On the town, bells are ringing, and the problem of adapting Postwar New York. In D. Mchugh (Ed.), *The Oxford handbook of musical theatre screen adaptations* (pp. 85-105). London, UK: Oxford University Press.

Skains, R. L. (2023). *Never ending stories: The popular emergence of digital fiction*. Bloomsbury Academic.

Sorby, S. L. (2014). Translating western musical Lyrics: Adaptation for a popular arts entertainment. *Translation Quarterly, 61,* 40-67.

Stiehl, P. (2017). The digital-age musical: Sighting/siting musicals defined by high-tech content, themes, and memes. In J. Hillman-McCord (Ed.), *iBroadway: Musical theater in digital age* (pp. 43-72). New York, NY:Palgrave Macmillan.

Stilwell, R. J. (2019). Carol Burnett and the ends of Variety: Parody, nostalgia, and analysis of the American musical. In D. Mchugh (Ed.), *The Oxford handbook of musical theatre screen adaptations* (pp. 543-567). London, UK: Oxford University Press.

Taymor, J. (2017). *The lion king: Pride rock on Broadway.* New York, NY: Disney editions.

The View. (2021, September 29). "Aladdin," "Lion king," "Frozen" celebrate Broadway's return with surprise medley | The View. *The View.* Retrieved from https://www.youtube.com/watch?v=m9FbH2aJ6hs

Thon, J. (2019). A narratological approach to transmedialstoryworlds and transmedial universes. In M. Freeman & R. R. Gambarato (Eds.), *The Routledge companion to transmedia studies* (pp. 375-382). New York,

NY: Routledge.

Wilson, E., & Unruh, W. (2011). *The art of memetics*. Lulu Press.

6　跨媒介敘事與展望：兼論人工智慧輔助創作之敘事素養

　　本書以「跨媒介轉向」（the transmedia turn）為主軸，分從口傳文學（跨世代集體創作）、故事資產、敘事經濟等向度，探索改編產業發展概貌。本章也說明「跨媒介敘事傳播」之學術及實務貢獻：其一，本書關切近年「文學轉譯」趨勢，如文學轉譯為數位策展、博物館空間敘事，或逐步發展為 XR 沉浸敘事。其二，本書也觸及「身體感知」議題，盼結合體驗經濟脈絡。其三，本書第 6 章說明人工智慧引發之藝術創新形態，探索人工智慧浪潮下的「跨媒介敘事的新美學觀」。

　　研究者整合若干人工智慧展覽案例，並納入「臺北當代藝術館」講座、「國家攝影文化中心」等專家討論，再增補研究者個別請益數位藝術創作者之觀點，探索「人工智慧生成內容」與美學的想像。在教學實踐部分，研究者以手繪作品生成 AI 圖像及動畫，闡釋種子（seed）作為檔案資料庫可能性，說明 AI 與多媒材應用之「軟體轉向」趨勢。

壹、各章概述

一、第 1 章：跨媒介敘事傳播取徑綜述：改編產業、迷因共創、人工智慧熱潮

　　第 1 章提出「跨媒介故事網絡（transmedia story network）」意涵，並以「跨媒介模組分析」涵括全書架構。敘事者建立核心文本後，再依「敘事延展」（narrative expansion）及「媒介延展」（media expansion）建構

跨媒介故事網絡。「敘事延展」為核心文本延伸前傳、後傳或其他支線；常見支線如網路迷因（梗圖、網路圖文、GIF 動圖等），帶動網路討論熱度，扣合流量經濟脈絡。「媒介延展」為文學轉譯為多種類型，如影劇、動畫、音樂劇及博物館空間敘事等。本章也論及「閱聽人參與文化」，說明草根文化共構之敘事環境。業餘創作者融入身體感知，轉譯文學為「跨媒介料理」（transmedia food）；亦可轉譯動漫元素為聲音敘事，並集體創作「網路原生音樂劇」。另如人工智慧生成內容、人工智慧生成藝術，已屬跨媒介敘事產業討論焦點。首章引述若干案例，闡釋科技影響跨媒介敘事範疇。

第 2 章至第 5 章則依「童話 / 民間故事」、「經典活化」、「改編產業與原作者執筆 / 官方授權」與「閱聽人參與」，闡釋跨媒介敘事者取材方向。專章論及集體創作與網路迷因傳散，闡釋網紅、社群媒體短影音案例，呼應注意力經濟脈動。

二、第 2 章：改編產業與「童話 / 民間故事」取材方向

跨媒介研究者可對照故事原型及改編版本，探索「童話 / 民間故事」文化脈絡、傳說如何轉述及形變（Richards, 2016）。童話 / 民間故事由既有素材起始，並以慣例圖像（如角色樣貌及著名場景等）代言文化元素，再依當代價值觀加以轉化（Solomon, 2017; Solomon & Hahn, 2015）。跨媒介敘事者可取自「童話 / 民間故事」題材，並隨當代主流價值而改作符徵，形塑彈性開放之故事網絡（Richards, 2016）。

以改編產業主導之跨媒介故事網絡為例，「美國西岸跨媒介產製研究」為大宗，特別如 Disney 體系頗受關注（Delwiche, 2016; Jenkins, 2016）。Disney 取材包括童話主題，新增家庭娛樂及歡笑結局（Kérchy, 2019）。Disney 配合「女力崛起」主流價值觀、形塑獨立自主女英雄，並跨媒介轉述多版本形塑故事品牌（賴玉釵，2020；Richards, 2016）。就改編範疇及

銷售商品廣度言之，Disney 改編童話為動畫傳統悠久；故 Disney 動畫改編題材較易找尋敘事策略等紀實支線，且具故事原型可參照（Solomon, 2017; Solomon & Hahn, 2015）。本書以 Disney 改編動畫及故事品牌為例，說明跨媒介網絡「敘事延展」（嚴謹跨媒介形態、跨文本支線）及「媒介延展」。

以 Disney 動畫「敘事延展」為例，「嚴謹跨媒介形態」改編軸線以「女力」為故事訴求；如以女主角為故事主線、強調女性獨立自主及智慧，盼獲取青少年認同（Solomon, 2017）。真人版電影並突破童話及動畫「靜候男性救贖」公式，強調女性主導之情節及結局。本章也論及 Disney 動畫之「跨媒介支線」，包括紀實支線、官方社群媒體與網路迷因傳散。跨媒介支線補述改編者之敘事考量，如依紀實素材輔助角色立體呈現（Solomon, 2017）。真人版電影《魔境夢遊》承襲原作「瘋狂帽匠」定位，演員 Johnny Depp 也於電影幕後訪談提及，參考當年帽匠執業環境而詮釋角色；如當年帽匠處理皮料會接觸水銀，故有心智喪失情況（Zanuck, Roth, Todd, Todd, & Burton, 2010）。故真人版電影延伸原作之角色系譜，藉史料等互文資訊指涉時空背景。跨文本支線也涵蓋迷因行銷，如跨媒介產製者結合 FB 等社群媒體，廣傳女力甦醒等片段（真人版【阿拉丁】茉莉公主後成蘇丹，符合女力崛起思潮）。或如官方推出公主系列等 Line 貼圖，萃取 Disney 故事元素為網路迷因，引發迷因行銷並為新作「助攻」。

以 Disney 動畫「媒介延展」為例，華特迪士尼曾受柴可夫斯芭蕾舞劇《睡美人》啟迪，改編芭蕾舞劇音樂為動畫版曲目〈如夢所見〉（Once upon a dream），盼實踐柴氏「音樂先行」主張（Solomon & Hahn, 2015）。Disney 改編動畫為真人版電影，多循音樂曲目為故事主線發展脈絡：如真人版翻唱動畫及音樂劇暢銷歌曲，搭配角色心境及動作呈現（Solomon, 2017）。真人版電影承自 Disney 動畫模擬音樂劇質素，主角哼唱曲目表達心聲（Kérchy, 2019）。易言之，Disney 影業以通俗音樂貫串情節、模仿音樂劇達「類型互

文」，沿用經典動畫之音樂品牌而塑造跨媒介網絡。

　　本書考量經典童話改編趨勢，探索跨媒介角色再建構策略。以敘事延展言之，改編者可參照潛在閱聽人兒時記憶，召喚懷舊情感及熟悉感。改編者考量角色形貌「確定身分」、角色群組「關係身分」、時空背景「共時身分」、故事旨趣「主題身分」，形塑角色互媒故事網絡。改編者補述紀實支線，考掘史料賦予童話世界如實感，弭合閱聽人與虛構文本距離。以媒介延展言之，改編者運用敘事資源建構「模組身分」，改作既有曲目強化角色心境，並藉音樂互媒串接跨媒介網絡。改編者亦可整合明星資訊呈現「演員身分」，擴展跨媒介角色意涵。

三、第 3 章：改編產業與「經典活化」取材方向

　　跨媒介敘事者改編古典小說為不同形態，再書寫經典角色而活化名著（McKernan, 2018）。小說《福爾摩斯》曾轉述為戲劇、電影、電視劇集、桌遊、電玩及音樂；或如貝克街亦有福爾摩斯博物館，專人飾演福爾摩斯並於書房「探案」、清理煙斗，並回覆迷群寫給名偵探信件（Adams, 2012; Porter, 2012）。易言之，《福爾摩斯》植基英國文學，引動影視類型及深度旅遊等商機（Porter, 2012）。

　　本書依前述「跨媒介模組分析」方式，理解 BBC《新世紀福爾摩斯》之「敘事延展」及「媒介延展」，闡釋經典文學「活化」敘事策略。討論個案包括：BBC 劇集《新世紀福爾摩斯》之嚴謹跨媒介形態，含電視劇集及電影《地獄新娘》〔*Sherlock-The abominable bride*〕）；跨文本支線與網路迷因傳散（《新世紀福爾摩斯》官方 APP 推播幕後訪談等、官方網頁）。

　　以「嚴謹跨媒介形態」言之，BBC 以現代場景再塑經典《福爾摩斯》，電視劇集《新世紀福爾摩斯》依新媒體等素材詮釋名偵探形象（Mittell,

2014; Tribe, 2014）。BBC 編劇群維持原作倫敦及貝克街等場景，並保有福爾摩斯敵手設定（如莫里亞蒂教授等）；編劇群將故事時間由維多利亞時間拉回 2009 年，詮釋數位版福爾摩斯（Tribe, 2014）。

以「跨文本支線」言之，《新世紀福爾摩斯》支線包括官網「華生醫生部落格」（John Watson's blog），並隨電視劇情而補述名偵探與他人互動細節；官網「夏洛克學」（Sherlockology）補述 YouTube 訪談等紀實支線（賴玉釵，2016；Poore, 2019），結合播映熱度推出明星扮演心得、拍戲 NG 片段，推動網路迷因行銷。BBC 考量閱聽人創新期待，呼應原作華生投稿《斯特蘭德月刊》闡釋辦案經歷；故以現代人熟悉「自媒體發文」（華生醫生的部落格自述）側寫名偵探推理過程，並向經典致意（Harvey, 2012; Tribe, 2014）。

四、第 4 章：改編產業與原作者執筆 / 官方授權

跨媒介產業促使兒少文學為故事品牌，策略式調整發展以因應市場情境（Freeman, 2019）。Warner Media 成立《哈利波特》全球跨媒介部門，規劃電影、影城主題樂園、影業旅行及博物館策展等（Freeman, 2019; Laurichesse, 2016）。Warner Media 並依電影《哈利波特》設定，衍生互動遊戲及周邊商品：如大阪環球影城之主題樂園具 4D 魁地奇等冒險遊戲，並販售巧克力蛙、奶油啤酒、霍格華茲制服及魔杖等巫師專屬物品（MOE，2017）。

〈第 4 章：改編產業與原作者執筆 / 官方授權〉「懷舊情感」指涉閱聽人憶及過往之正向情感，多立基於兒時及青少年回憶。跨媒介敘事者可「再媒介化」經典並推出系列創作，因應年長世代「懷舊經濟」。老戲迷隨《哈利波特》本傳之系列小說、系列電影播畢，或盼持續追尋主角成長歷程、品味溫暖回憶，故激發前傳及後傳「懷舊商機」。

　　以「懷舊脈絡」與系列文本「故事延展」為例，敘事者參照原作互文線索，擴寫已知角色與情景等元素。產製者盼引發閱聽人先前「情感依附」，重溫特定時空記憶。以「懷舊脈絡」與系列文本「媒介延展」為例，敘事者參照「經典圖（影）像」，召喚閱聽人憶及熟悉地景；或復刻經典影音及老照片以建構「場景」，「再媒介化」既有地景；或如「道具、裝飾與服裝」與「美術設計」也展現懷舊時空「原真性」，產製者可融合當代美感價值觀，展現文化協商與實踐。

　　《哈利波特》故事網絡伴隨懷舊「商品化」、網路迷因傳散，如敘事者常以「小說／電影上映滿二十周年」為旨，更新片場策展內容（經典電影戲服、裝飾與道具）與魔法餐點。閱聽人融合「觸覺」等多感官體驗，揉合「懷舊」情感，疊合更多層次體驗以延續故事品牌。

　　以「敘事延展」為例，本書說明「嚴謹跨媒介形態」及「跨文本支線」（如網路迷因行銷）。如小說《哈利波特》魁地奇賽事亦為巫師養成教育重心，電影導演盼原作讀者（或未拜讀小說者）感知魔法運動樂趣，故請益 J. K. Rowling 競賽規則再編寫劇情（Sibley, 2012）。即便電影《哈利波特》劇組欲設定魔法人物關係圖，改編團隊需先向 J. K. Rowling 確認細節，商請 J. K. Rowling 親繪家族系譜圖（Sibley, 2012）。就「嚴謹跨媒介形態」言之，本章撰寫 J. K. Rowling 如何延伸《怪獸與牠們的產地》角色、情節及故事旨趣，維繫《哈利波特》故事宇宙之魔法史架構（Nathan, 2016）。本書對照外傳小說及電影設定，探索改編團隊如何延伸 J. K. Rowling 原作百科全書條目（怪獸習性、危險等級等），補充怪獸棲息地等設定、串接不同片段為邏輯一貫之電影情節（Salisbury, 2016）。再以「跨媒介支線」為例，本書論及官方社群媒體、J. K. Rowling 推特、網路迷因傳散。J. K. Rowling 及改編電影團隊融入在地元素，運用 FB 等官網推動迷因傳散。如電影《怪獸與牠們的產地》宣傳期正值華人新年，官方推出玻璃獸與銅錢海報意喻「發財」、

樹精與竹節海報呼應「節節高昇」。上述網路迷因引發亞洲閱聽人注意及廣為轉傳，為《哈利波特》故事宇宙「助攻」。

以「媒介延展」為例，本書說明《怪獸與牠們的產地》具體化「魔法世界」前傳歷程，闡釋 J. K. Rowling 參與改編以維持原作設定、展現作者話語權。劇組設計角色樣貌、造景及道具，曾參照 J. K. Rowling 原作、手繪圖稿及拍板定案之劇本（Nathan, 2016）。以怪獸造型設定為例，設計部門匯整草圖後需經 David Heyman、設計總監 Stuart Craig、原作者 J. K. Rowling 共同討論，方能定案（Power, 2016）。J. K. Rowling 曾設定部分怪獸形貌、毛色、身長等（如敘明 Billywig 身長如蜂鳥般），或於原作繪製彩鳴鳥（Fwooper）休眠、凝視及回應等歷程，此皆為前傳電影美術設定之依據（Salisbury, 2016; Power, 2016）。

《哈利波特：被詛咒的孩子》屬系列作品之後傳，描述哈利波特等人面對中年挑戰、家庭及事業等課題（Revenson, 2019）。音樂劇《哈利波特：被詛咒的孩子》於 2016 年倫敦「皇宮劇院」首映，並獲得「奧利佛最佳舞台設計獎」等殊榮（British Library, 2017）。本劇因在英國大受歡迎，故又在美國百老匯等多處公演，並獲 2018 年東尼獎肯定（Revenson, 2019）。專章也比對音樂劇劇本及系列小說，理解後傳如何「敘事延展」呼應原作體系；另參照音樂劇片段、官方設定書籍等，闡釋魔法世界具體化為舞台劇歷程。整體言之，本書以「跨媒介模組分析」指標，探索 J. K. Rowling 及改編團隊如何增補劇情、再現虛構世界，並對照官方書籍設定而闡釋敘事考量。本書也說明 J. K. Rowling 參與改編、貫徹原作設定等歷程（如駁回劇組擬新增情節），闡釋「原作者執筆／官方授權」對魔法世界建構之影響。

五、第 5 章：閱聽人參與文化與迷因創作

本章說明閱聽人（迷群）之身體感知與文本詮釋，經由迷因再製而共構故事世界。近年傳播研究強調「身體感轉向」，思索敘事者／閱聽人如何「體物入微」，經由感官聯想而轉譯文本。本章呼應傳播研究趨勢，故分從創作者「味覺」及「聽覺」等身體感知，說明閱聽人建構「迷因文本」等衛星支線。

以「味覺」言之，迷因再製者再現虛構文學的美食描寫時，可萃取文學典故之迷因種子，轉化文字或圖像文本為「可食用」菜色，繼而推出跨媒介料理食譜。本章發現，跨媒介料理創作者再製「虛構文學」食品時，常考量食材易得性、工具可得性，方能轉化「不存於世」的奇想美食為具體菜餚。此外，跨媒介料理者或許從未實地接觸文學描寫的菜色，故憑藉感官知覺以「畫出菜色的味道」，力求貼近原典書寫。跨媒介料理者可融入文化脈絡，如再現《紅樓夢》等虛構料理時，新增在地風味菜餚（如河南菜「吊湯」）突顯個人創意。

若以「聽覺」言之，業餘創作者可依循動畫典故而構思詞曲，展現身體感知與迷因再製的關聯。本章以疫情期間「百老匯虛擬劇院」為例，說明 TikTok 創作者運用迷因傳散、集體智能以共構音樂劇，形塑網路原生音樂劇等敘事創新。網路原生音樂劇合作形態較扁平化及流動，有別於傳統守門歷程。粉絲社群創作與「短影音」流行類型相繫，常憑藉幽默訴求引發網路聲量，服膺注意力經濟脈絡。網路社群創作者經由「數位音樂傳播」維繫共在感，透過共創音樂以維持社群情感聯繫。整體言之，網路社群或賦予音樂劇新義（如強調網紅主觀選曲感受），異於傳統劇場以東尼獎為號召、學院菁英定位之音樂劇。音樂劇網路社群創作者置身於擴散媒介情境，先分工協力、後接龍匯總，突破傳統劇場菁英「守門」形式，賦予音樂劇敘事創新契機。

本書涵括不同改編素材取向，分以「童話／民間故事」、「經典活化」、

「改編產業與原作者執筆／官方授權」與「閱聽人參與」說明跨媒介敘事傳播意涵。「童話／民間故事」對應集體創作、口傳文學傳統，並未指涉特定作者。「經典活化」取向以文學巨擘之名著為例，說明文學轉譯與 OTT 改編產業等發展脈絡。「改編產業與原作者執筆／官方授權」則納入故事資產情境，強調授權經濟的應用。本書也著重草根文化面向，如業餘閱聽人以身體感知為基礎，接收「迷因種子」以建構跨媒介支線。本書除了兼顧多種改編素材，顧及不同光譜，也融入 OTT 改編產業之跨齡／分齡趨勢、閱聽人身體感等學理新義，呼應學理及實務脈動。

　　隨著人工智慧熱潮崛起，跨媒介敘事者整合相關軟體技術，協助文本轉譯。下文先介紹「人工智慧生成藝術」概況，說明科技衝擊媒體疆界、藝術定位；次再闡釋「人工智慧生成內容」與跨媒介素養關聯，具體運用於多面閱讀推廣活動。

貳、跨媒介敘事之新美學形態：人工智慧生成藝術

　　近年「人工智慧生成內容」興起，AI 軟體協助創作者生成圖像、影音，另可搭配 AI 唱詞、人聲歌曲、配樂，形成 AI 版本 MV。AI 對敘事傳播影響甚多，也讓敘事者著眼「多媒材」運用，形塑「跨媒介敘事之新美學」，進一步思索人工智慧美學（artificial intelligence aesthetics）可能性。

一、跨媒介敘事之新美學：軟體轉譯與敘事傳播

　　傳播者藉「指令」與 AI 系統溝通，並讓 AI 帶出理想的視覺表達形態，此為「敘事傳播」重要議題。傳播者選用合適的文法組合，突顯權重以帶出心中欲描繪的圖景。以「跨媒介敘事」為例，創作者可結合多模組資源，並

導入自己創作讓 AI 生成圖像與影像，拓展「跨媒介敘事之新美學」。

現有「跨媒介敘事」研究著重相異類型改作，或以媒體載具為區分，說明媒介類型、跨媒介改編關聯。目前「軟體轉向」亦受關注，敘事者可整合手繪稿、攝影、2D 向量繪圖、3D 建模圖像等，提供素材讓 AI 生成。或如 AI 系統之模版、ControlNet 模式，皆為「文本轉譯」重要工具，提供圖像敘事之設計靈感。目前媒體產業環境裡，Adobe 軟體居重要位置。故敘事者涉及美術編輯、跨媒材轉化時，仍宜熟悉 Photoshop、illustrator 等作業環境，再讓 AI 圖像生成軟體作為輔助工具。

二、人工智慧生成藝術、機器學習與對話

人工智慧生成藝術與美學屬熱門話題，如 AI 是否能成為創作者？人類如何與 AI 協力？AI 如何衝擊審美哲學？人類如何審視 AI 演算創作？

在科技藝術的應用層次，創作者已攜手電腦運算產製文本，即在人機協力的情境下投入資料，產製生成式藝術（generative art）、步向 AI 藝術（吳孟軒，2024 年 3 月）。AI 在音樂領域協作，亦屬近年熱門議題。史上第一部 AI 歌劇《逐流人生》（*Chasing Waterfalls*）於 2022 年 9 月 1 日，在德國「德勒斯登森柏歌劇院」首演。

創作者交由 AI 自動譜曲、生成音樂或自動產製旋律，如先將特定曲目提供給 AI 系統，讓機器學習若干風格的旋律與和聲等（林怡君，2021 年 10 月）。卡拉揚學院（Karajan Institute）與 AI 共創《貝多芬第十號交響曲》，本曲於 2021 年波昂演出，慶祝貝多芬 250 歲冥誕（李秋玫，2024 年 3 月）。研發團隊包括音樂家、作曲家、歷史學者及科學家；他們梳理貝多芬舊稿，並將貝多芬曲目等資料提供給 AI 系統，找尋貝多芬的常用作曲規則（李秋玫，2024 年 3 月）。

　　新媒體藝術創作者 Lev Manovich 在 AI 生成圖像之系列作品《美學碎片》，即讓 AI 模擬早年建築、仿效版畫等素材，模擬歷史感之 AI 藝術文本。閱聽人透過 AI 篩選、再現圖像文本，回看歷史源流，宛若注視「碎片化」過往。易言之，Lev Manovich 經由人工智慧生成藝術，思考人類、歷史、AI 擬仿視覺形態等關聯，賦予「人工智慧美學」新意。Lev Manovich 也出版書籍《人造美學》（*Artificial aestheticss*），提供更多學理探索向度。

　　AI 生成藝術創作者亦以名家畫作為基礎，結合科技演算、個人感知與詮釋，展現「文本轉譯」成果。如「双融域 AMBI SPACE ONE」舉辦「Re：江賢二——數位冥想 ‧ 江賢二光影沈浸展」，則以藝術家江賢二作品為軸，再讓生成式藝術再詮釋大師畫作。展覽團隊結合電腦程式、音樂配置、雲門舞者影像、空間敍事等面向，試讓大師名作與人工智慧科技交互唱和。

　　臺北當代藝術館「你好，人類！ Hello, Human!」策展人林欣傑主持「AI 不是藝術？」講座，數位藝術家真鍋大度親身分享創作理念。真鍋大度從「機器學習」、「人工智慧」脈絡起始，近期關切好萊塢罷工事件，繼而創作影片《AI 不是藝術》。

　　真鍋大度憶及，2013 年即有 AI 軟體應用，如翻譯、動作捕捉、人臉辨識等。他補充，「AI 自動交易」也是常見互動形態，如運用股票交易，讓交易「視覺化」，此在東京現代美術館展出。真鍋大度分享之前 AI 創作經歷，原先想展現股票交易現況，但受限於法令，怕引導觀眾聚焦在特定股票，因此無法同步呈現交易實況。AI 常見運用如自然交易的「視覺化」，呈現股票動像等影像創作。真鍋大度表示，如比特幣交易的虛擬影像、視覺化、遊戲設計，觀察人類行為（投資）、互動。他補充，相關資料包括東京證交所資訊。

　　或如創作團隊「超維度」作品《生態池》（Feat. 動力博士），也彰顯機器系統互動及循環特色，此作曾於臺北當代藝術館展出。「超維度」以 AI

演算出奇幻生物後，融入數位池的屏幕空間，展間也呈現模擬奇幻生物的模型雕塑。如策展人林欣傑說明，AI 演算生成、數位池展現是不斷循環歷程。《生態池》（Feat. 動力博士）展現機器協力、藝術展演的關係，運用多媒材、演算技術再現展覽敘事形態。

再如臺北當代藝術館的展品《刪不了的符號》，此為藝術家孫詠怡嘗試撈回微博審查後刪除文字，並藉軟體蒐集相關文本資訊。展品包括數位投影展現文字片段，也有實體書籍，呼應機器系統、歷史素材、文本轉譯等旨趣。

數位藝術家楊雨樵曾於臺北當代藝術館演講〈與生成式 AI 共演的人機劇場〉，分享人機協作的 AI 圖像創作經歷。他選取民間文學、傳說及神話等素材，再轉為 prompt 語言傳達形態，說明人機對話歷程之「語言為創作主體」表現方式。他嘗試帶入保羅克利的例子，希望理解 AI 系統如何解讀保羅克利。楊雨樵分析 AI 圖像產製與口語傳播的關聯，「語言」作為創作歷程的主體，並轉化為多種 AI 生成圖像。楊雨樵觀察，在人機協作歷程裡，創作者將自己的話語餵養給 AI 系統，再依 AI 產製圖像而往覆調整指令；此時，創作者實與自身的語言對話，讓「語言」成為外部主體。楊雨樵表示，創作者的語言、文字與 AI 系統的交流，如同展現 AI 互動的人機劇場。易言之，AI 生成的視覺奇景如同人機共構之虛擬劇場展演結果，反應創作者、口語傳播、AI 生成圖像之交流形態。

三、人工智慧生成藝術、身體感與展演

雲門舞集五十周年劇作《波》與真鍋大度合作，結合人工智慧技術以「視覺化」舞者影像，成為舞台數位影像。雲門舞集助理藝術總監李靜君、策略長李英勝在 2023 年 10 月 14 日之映前導聆，說明「身體感」、舞蹈與 AI 科技的多重演繹。導演楊宗龍在同時映後座談，說明導入 AI 演算歷程，

打破編舞慣性，展現 AI 輔助創作、開拓更多跨媒材展演等敘事潛力。雲門舞集在 2023 年作品《波》公演、2024 年作品《毛月亮》巡演時，均推出 Midjourney 圖像之「網路平行展演」，輔助舞作呈現。

人工智慧生成藝術家謝雨樵，帶入 AI 圖像致意舞蹈主旨。謝雨樵讓 AI 系統模擬沙紋、布料紋理，創作跨文本支線輔助核心舞作《波》意象；另也運用 AI 系統模擬月暈場景，推出五場虛擬空間之平行展演，演繹舞作《毛月亮》旨趣。此皆可見人工生成藝術之敘事潛力，協助創作者打造跨媒介敘事之核心文本、輔助文本，帶動藝術行銷、社群媒體話題熱度。

身體感與人工智慧生成藝術的討論，也可見於臺北當代藝術館「你好，人類！ Hello, Human!」講座、導覽及展品呈現。策展人林欣傑分析，AI 生成藝術家真鍋大度作品不少與身體相關，如真鍋大度曾以 AI 編舞。真鍋大度指出，「攝影」為觀察人類動作的方式；若以 AI 來說，「動作捕捉」即有 AI 導入，現在可讓 AI 觀察人類肢體表現、創造新動作。他補充，他在 2020 年即以系統抓取資訊，讓 AI 自由編排動作，打破人體關節限制。真鍋大度分析，累積四小時的動作份量，可以編一套舞；若經過 CG 設計，可製成具體舞蹈樣貌。

真鍋大度曾參與藝術計畫「Evolution of Fencing Visualization Project」。其著名作品如「東京選手擊劍技術」，輔以《東京奧林匹克邀請短片》（Tokyo Olympic Invitation Video）呈現，經由人工智慧軟體、「視覺化」動作以塑造體育賽事的創新敘事形態。他補充，「東京選手擊劍技術」運動員手持之西洋劍上有圓球，可作資料蒐集之用；又如舞劍動態軌跡，需用人工判斷、人眼辨識，逐一標記。真鍋大度也與京都大學合作，他透過 MRI 掃瞄腦部活動，試圖再現大腦觀看物件後的「視覺化」資訊。真鍋大度憶及，為了蒐集他的腦部「視覺化」成果，他花費 30 小時看圖片，且不能眨眼睛，方能順利蒐集到腦部反應資訊。他也思考聲音刺激與人工智慧表現

的關聯，如觀察腦部活動「視覺化」後的圖片，進一步思考「大腦圖片生成音樂」、「大腦圖片生成影片」等創新敘事形態。

或如《妻音源 Torichan 歌唱 Desperado》及《星沉願望夜》於虛擬世界裡延續人類身體感知（臉孔辨識、歌聲、音源等），呼應 AI、身體感與展演的議題。《妻音源 Torichan 歌唱 Desperado》及《星沉願望夜》為藝術家松尾公也以亡妻照片、聲音為基底，交由 Stable Diffusion 等 AI 軟體轉譯亡妻照片為系列文本。作品模擬松尾公也的亡妻動態影像，再現逝者歌聲、衍生 AI 唱曲版本。如臺北當代藝術館「你好，人類！Hello Human!」展覽手冊介紹，松尾公以 ChatGPT 創作歌詞、Suno AI 譜曲，並以 AI 軟體轉譯數十幅亡妻照片。易言之，創作者運用既有的檔案素材，再讓 AI 轉化為多模組形態，展現人工智慧生成美學、身體感知等敘事新貌。

另如創作團隊「超維度」的《VS AI 街頭對戰》，此為改作 Midjourney 演算機台，思辨人類與機器對話關係，讓人體也成「策展空間敘事」的一部分。「超維度」之《VS AI 街頭對戰》展現 AI 系統、指令文字、圖像轉化等關聯，致意人機對話的主題。展品於臺北當代藝術館展出時，閱聽人可在特定時間操作《VS AI 街頭對戰》機台。人類與機器對戰的身體感、肢體動作與情緒張力，同為《VS AI 街頭對戰》展演表現。此作結合展場空間設置、閱聽人身體感、AI 互動文本，呈現 AI 形塑之敘事空間。

四、人工智慧生成藝術、跨媒材及多模組敘事

若以「人工智慧生成藝術」言之，此為跨媒介敘事美學的發展亮點。如 2022 年「Hello Ouchhh：AI 數據藝術展」之土耳其創作團隊蒐集臺灣海洋若干大數據，轉譯為鯨豚等生成式藝術〈海洋數據〉；再如生成式藝術〈超弦理論〉轉譯臺灣民謠〈雨夜花〉與〈望春風〉，並搭配創作者腦波律動「視覺化」呈現；或如〈AI 梵谷〉轉譯向日葵等名畫為科技演算的媒體藝術，塑

造沉浸式展演空間。

　　臺北當代藝術館於 2024 年 1 月 27 日之講座「AI 不是藝術？」，論及跨媒介、多媒材及軟體轉譯等議題。「你好，人類！Hello, Human!」策展人林欣傑分析，真鍋大度投入跨媒體藝術，如聲音、影像生成歷程。真鍋大度以好萊塢編劇罷工為靈感，創作影片《AI 不是藝術》。真鍋大度分析，由於美國有罷工前例，因此相關法律規範可能越來越嚴格。真鍋大度表示，影片《AI 不是藝術》讓 AI 分析好萊塢罷工事件，並用 AI 系統 prompt 帶出設定，發展劇情、生成影像及劇本，即用 AI 帶出 prompt；影片裡角色、台詞與畫面剪接，都有 AI 生成素材。真鍋大度認為，AI 形成動畫較不自然，但反應「此時此刻」光景；日後隨科技進步，AI 生成圖像及影像會更精細呈現。真鍋大度以座談「AI 不是藝術？」開幕前的照片為始，讓 AI 軟體生成影片。真鍋大度嘗試多種 AI 生成軟體，如 Runway Gen-2。真鍋大度也讓 AI 演算多種風格的影片配樂，且讓 AI 帶進不同混音形態，生成影片音樂的不同風格。他分析，AI 帶出音樂旋律，或由電影配樂、對應影像撈取資料。數位藝術家、策展人林欣傑補充，AI 實驗結果也會回饋到藝術家身上，引發更多創作火花。

　　跨媒材運用也展現於 AI 圖像敘事，連動「人工智慧藝術」加值歷程。如臺北當代藝術館展品《屋台系列》，展覽團隊「江戶未來世」以浮世繪風格為基底，呈現人類與機器未來生活形態，也再現日式文化等想像。

　　再如臺北當代藝術館展品《回・口》，AI 生成藝術創作者楊雨樵扣問機器能否理解人類的指令等主題，思考人類講述之敘事內容、AI 軟體展譯與再現。《回・口》為多媒材呈現，旁白點出雅典娜等神話元素，並對應 AI 生成圖像之多種版本，探索「人類敘事」與「機器轉譯」關聯。

　　另如臺北當代藝術館展品《月亮臉》，再現中東肖像畫及性別議題。創

作者 Morehshin Allahyari 蒐集歷史肖像畫，並應用人工智慧模型「轉譯」素材，讓 AI 系統繪製「無性別」的肖像畫，向中東藝術史傳統致意。數位雕塑也為「人工智慧生成藝術」關切議題，如柏林藝術團隊「onformative」之《AI 雕塑》，運用 AI 演算展現多種模型樣態，思考人類與 AI 協力面貌。

五、人工智慧生成藝術與著作權歸屬

數位藝術家林欣傑提及 AI 創作與著作權議題，如 AI 生成圖像文本《歌劇院空間》即有相關討論。他分析，AI 創作者多半會用許多工具，由於是取自他人的材料，因此也會引發「著作權歸屬」思辨。

《歌劇院空間》曾於臺北當代藝術館展出，展覽時也同時陳列作者 Jason M. Allen 向美國著作權局提出申請文件，闡明投入「人工智慧生成內容」歷程。《歌劇院空間》歷經 624 次的指令修改，並以 Photoshop 等軟體加工。目前美國著作權局認為創作者無法全然掌控指令、AI 系統帶出圖像等歷程，故《歌劇院空間》迄 2024 年 1 月為止，均未獲著作權保護。「你好，人類！Hello, Human!」策展人林欣傑表示，AI 生成圖像與著作權申請書並列，突顯「著作權」等討論面向、多面立體的呈現圖像意涵。

數位藝術家真鍋大度評估，未來跟音樂相關的 AI 會大量發展，引發技術開發、著作權歸屬等議題。真鍋大度認為，關於改編、授權費，未來也可開發新的機制，支付原曲（原作）對應授權金。關於音樂資料、材料及授權費用的拆分，目前 AI 技術有落實困難，故而著作權爭議會再持續若干時日。真鍋大度建議，選用著作權較無爭議的素材（如網路上的已授權版本），較為保險。

六、人工智慧生成藝術與創作者主體性

數位藝術家林欣傑認為，AI 表現不僅止於圖像、影像、音樂使用，還有創作背後的概念思辨。林欣傑分析，Netflix 剛開始也未必見容於「電影」，但它已也可算新的電影行業；攝影一開始也並非藝術。林欣傑補充，不完美的 AI 表現，也多見於此時此刻，日後會表現更細密。

AI 獨特性與原創風格，也是熱門議題。數位藝術家真鍋大度分析，AI 會讓外表、風格趨近（視覺生成效果趨近），但創作者可投入喜好事物，發展自己專長、融入 AI 創作歷程。真鍋大度喜歡敲鍵盤、寫程式，完成概念的前置作業。他也曾遇到其他人說「寫程式會被 AI 取代」狀況，其實應思考藝術創作的定位。針對不同的創作者專長和喜好，對應不同的答案。真鍋大度常處於 coding 狀態，如在會場中即試著轉錄 coding 現況，呈現給與會大眾。

數位藝術家蔡宏賢、楊雨樵曾於 Podcast〈AI 與語言：對話的侷限與藝術的可能〉，引入 Gemini 協作。蔡宏賢關切，如 AI 演算的符號運號，是否帶進不同的觀點或偏見；此外，AI 的侷限性或許潛藏若干風險，影響不同溝通方式（蔡宏賢、楊雨樵，2024 年 5 月 1 日）。楊雨樵也思考，若人類面對 AI 的智慧時，需依賴「講故事」、熟悉敘事結構的能力，方能更有餘裕面對科技挑戰；楊雨樵剛開始會視 AI 為伙伴（包括 ChatGPT 等應用），目前則思考「人機協作」、「人機劇場」等關係，衍生機器與人的對話關係（蔡宏賢、楊雨樵，2024 年 5 月 1 日）。數位藝術家林欣傑、藝術家 Mario Klingemann 在 Podcast〈平衡的藝術：AI 時代中的創意與合作〉論及人機合作的平衡關係，也說明 AI 引發的藝術及倫理議題。

楊雨樵分析與 Midjourney 對話過程，宛若安靜的劇場，Midjourney 如同鏡子映射人類語言，也讓藝術家修改指令展開往覆循環；楊雨樵認為，語言

為表達的主體，經由 AI 載具映射出解讀人類語言的歷程，AI 生成圖像則為對話結果；上述語言、修改指令、產製圖像等對話歷程，宛若「語言」為關鍵元素的虛構劇場（蔡宏賢、楊雨樵，2024 年 5 月 1 日）。故在人機協力的情況下，創作者體現不同美學觀、情感聯繫；創作者融入人工智慧與其他傳播科技，引發不同加乘作用，試圖賦予作品更完整意義（林欣傑、Mario Klingemann，2024 年 5 月 10 日）。

未來人類如何與 AI 共創，平衡創作、倫理及風險等考量，此為創作者需面對的挑戰。正因一般民眾得以近用 AI，展現「藝術創作民主化」的可能（林欣傑、Mario Klingemann，2024 年 5 月 10 日）。AI 藝術民主化、AI 創作與倫理的平衡拿捏，此種趨勢如何影響藝術界發展，均值得關注。

AI 科技激發許多藝術哲學論辯，思考「AI 能否被視為藝術」或「AI 演算的美學觀」。如 2023 年「臺北美術獎」優選獎得主陳姿尹作品，引用「人工智慧」處理地球照片為例，扣問創作者與科技之互為主體性。另如 2023 年臺北雙年展 Samia Halaby 與鮑藹倫討論，說明人工智慧帶來挑戰及話題，或讓藝術家復刻既有作品，延伸更多文本轉譯可能。再如「國家攝影文化中心」於 2023 年 1 月 27 日及 1 月 28 日舉辦講座，思辨 AI 與攝影作品之藝術定位。「攝影」一開始也不被視為藝術表現，但隨科技、經濟、文化等流變，目前閱聽人已肯認「攝影藝術」類別。故從藝術史發展脈絡論文，AI 生成文本之藝術特質、創意與想像等，實有再討論空間。

整體言之，人工智慧生成藝術領域關切科技中介下創作者的定位，也論及身體感、跨媒材創作、回顧／再現歷史等可能。如 AI 生成圖像《歌劇院空間》引起閱聽人更多對話及思辨，藝術成品是否能「無中生有」，也連動許多藝術史討論（如攝影創作一開始並不被視為藝術）。隨著跨媒材運用、AI 軟體之多模組系統興起，未來也可再思考 AI 之於藝術的定位（是媒介、素材或其他），闡釋 AI 如何衝擊藝術疆界。

參、人工智慧生成內容趨勢之圖像敘事素養

一、跨媒介素養與閱讀推廣活動

　　圖像敘事閱讀推廣融入多面向視角，如結合動畫、電玩、iPad 互動式繪本，融入多媒材輔助推廣活動。或如閱聽人整合「故事旅行」，帶入博物館、影視旅遊等，理解創作者生平及圖像敘事歷史淵源（賴嘉綾，2017）。隨著 AIGC 興起，推廣者可嘗試整合 AI 媒材與圖文，協助閱聽人更多面探索 AI 圖文與圖像敘事關聯，提升圖像素養。

　　目前是「圖像轉向」（the pictorial turn）年代，敘事者需具圖像說故事技能（Mitchell, 1994）。在數位匯流世潮裡，好萊塢影業已整合 AI 創作影像。著名如電影《芭比》世界名勝場景，部分以 AI 系統繪製或改作，讓 AI 模擬逼真造景。AI 公司 Fable Studios 也模擬《南方四賤客》（*South Park*）角色外型及聲調，即時融入好萊塢影業罷工與 AI 爭議，推出 AI 動畫版本。故 AI 技術如何輔助創作，已獲圖（影）像敘事者關注。

　　數位匯流之跨媒介素養（transliteracies）與科技緊密相關，產製者融合多平台之敘事形態，創造具沉浸感之教育體驗（Fleming, 2015）。敘事者因應多平台串流需求，慮及科技、美感、經濟、閱聽人接收等面向，塑造「跨媒介敘事之新美學」（new aesthetics of transmedia storytelling, Mikos, 2016）。若以 AIGC 脈絡言之，敘事者或可整合 AI 圖像及影像至跨文本分支，展開多元敘事軸線、不同美感表達形態等契機。

　　美學探索範疇包括「可見形式」，論及文本引發之美感愉悅、情感表達與感官體驗，且與文本遊戲及解讀形態相繫（Jagoda, 2016）。若在手繪創作情境，創作者依視覺、手感，傳達對物體的詮釋。如簽字筆觸輕重拿捏、鉛筆下筆力度及紙痕，牽涉「觸覺」。或如圖畫繪製及構思歷程，用手塗擦，

涉及觸覺。創作者構連外在聲光，形成不同意念，導致「此時此刻」的解讀。創作者能表現的意涵，也與當下運用的媒材相關（如紙質、水彩紙及圖畫紙之於吸水展現，影響後續下筆、調色等判斷），構成不斷循環能量場。或則創作者的光影詮釋，或許連動後續的點描、點圖陰影密度；或是鉛筆線條粗細、下筆輕重等，或許再引發修改、否定／推翻前見等詮釋歷程。

如前所述，美學研究範疇如視覺形態、創作者及閱聽人經驗及思考形式（Jagoda, 2016）。若以繪本與視覺素養（visual literacy）言之，討論範疇如圖像形式、圖像序列、圖文互動等議題（Salisbury & Styles, 2012）。該領域研究者關切視覺表達形態，探索閱聽人後續理解及判斷歷程；另聚焦圖文互動等多模組形態，探索圖文協力效果與閱聽人詮釋（Raney, 1998）。

美感體驗與產製脈絡相關，如跨媒介敘事者可整合多種連結以激發多元感動（Jagoda, 2016）。如果閱讀素養推廣者整合 AI 與圖像敘事，實可思考：AI 如何激發創作者靈感？拓展何種圖像素養面向？ AI 能否豐富創作者的感知聯想？如何協助敘事素養推廣？

二、文學轉譯與跨媒介素養

（一）文學轉譯與跨媒介轉述能力

以跨媒介素養言之，教育者聚焦閱聽人先備知識與理解內容能力，如兼顧傳統媒體、數位媒體等表達形態，鼓勵閱聽人從變動情境培養新素養（Anstey & Bull, 2009）。跨媒介素養教育鼓勵閱聽人對照不同改編版本，如紙本書、影劇、互動遊戲及行動載具等，探索敘事基本原則（Gutierrez, 2012; Weedon & Knight, 2015）。

跨媒介素養教育者可從日常近用素材起始，延伸表述資訊等訓練（Hayati, 2012）。該領域研究參照跨媒介與故事表達形式，探索科技載具之

教學與行動，發展跨媒介訓練規劃（Zaluczkowska & Robinson, 2013）。跨媒介研究探索多模組與符號再現，也關切媒介間轉述機制（如援用類似主題、引述話語、模仿形式等）（Grishakova & Ryan, 2010）。閱聽人運用媒介類型、文本元素加以轉化，並評析不同改編版本如何互補／區隔，此則實踐跨媒介素養能力（Gutierrez, 2012）。

　　以文學轉譯為例，跨媒介研究者關切相異平台與文學呈現形態。跨媒介敘事學（media- conscious transmedia narratology）以「媒介」為核心，探索文學轉述影像敘事，或關切漫畫如何轉為互動遊戲，該領域旨在反思「跨媒介」影響力（Thon, 2014）。閱聽人素養與文學能力（literary competence）相關，涉及詮釋或分析文本技巧，或整合外部文本並豐厚意義（Lamerichs, 2012）。如《愛麗絲夢遊仙境》跨媒介轉述為多種形式，如繪本類型聚焦圖像表現、圖文整合與文義流動（Kérchy, 2016）。閱聽人可對照相異類型，體察不同改編版本與故事發展等差異，開展多層次詮釋、體驗故事能力（Krustritz, 2014）。

（二）圖像敘事素養：圖文模組應用

　　視覺素養旨在培養閱聽人讀圖技巧，此與圖像設計、視覺元素、視覺慣用語法相繫（Anstey & Bull, 2009; Phillpot, 1979）。圖像敘事素養研究與「視覺思考」（visual thinking）相繫，關切閱聽人如何描述視覺表徵、詮釋圖像意涵（Arnheim, 1969; Salisbury & Styles, 2012）。

　　繪本創作屬圖像敘事箇中代表，創作者運用圖像框格與序列，展現感官體驗與文本旨趣（Salisbury & Styles, 2012）。繪本敘事為圖文模組構成，尤其仰賴視覺模組召喚閱聽人涉入及詮釋意義（Painter, Martin, & Unsworth, 2013）。以圖像為例，繪本視覺形式包括色澤、媒材／媒介、風格，或如框格、邊框、邊線與版面設計（Nodelman, 1988; Salisbury & Styles, 2012）。

或以文字為例，繪本文字可補述或強化圖義，亦能形塑圖文互補關係，進一步詮釋故事時地與因果關聯（Salway, 2010）。研究者可從視覺元素起始，探討圖像意義與創作旨趣；或整合文字模組，理解敘事者如何建構圖文互動關聯（Painter, Martin, & Unsworth, 2013）。

　　簡言之，圖像敘事乃由一連串圖像序列組成，基本單位包括單一圖像之視覺形式（Painter, Martin, & Unsworth, 2013）。圖像素養教育可關切視覺及語言如何協力，並發展圖文互動之分析結構（Herman & Page, 2010）。

三、圖像敘事「文學轉譯」與多媒材輔助

　　跨媒介敘事者系統式整合相異故事版本，透過多平台等媒介管道，形塑多元娛樂體驗（Scolari, Bertetti, & Freeman, 2014）。跨媒介產製者依賴科技載具多模組，引入不同說故事素材，提供更多敘事機緣以再述文本（Ryan, 2014）。下文以圖像敘事轉譯為動畫、互動文本、聲音敘事、影視旅行及博物館等，說明多模組對文學轉譯之助益。

（一）圖像敘事轉譯為動畫

　　跨媒介敘事者改作文本為影視、短片與動畫等，另試圖結合行動載具、DVD 及藍光光碟等發行，即整合科技載具讓故事「商品化」（Kerrigan & Velikovsky, 2016）。產製者改編圖像敘事為影像時，可考量原作主題、角色、道具、情節、風格等系譜，再轉為故事劇本或後續提案（Dowd, Fry, Niederman, & Steiff, 2013）。跨媒介敘事者整合圖像敘事與動畫等，發揮「故事綜效」（synergistic storytelling）；相異版本也吸引藝術創作者納入多元風格，服膺潛在閱聽人需求，拓展更多元消費市場（Pamment, 2016）。

（二）圖像敘事轉譯為互動形態：遊戲與 iPad 電子書

跨媒介研究可對照原作圖像、影音、電子書及互動遊戲之共享視覺元素，如 iPad 電子書擬仿繪本立體書紙藝結構，展現更多視覺奇景（Kérchy, 2016）。相關領域研究可思索跨媒介轉述之「書籍」意涵及樣貌，或不同媒介如何引導閱聽人解讀歷程，省察「科技載具」如何影響閱讀體驗（Erickson, 2004）。

跨媒介敘事者轉述原作為互動敘事，需考量角色、設置、故事情節、主題、風格等視覺元素，另亦考量敘事結構設計（Dowd, Fry, Niederman, & Steiff, 2013）。若以 iPad 電子書為例，科技載具及軟體影響敘事表現形態，影響閱聽人詮釋資訊方式（如以點擊觸控面版以推動情節）、互動歷程及美感體驗，也重新定義「何謂閱讀」意涵（Salisbury & Styles, 2012）。

互動敘事者依循故事軸線，安排多項元素及結局（Dowd, Fry, Niederman, & Steiff, 2013）。iPad 電子書敘事者轉化紙本書圖像呈現，運用科技「再媒介化」圖畫及墨水媒材；或整合重力偵測，讓閱聽人晃動螢幕引導角色位移方向；亦可融入動畫及聲效，豐厚文學閱讀體驗（Kérchy, 2016）。閱聽人點選互動敘事介面，個人決策可引發不同效果，引動不同節點與故事支線（Dowd, Fry, Niederman, & Steiff, 2013）。電子書敘事者依特定節點為始，建構互動支線（如閱聽人點擊大門後，發現全新天空造景），突破既有線性敘事（Salisbury & Styles, 2012）。

易言之，跨媒介研究者可因應不同科技載具、敘事資源，探索紙本及電子書之文本形式差異，並突顯電子書互動形態及詮釋歷程之特質（Erickson, 2004）。跨媒介研究考量不同故事系統之連結關係，探索轉述策略之形式與敘事效力，如何再述原作文本（Thon, 2014）。以 iPad 電子書為例，圖（影）像設置、圖文（影音）整合、互動設計等敘事資源，鼓勵閱聽人共同參與及

協作，讓文學閱讀增加「遊戲」況味（Kérchy, 2016）。

（三）圖像敘事轉譯為空間敘事：博物館、策展活動、影視旅行

圖像敘事者轉譯文學為空間敘事，結合故事旅行（影視旅行）、博物館及策展活動，供閱聽人以「實體造景」走入故事世界。虛擬文學描繪場景（如奇幻「第二世界」）能與現實世界相繫，此讓文學增加敘事經濟潛力（Mass & Levine, 2002）。閱聽人可穿梭於虛構文學與實體空間，如故事旅行之作家居住地等真實造景、舞台劇等展演，協助閱聽人轉移文學體驗至走讀歷程（賴維菁，2013）。

文學旅行成功案例如《彼得兔》書系與《小熊維尼》書系等，圖像敘事已改編為多種媒介版本，另故事起源或畫作取景地成文朝聖地景。再如《姆米村》書系之作者曾獲「安徒生國際大獎」，書系出版已逾百年，目前姆米樂園已於世界多點設置，屬兒童文學轉譯為觀光地景顯例。另如《哈利波特》書系也轉譯為空間敘事形態，如李維斯登影城、環球影城主題園區等皆屬之。

繪本《彼得兔》書系以圖像起始，吸引閱聽人目光；隨後也轉譯為英國湖區展覽館（湖區為作者生前居住地，保有書信及繪圖原稿），供《彼得兔》書迷參照作品與觀光地景，沉浸於繪本實體空間（賴維菁，2013；Batess & LaTempa, 2002）。閱聽人走訪湖區時，能發揮想像力而串接《彼得兔》書系地景與真實村落關聯，如丘頂附近酒館宛若《母鴨傑瑪》造景樣貌；閱聽人也可依走讀歷程，繪製母鴨傑瑪散步路徑，描繪丘頂與彼得兔投信區等地圖，試將文學心像「具體化」及「視覺化」（謝金玄，2003）。易言之，閱聽人參照繪本勾勒圖像、湖區真實地景，洞察故事刻劃傢俱等造景細節；閱聽人若發現繪本描繪背景，如實展現於屋舍及自然環境形貌，或能肯定繪本創作忠於湖區景觀，增加文學旅行之探索樂趣（賴維菁，2013；Batess & LaTempa, 2002）。

　　再如德國「童話大道」也為文學旅行熱門景點，德國官方納入白雪公主、小紅帽、灰姑娘、睡美人、青蛙王子、吹笛手、布萊梅樂隊等文本（鄭伊雯，2013）。閱聽人可查找童話故事〈小紅帽〉、〈灰姑娘〉與《格林童話》找尋對應文學地景；另可至文學轉譯之話劇及舞劇場景、童話節慶嘉年華，或品味童話餐點、購買文學紀念品等，重新體現故事世界（賴維菁，2013；鄭伊雯，2013）。閱聽人若走訪「童話大道」布萊梅，或憶及故事〈布萊梅的樂隊〉四隻動物主角與吹奏樂曲關聯；閱聽人若至哈梅恩探訪，或能聯想〈彩色吹笛人〉、鼠患及木笛器樂描寫（賴維菁，2013；鄭伊雯，2013）。

　　兒童文學轉譯為博物館及影城主題樂園，也屬敘事經濟一環。羅德達爾書系包括《神奇飛天桃》、《巧克力冒險工廠》、《女巫》、《吹夢巨人》及《瑪蒂達》等兒童文學，曾有改編為動畫、電影或音樂劇等紀錄。羅德達爾書系也為文學轉譯顯例，如英國即有故事館設立，其建築外觀形似工廠，呼應《巧克力冒險工廠》旨趣。再如 J. K. Rowling《哈利波特》書系也改編為電玩、電影，主力消費群跨越不同世代（包括成人及兒童）（Mass & Levine, 2002）。《哈利波特》書系除英美設立李維斯登片廠、環球影城主題區，另也在日本多處設立樂園及片場，供閱聽人多方參與影視旅行。

　　或如經典繪本《好餓的毛毛蟲》轉譯為「艾瑞卡爾繪本美術館」（The Eric Carle Museum of Picture Book Art），同屬文學旅行重鎮。繪本作者艾瑞卡爾註冊「毛毛蟲圖像」為故事商標，此授權經濟運行逾五十年，並曾於2016 年公演舞台劇。艾瑞卡爾繪本美術館設立於麻州，館內繪本圖書館可供讀者賞析繪本，另備有活動區供兒童參與創作（賴嘉綾，2017）。或如《好餓的毛毛蟲》也帶動周邊商品經濟，如繪本圖像融合賞玩況味，強化遊戲書等互動體驗（楊麗中，2013）。相關商品也承襲《好餓的毛毛蟲》圖像，或承自艾瑞卡爾之拼貼畫風，推出遊戲書、玩偶及文具等。

　　瑞士「海蒂的房屋」博物館也屬「文學旅行」熱門景點。閱聽人可走訪

該館，欣賞十九世紀傢俱，或試穿十九世紀衣裝，體驗彼時風土民情；閱聽人亦可至博物館小型圖書區，瀏覽珍藏書籍等展品（Batess & LaTempa, 2002）。相關文學地景包括「海蒂的阿爾卑斯」（Heidi's Alps）步道，並有「海蒂特快車」（Heidi Express）接駁；周邊商品如「海蒂爺爺曬的肉干」與「海蒂爺爺手做乳酪」，供閱聽人發揮五感聯想踏查文學場景（Batess & LaTempa, 2002）。

（四）圖像敘事轉譯為聲音敘事

如前所述，繪本分由空間（圖像）與時間（文字）等向度組成；圖像模擬真實情景，融入視覺表現與閱聽人溝通；文字可延伸圖義，或如畫外音補述圖像，融入線性文字表現與閱聽人互動（Nikolajeva & Scott, 2006）。由於繪本之文字／口語元素，故圖像敘事亦能轉為聲音表現，如融合押韻詩歌及兒歌等類型（Lynch-Brown, & Tomlinson, 2005; Styles & Noble, 2009）。

易言之，跨媒介敘事者可轉譯圖像敘事為聲音文本，憑藉不同媒材之多模組敘事資源而帶入改作契機（Evans, 2011; Mikos, 2016）。如廣播劇以文字、聲音、靜音、語調、聲效等，建構故事世界，協助閱聽人以「聲」聯想畫面表現（Freeman, 2015）。

文學轉譯可隨不同模組，增加閱讀推廣活動素材。如多模組敘事涵括不同符號，常見如影像、聲音、文字、互動敘事設計等（Kérchy, 2016; Ryan, 2014）。跨媒介敘事者可視社會情境需求，分以圖像、影像、聲音、音樂等類型呈現，或融入氣味、觸覺及肢體語言表達等，協助文學轉化為多種樣貌（Ryan, 2014）。本研究概述跨媒介素養之實踐圖景，植基於跨媒介敘事、文學轉譯、多模組資源等論述背景。下文針對 AIGC 等「軟體轉向」脈絡，闡釋 AI 融入繪本多模組分析可能性，再說明 AIGC 潮流之閱讀推廣、跨媒

介素養實踐。

三、探索「人工智慧生成內容」之圖文多模組分析構面

（一）繪本圖文多模組分析構面

　　跨媒介敘事研究嘗試結合軟體、多平台、雲端演算機制，如融入「故事管理發展軟體」（storytelling management software）、多平台、電腦運算（如 Conductrr）等效能，協助敘事者融合故事、科技載具及類型呈現（Deeb, 2014）。多模組文本分析（Multimodal discourse analysis, MDA）探索相異模組之分析結構，進一步討論多種模組「協力效應」與意義建構，如圖（影）音模組、敘事形態、表達語境（Painter, Martin, & Unsworth, 2013）。

　　繪本為圖文模組構成，該領域研究者探索圖文模組與敘事機緣（affordance）、圖文協力效果；如圖文具對立、互補、組合等關係，推動圖像敘事進展（Nodelman, 1988; Painter, Martin, & Unsworth, 2013）。以圖像言之，繪本視覺元素如線條、色澤、線條、媒材／媒介、框格、風格等面向，並以二度空間表之（Nodelman, 1988; Painter, Martin, & Unsworth, 2013）。視覺元素整合為特定圖景，指涉特定物件系統，並引動閱聽人感官聯想（Schwartz & Rubinstein-Ávila, 2006; Williams, 2001）。

　　以繪本圖文互動機制言之，繪本研究者以「圖文一致」（congruency）及「圖文分離」（deviation）表述多模組分析旨趣（Golden, 1990; Schwarcz, 1982）。「圖文互動機制」細項如圖文意義重疊之「對稱形式」、圖文指涉不同意義之「互補形式」、他種媒介增補意義之「擴大／提高」形式、或圖文無關之「自主敘事」（Nikolajeva & Scott, 2001）。整體言之，繪本多模組結構含圖文元素，兩者協調、對立、強化、獨立／分離關係（Lewis, 2001; Painter, Martin, & Unsworth, 2013）。

（二）AI 繪圖軟體導向之多模組分析概貌

本研究以 AI 生成圖像之視覺表徵為例，分以原圖結構、文字指令、圖文互動等機制，說明「AI 繪圖軟體導向之多模組分析架構」。本研究結合傳播教學之敘事素養議題，故列舉常見之圖像呈現形態（如版型與資訊圖表）為軸，再帶入「AI 繪圖軟體導向之多模組分析架構」分析之。

1. AI 繪圖軟體之生成圖像構面

下文先介紹圖像之視覺元素，並援以 AI 繪圖軟體案例對話，建構「AI 繪圖軟體」導向之多模組分析指標。

(1) AI 系統與線條萃取

創作者可藉由線條描繪角色，並藉筆觸讓閱聽人感知下筆力度；再如描繪線條細膩與否，也能引發不同效果（Nodelman, 1988; Sipe, 2011）。若以 AI 繪圖軟體為例，涉及創作者帶入原畫種子（seed）之線條勾勒形態。以 AI 軟體 Stable diffusion 為例，創作者若結合 ControlNet「線稿功能」，可讓 AI 萃取手繪原畫線條架構。AI 讀取線條粗細、分佈密度等，作為後續生成圖像依據。故 AI 圖像模組之線條分析，需慮及原畫結構、ControlNet 模式、AI 萃取何種表徵。另在 AI 繪圖軟體系統下，創作者若以「ControlNet 線稿模式」捕捉手寫文字樣貌，可讓文字成視覺表徵、圖像創作一環。

(2) AI 系統與角色形塑

圖像敘事者聚焦線條、形狀、大小與構圖等形式，並探索箇中建立角色形貌，繼而探索創作者使用之象徵與譬喻（Lewis, 2001）。若以 AI 系統言之，在「以圖生圖」（Image to image）模式之下，創作者可搭配指令，引動 AI 帶出主要場景、道具、溫度及季節等描寫，建構 AI 生成角色形貌。

圖 6.1　手繪稿（左）與 AI 生成林蔭速寫圖

資料來源：研究者與 Stable Diffusion

　　圖 6.1 即為「以圖生圖」模式下，創作者在「ControlNet 線稿模式」加入「杏花樹」、「春天早晨」及「地表落花」等文字指令，生成 AI 版本之木椅與林蔭速寫。故 AI 繪圖之角色形塑，涉及原圖結構、ControlNet 模式、文字指令描述，引動不同圖像表徵。

　　(3) AI 系統與色澤選用

　　圖像敘事者選用色調，可讓閱聽人聯想自然原色形態，並引發沉靜或活潑等氛圍（Nodelman, 1988; Sipe, 2011）。若在 AI 系統下，創作者可在文字指令裡說明選用色調、色系、亮度等，引動 AI 繪圖軟體帶出不同表徵。如創作者使用 ControlNet 線稿模式，並讓 AI 萃取「Happy Mother's Day」手寫字體。創作者配合節慶氛圍，故文字指令包括「花卉、粉彩、柔和、亮色」等描寫。故 AI 繪圖系統之色澤表現，涉及文字指令之描寫內容，繼而牽動 AI 資料庫圖像表徵。

　　(4) AI 系統與媒材模擬：

　　圖像敘事者可藉不同媒材（如水彩、蠟筆、數位藝術、多媒材等），形

塑不同造景氛圍（Lewis, 2001; Salisbury & Styles, 2012; Sipe, 2011）。若在 AI 繪圖系統下，創作者可在文字指令欄位加入媒材說明，繼而引動資料庫模擬媒材效果。

圖 6.2　AI 文字指令與媒材效果

資料來源：研究者與 Stable Diffusion

圖 6.2 為創作者以色鉛筆手繪稿為種子，再讓 AI 系統分別模擬粉彩及水彩等媒材，形塑春天花朵粉彩畫、夏日林蔭水彩畫。

(5) 系統與風格模擬

圖像敘事者融合線條、色澤、形狀與媒材等元素，形塑特定作者之風格表現（Nodelman, 1988; Sipe, 2011）。若以 AI 系統言之，創作者可在文字指令欄位，說明擬仿效作者風格。創作者以水墨舊作為種子，讓 AI 系統在 ControlNet 模式捕捉線稿圖，再於文字指令填入不同風格。系統模擬「新藝術畫派」之「慕夏風格」，成品如圖 6.3 所示。

圖 6.3　AI 文字指令與模擬畫風

資料來源：研究者與 Stable Diffusion

2. AI 繪圖軟體之文字指令構面

　　圖像表現訴求直觀聯想，文字表現則依語法等線性邏輯（Beech, Harrison, & Hill, 2009; Salisbury & Styles, 2012）。若在 AI 繪圖系統下，創作者需藉文字指令引動效果，繼而帶出視覺表徵。此與圖像敘事之「圖像為主，文字為輔」模組不同，AI 文字指令或具主控角色，不僅止於填補位置。

　　創作者可用 ChatGPT 優化文字指令，協助 AI 系統引動資料庫，呈現更貼近表達旨趣之圖像。本研究以手繪稿為生成種子，補充下列指令呈現「中國風樹蔭夜景」場景，「The wooden chairs under the willow, and there are street lamps beside the wooden chairs. There are Chinese pavilions and buildings in the distance. Negative prompt: fewer digits」（成品如圖6.4所示）。若對照圖 6.2 手繪稿、AI 水彩版、AI 中國庭園畫，顯見主結構相同但畫風互異，突顯「文字指令」對圖像生成影響力。

圖 6.4　AI 文字指令與重新生成圖像

資料來源：研究者與 Stable Diffusion

　　創作者可於文字指令增補更細節描寫，如印象畫派梵谷畫風（Van Gogh style）、雷諾瓦畫風（Pierre-Auguste Renoir style），或模擬中國水墨風格（Chinese ink painting, picture scroll），引動不同圖像效果。

3. AI 繪圖軟體之圖文互動機制

　　圖像敘事者可依「互補」機制，刻畫不同圖文線索，供閱聽人想像以填補間隙；或依「對稱」機制，讓圖文各自表述相異事件、形成不同主線；或依「擴展與強化」，撰寫文字補充圖義（Lewis, 2001; Nikolajeva & Scott, 2001; Salisbury & Styles, 2012）。

(1) 擴展與強化原圖意涵

　　若在 AI 繪圖軟體「ControlNet 線稿」模式，圖文互動關係較像「擴展與強化」。圖 6.5「老鼠環遊世界組圖」以手繪稿為底，創作者另在文字指令欄位補充細節，如「聖誕節油彩畫風」、「中午時分」、「陽光強烈」與「氣氛和樂」等。

圖 6.5　老鼠環遊世界之 AI 組圖

資料來源：研究者與 Stable Diffusion

（2）萃取原圖表徵並服膺文字指令訴求

　　創作者以手繪稿為 seed，另在文字指令下達「magazine layout」，讓 AI 軟體生成雜誌內頁版面（如圖 6.6）。對照原圖及 AI 演算結果，可發現原圖轉化成文字指令要求形式。雖然 AI 文字指令扭轉原圖結構，但仍保有原圖部分表徵元素。

圖 6.6　AI 演算之報刊版型組圖

資料來源：研究者與 Midjourney

　　整體言之，AI 繪圖軟體可循原稿線畫，勾勒基本 AI 圖像結構。創作者可補充文字指令，補充／延展原圖細節，此即依憑 AI 演算力、資料庫以帶出多種圖像表徵。AI 繪圖軟體導向之多模組分析指標，如圖 6.7 所示。

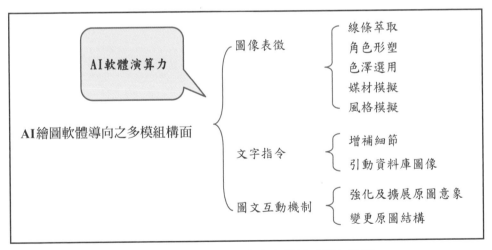

圖 6.7　AI 繪圖軟體導向之多模組分析架構圖

資料來源：本研究整理。討論情境為手繪底稿為種子，多數案例帶入 ControlNet 模式演算。

四、人工智慧生成內容之圖像敘事素養教育

近年視覺文化興起，如電玩與影視類型蓬勃發展、圖像於廣告行銷扮演要角，宣告「圖像轉向」（pictorial turn）來臨（Mitchell, 1994）。繪本屬圖像敘事顯例，呼應上述態勢（Sipe, 2011）。繪本「多面閱讀推廣」屬跨媒介素養實踐，閱讀推廣者常結合繪本改編動畫、互動式電子書等案例，或運用「文學轉譯」之博物館、影像旅行案例，提供多種圖像詮釋視角。本研究考量 AIGC 趨勢，主張「軟體轉向」也影響敘事設計、「多面閱讀」推廣活動。

未來繪本「多面閱讀」可與 AI 演算力結合，讓 AI 繪圖融入跨媒介素養實踐，呼應「軟體轉向」潮流。繪本閱讀推廣者除了聚焦於圖像形式、科技／軟體語言影響，未來可視 AI 為表述創意的素材，整合手繪作品、數位藝術及 AIGC，視 AI 為培養敘事力工具。如圖像敘事者可發展「創作論述」，再以 AI 軟體繪製符合個人心像者；或視 AI 為工具或媒材，整合手繪稿、數位創作為資料庫（database），依此訓練 AI 算圖效能。

本書提出「AI 繪圖軟體導向之多模組分析架構」，說明 AI 演算力與圖像轉譯效果。研究者以個人創作為種子，參照 ControlNet 架構及「以圖生圖」模式，說明 AI 繪圖之圖像、文字及圖文互動關聯。「AI 繪圖軟體導向之多模組分析架構」包括圖像表徵、文字指令與圖文互動等層次，如 AI 轉譯之「圖像表徵」涵括線條萃取、角色形塑、色澤選用、媒材模擬、風格模擬；「文字指令」涉及增補細節、引動資料庫圖像；「圖文互動機制」則強化及擴展原圖意象、變更原圖結構。

整體言之，跨媒介研究者可剖析 AI 軟體如何萃取原圖表徵，整合 AI 亂數效果以「轉譯」文本為多種形貌。跨媒介敘事研究已探索不同類型語言、多模組素材，並對照文本轉化機制，突顯科技對敘事影響力。先前跨媒介研究範疇為「媒介語言」與轉化，後續可納入 AI「軟體語言」、演算力與轉譯

關聯。整體言之，「文學轉譯」領域可納入 AI 演算力、視覺奇景及圖像詮釋，豐厚跨媒介素養教育範疇。

肆、研究與實務建議

　　敘事者「轉化」資訊為視覺文本，融入圖像語言而增加故事性（永原康史，2016／李柏黎、嚴可婷，2018）。數位時代來臨，敘事者可整合「內容行銷」，融合網路迷因以吸引目標群眾關注，協助串流平台、FB 及 Twitter 等訊息傳散（范冰，2016；胡昭民，2023；Cannizzaro, 2016; Xu, Park, Kim, & Park, 2016）。未來敘事者可結合 AI 圖像與「資料視覺化」，或以 AI 圖像作為網路迷因，因應融媒體時勢所趨。

一、AI 圖像與「資料視覺化」（data visualization）運用

　　數位匯流之敘事者可結合圖像等表達形態，如藉「資訊視覺化」以傳散更多層故事內容（永原康史，2016／李柏黎、嚴可婷，2018）。「資訊視覺化」常見表述形式如資訊圖表，常以圖文或視覺軟體呈現數字資訊；如平面媒體常使用靜態圖表，部分網路媒體則結合 Gif 與 JPG 檔，促使網路訊息流佈與傳散（Krum, 2013）。

　　敘事者融入資訊圖表等視覺形態，協助閱聽人吸收報導內容（永原康史，2016／李柏黎、嚴可婷，2018）。若以互動形態區分，資訊圖表呈現形態包括靜態圖表、可點選圖表、動畫圖表（採用動畫 gif 格式，不同於影片形態）、影像形態之資訊圖表、互動式資訊圖表（Krum, 2013）。未來敘事者可結合 AI 軟體，試算報刊或網站內容適用之資訊圖表形態（如圖 6.8），援用 AI 演算圖表為「視覺化」靈感來源。

圖 6.8　AI 演算之資訊圖表範例

資料來源：研究者與 Midjourney（研究者以手繪稿當 seed，再讓 AI 演算）

　　此外，敘事者可讓 AI 演算特別版型，或以 2D 向量繪圖重製，運用「視覺化」配合內容行銷之需。敘事者若需配合水果主題，可帶入水果題材之手繪稿為種子，讓 AI 生成視覺化版面（圖 6.9）。故媒體組織或可運用 AI 資訊圖表，協助融媒體時期之內容行銷。

圖 6.9　AI 水果主題之資訊圖表範例

資料來源：研究者與 Midjourney（研究者以手繪稿當 seed，再讓 AI 演算）

二、AI 圖像與融媒體敘事素養

（一）融媒體與流量經濟脈絡

　　敘事者經由「內容行銷」，發佈目標閱聽人關切之主題；如撰寫吸引人標題、導流文章，或藉圖（影）像等鼓勵閱聽人參與（鄭國威，2018）。以融媒體敘事素養為例，產製者運用「簡要概述」呈現文章內容，並結合「話題事件」以表達專題「核心特色」；或藉圖（影）像等「轉化引導」流量，拉抬更多點閱率（范冰，2016；胡昭民，2023）。AI 算圖可搭配網頁設計版式，展現不同資訊圖表形態（圖 6.10），配合融媒體趨勢「內容行銷」。

圖 6.10　AI 演算之網頁設計範例

資料來源：研究者與 Midjourney（研究者以手繪稿當 seed，再讓 AI 演算）

　　如融媒體企劃需結合「熱點場景」，搭配圖片、影音和超連結補充資料，引發閱聽人感受與行動（如分享貼文等）（鄭國威，2018）。以 AIGC 脈絡言之，敘事者以手機載具呈現 AI 圖像，或有助流量經濟。如以融媒體企劃為切入點，關切下列面向：目標閱聽人為何？消費客層如何與手機載具互動？產製者規劃何種焦點話題，符合閱聽人需求？可能搭配的關鍵字為何？媒體如何藉 AI 圖像，結合網路熱門話題，增進內容行銷？

（二）敘事素養與多模組運用：AI 動畫與聲效

　　繪本推廣教育者或能融入 AI 動畫與聲效，協助閱聽人體察「多面閱讀」角度。敘事者可帶入手繪稿為種子，交由 AI 軟體 Runway 生成短動畫，探索跨媒介敘事素養實踐可能（如圖 6.11）。

圖 6.11　原畫與 AI 動畫截圖

資料來源：研究者與 Runway（上方為研究者手繪原稿，下方為 AI 生成動畫截圖）

（三）網路迷因創作／梗圖：AI《芭比海默》迷因影片

　　AI 繪圖及影音與迷因行銷結合，如電影《芭比》及《歐本海默》同時熱映，故網友以 AI 繪圖軟體製作「芭比海默」梗圖、或以影像軟體創作迷因影片。閱聽人混搭及再創作符號文本，塑造網路社群易理解之圖文，引發網路討論熱度（Cannizzaro, 2016; Xu, Park, Kim, & Park, 2016）。單以迷因圖像為例，常見形態如「靜態圖像」及「混合圖像」，前者如單幅迷因梗圖、資訊圖表等，後者如漫畫圖文、圖片註解、經典名言等運用（Grundlingh, 2018）。後續 AI 繪圖及影音亦可搭配網路迷因形態，協助融媒體趨勢之內容行銷。

三、關切人工智慧與著作權歸屬議題

「行政院及所屬機關（構）使用生成式 AI 參考指引」揭示，說明使用生成式 AI 應遵守著作權等規定。本書作者曾就教司法官，理解「著作物」認定標準；另與執業律師開會請益，探討 AIGC 著作權歸屬議題。同時，本書作者先前亦與其他執業律師開會，探究圖像授權、合理使用等規定。

如「美國著作權局」（The US Copyright Office）指南揭示，建議人類為創作主導、AI 為輔助工具等方向。整體言之，AIGC 創作者需投入更多參與，彰顯出圖歷程「主導」及「控制」，不單依賴 AI 演算成果，較易主張 AI 生成圖像是著作物。

伍、本書貢獻

一、學理貢獻

(一) 探索「跨媒介故事網絡」本體論

跨媒介敘事研究者可探索「故事網絡」本體論，理解「網絡狀」敘事結構（Branch & Phillips, 2019; Jagoda, 2016）。以本體論言之，跨媒介敘事研究者可參照多平台文本，理解故事線互涉及情節鋪陳歷程（Kérchy, 2016; Lamerichs, 2012）。易言之，跨媒介研究領域可探索「網絡狀」文本結構，理解跨媒介互文形塑故事宇宙；另剖析故事世界之內部動力因素（如角色、情節及背景等變異），探索產製者如何召喚閱聽人涉入跨媒介體系（Branch & Phillips, 2019; Kérchy, 2016）。

（二）探索「跨媒介故事網絡」認識論

以認識論言之，知識植基於生命經驗及日常生活脈絡，屬研究者及參與者共構產物（胡幼慧，2008；陳向明，2009）。跨媒介網絡提供虛構故事「世界想像」（world imagination），敘事者提供相似語境（擬仿原作符碼等）以協助閱聽人喚起熟悉記憶（Jenkins, 2006）。易言之，閱聽人可融入跨媒介記憶而串接故事元素，並建構個人專屬文本世界（Jenkins, 2006; Ryan, 2014）。跨媒介網絡需「閱聽人參與」方能展現（並非自外於閱聽人存在），體現「跨媒介故事網絡」認識論。

（三）探索「跨媒介故事網絡」方法論

以方法論言之，跨媒介敘事領域涵蓋兩大向度：其一為跨媒介網絡結構，其二為閱聽人參與之分析方式（Castillo & Galán, 2016; Rutledge, 2019）。以跨媒介故事網絡之文本結構為例，研究方法聚焦於基本故事元素、不同類型之改編作品交互指涉，建構連貫敘事邏輯（Harvey, 2015）。或以閱聽人參與言之，跨媒介研究領域近年倡議以「閱聽人」為核心，納入閱聽人參與等實證資料，提供深化多平台接收體驗等建議（Castillo & Galán, 2016; Rutledge, 2019）。本書結合跨媒介模組分析，對應跨媒介敘事領域關切「網絡結構」及「閱聽人參與」面向。本書闡釋跨媒介「網絡結構」分析方法，並提出人工智慧生成內容之圖像多模組分析結構，此亦為研究貢獻。

二、實務貢獻：故事驅動之產製形態、科技與跨媒介敘事素養

（一）發展故事驅動之產製形態

業界重視跨媒介敘事趨勢，如國外機構提供「跨媒介諮詢」（transmedia

consultancies）、跨媒介教學、跨媒介敘事指南（transmedia guide）（Freeman, 2017; Gutierrez, 2012; Jenkins, 2010）。跨媒介敘事領域著墨新媒介發展，數位科技轉化既有娛樂產業內容，塑造故事驅動之產製形態（Dena, 2010; Jenkins, 2010）。跨媒介敘事學理發展以好萊塢影業為大宗，美國西岸跨媒介研究（West coast-style）關切產製者如何以改編產業為核心，趨使閱聽人發展粉絲支線而共構故事宇宙（Atkinson, 2019; Bourdaa, 2016; Jenkins, 2016）。跨媒介研究除關切美國西岸產業，也關切其他故事體系及生成脈絡（Atkinson, 2019）。本書闡釋多種改編取材方向，說明歐美著名案例與故事品牌建構，此屬本書之實務貢獻。

(二) 深化閱聽人之跨媒介素養

跨媒介敘事研究盼促進閱聽人親身實踐，運用多平台及科技載具培育「跨媒介素養」（transliteracies; Gutierrez, 2012）。跨媒介素養與「多模組技能」相繫，如閱聽人可思索多媒材如何引導敘事設計（Tárcia, 2019）。近年如 AI 技術輔助文本及展演呈現，也為敘事素養可深耕面向。

跨媒介素養涉及閱聽人跨平台表述能力，融合不同媒介形式而評析及產製故事（Dena, 2010）。閱聽人可比對跨平台共享元素，理解故事節點延伸之敘事潛力（Jenkins, 2010; Tárcia, 2019）。易言之，跨媒介敘事教育可結合若干案例，協助閱聽人實踐「多模組技能」（Delwiche, 2016）。本研究以著名個案為例，盼閱聽人理解多平台故事「網絡狀結構」及產製模式，協助閱聽人知悉跨平台敘事技能。

【參考書目】

吳孟軒（2024 年 3 月）。〈謝杰樺 X 蔡宏賢　在一片混沌中，重新建立世界的框架〉，**《表演雜誌》**，359: 38-45。

李柏黎、嚴可婷（2018）。**《資訊視覺化設計的潮流：資訊與圖解的近代史》**，台北：雄獅美術。（原書永原康史 [2016]。**《インフォグラフィックスの潮流：情報と図解の近代史》**。東京：誠文堂新光社。）

李秋玫（2024 年 3 月）。〈我聽的歌是 AI 寫的　從流行音樂到歌劇，人工智慧的音樂產製現場〉。**《表演雜誌》**。359: 64-65。

林怡君（2021 年 10 月）。〈音樂 X 人工智慧〉。**《藝術松》**。2: 26-32。

林欣傑、Mario Klingemann（主持）（2024 年 5 月 10 日）。〈平衡的藝術：AI 時代中的創意與合作〉，**《MoCA on Air》**。https://open.spotify.com/episode/30b9McuuxER2SFFBenxNuk

胡幼慧（2008）。**《質性研究：理論、方法及本土女性研究實例》**。台北：巨流。

胡昭民（2023）。**《網路行銷的 13 堂關鍵必修課：ChatGPT．UIUX．行動支付．成長駭客．社群廣告．SEO．網紅直播．元宇宙．Google Analytics》**。台北：博碩。

范冰（2016）。**《成長駭客》**。台北：高寶。

陳向明（2009）。**《社會科學質的研究》**。台北：五南。

楊麗中（2013）。〈透過孩子的眼睛：班雅明與當代圖畫書的美感經驗〉，古佳豔（編），**《兒童文學新視界》**，頁 3-36。台北：書林。

蔡宏賢、楊雨樵（主持）（2024 年 5 月 1 日）。〈AI 與語言：對話的侷限與藝術的可能〉，**《MoCA on Air》**。https://open.spotify.com/episode/2MraWOfno5rcT1CQsIRaY5

鄭伊雯（2013）。**《走入德國童話大道》**。台北：華成。

賴玉釗（2016）。〈創新敘事策略與跨平台串流：以 BBC《新世紀福爾摩斯》

跨媒介敘事網絡為例〉，彭芸（編），《創新、創意、創世紀論文集》，頁 165-191。台北：風雲論壇。

賴玉釵（2020）。〈閱聽人詮釋跨媒介角色之紀實支線歷程初探：以經典童話角色為例〉。《新聞學研究》。143: 55-111。

賴嘉綾（2017）。《童書行旅：跨越國境與時間的繪本行旅》。台北：星月書房。

賴維菁（2013）。〈兔子、魔法、音樂隊：跟著童話與幻奇去旅行〉，古佳豔（編），《兒童文學新視界》，頁 185-229。台北：書林。

謝金玄（2003）。《三分之二個兔子假期：一段闖進愛麗絲夢遊仙境的魔幻旅程》。台北：馬可孛羅文化。

MOE（2017 年 1 月）。〈第 2 章女優 清原果耶さんと訪れる魔法世界ユニバーサル スタジオ ジャパン魔法界の完全ガイドマップ〉。《MOE》。447: 16-27。

Adams, G. (2012). *Sherlock: The casebook.* UK: Random House.

Anstey, M., & Bull, G. (2009). Developing new literacies: Responding to picturebook in multiliterate ways. In J. Evans (Ed.), *Talking beyond the page: Reading and responding to picturebooks* (pp. 26-43). Abingdon, Oxon: Routledge.

Arnheim, R. (1969). *Visual thinking.* Berkeley, CA: University of California Press.

Atkinson, S. (2019). Transmedia film: From embedded engagement to embodied experience. In M. Freeman & R. R. Gambarato (Eds.), *The Routledge companion to transmedia studies* (pp. 15-24). New York, NY: Routledge.

Batess, D. C., & LaTempa, S. (2002). *Storybook travels: From Eloise's New York to Harry Potter's London, visits to 30 of the best-loved landmarks in children's literature.* New York, NY: Three Rivers Press.

Beech, B., Harrison, C., & Hill, W. (2009). *Art and text.* London, UK: Black Dog.

Bourdaa, M. (2016). "I and not a tribute": the transmedia strategy of The Hunter games versus fan activism. In B. W. L. D. Kurtz & M. Bourdaa (Eds.), *The rise of transtexts: Challenges and opportunities* (pp. 90-103). London, UK: Routledge.

Branch, F., & Phillips, R. (2019). An ontological approach to transmedia worlds. In M. Freeman & R. R. Gambarato (Eds.), *The Routledge companion to transmedia studies* (pp. 383-391). New York, NY: Routledge.

British Library. (2017). *Harry Potter: A journey through a history of magic.* New York, NY: Bloomsbury Childrens.

Cannizzaro, S. (2016). Internet memes as internet signs: A semiotic view of digital culture. *Sign Systems Studies, 44*(4), 562-586.

Castillo, S. S., & Galán, E. (2016). "Transmedia narrative and cognitive perception of TVE's drama series El Ministerio del Tiempo". *Revista Latina de Comunicación Social, 71*, 508-526.

Deeb, H. N. (2014). *Remixing authorship copyright and capital in Hollywood's new media age.* Unpublished doctoral dissertation, University of California.

Delwiche, A. (2016). Still searching for the Unicorn: Transmedia storytelling and the audience question. In B. W. L. D. Kurtz & M. Bourdaa (Eds.), *The rise of transtexts: Challenges and opportunities* (pp. 33-48). London, UK: Routledge.

Dena, C. (2010). Beyond multimedia, narrative, and game: the contributions of multimodality and polymorphic fictions, In R. Page (Ed.), *New perspectives on narrative and multimodality* (pp. 183-201). London, UK:

Routledge.

Dowd, T., Fry, M., Niederman, M., & Steiff, J. (2013). *Storytelling across worlds: Transmedia for creatives and producers.* Burlington, MA: Focal Press.

Erickson, P. (2004). Help or hindrance? The history of the book and electronic media, In D. Thorburn & H. Jenkins (Eds.), *Rethinking media change: The aesthetic of transition* (pp. 95-116). New York, NY: Routledge.

Evans, E. (2011). *Transmedia television: Audience, new media, and daily life.* London, UK: Routledge.

Fleming, L. (2015). Expanding learning opportunities with transmedia practices: Inanimate Alice as an exemplar. *The National Association for Media Literacy Education's Journal of Media Literacy Education, 5* (2), 370-377.

Freeman, M. (2015). Up, up and across: Superman, the Second World War and the historical development of transmedia storytelling. *Historical Journal of Film, Radio and Television, 35*(2), 215-239.

Freeman, M. (2017). *Historicising transmedia storytelling: Early twentieth-century transmedia story worlds.* London, UK: Routeldge.

Freeman, M. (2019). Transmedia attractions: The case of Warner Bros. studio tour–The making of Harry Potter. In M. Freeman & R. R. Gambarato (Eds.), *The Routledge companion to transmedia studies* (pp. 124-130). New York, NY: Routledge.

Grishakova, M., & Ryan, M. (2010). Editors' preface, In M. Grishakova & M. Ryan (Eds.), *Intermediality and storytelling* (pp. 1-7). New York, NY: De Gruyter.

Grundlingh, L. (2018). Memes as speech acts. *Social Semiotics, 28*(2), 147-

168.

Golden, J. M. (1990). *The narrative symbol in childhood literature: Explorations in the construction of text.* New York, NY: Mouton de Gruyter.

Gutierrez, P. (2012, June). Every platform tells a story: Transmedia has the power to make any topic more vivid and personal. *School Library Journal,* 32-34.

Harvey, C. B. (2012). Sherlock's webs: What the detective remembered form the Doctor about transmediality. In L. E. Stein & K. Busse (Eds.), *Sherlock and transmedia fandom: Essays on the BBC series* (pp. 118-132). Jefferson, NC: McFarland.

Harvey, C. B. (2015). *Fantastic transmedia: Narrative, play and memory across science fiction and fantasy storyworlds.* New York, NY: Palgrave Macmillan.

Hayati, D. (2012). Transmedia storytelling: A study of the necessity, features and Advantages. *International Journal of Information and Education Technology, 2*(3), 196-200.

Herman, D., & Page, R. (2010). Coda/ Prelude: Eighteen questions for the study of narrative and multimodality, In R. Page (Ed.), *New perspectives on narrative and multimodality* (pp. 217-220). London, UK: Routledge.

Jagoda, P. (2016). *Network aesthetics.* Chicago, IL: University of Chicago Press.

Jenkins, H. (2006). *Convergence culture: Where old and new media collide.* New York, NY: New York University Press.

Jenkins, H. (2010). Transmedia storytelling and entertainment: An annotated syllabus. *Continuum: Journal of Media & Cultural Studies, 24*(6), 943-

958.

Jenkins, H. (2016). Transmedia logics and locations. In B. W. L. D. Kurtz & M. Bourdaa (Eds.), *The rise of transtexts: Challenges and opportunities* (pp. 220-240). London, UK: Routledge.

Kérchy, A. (2016). *Alice in transmedia wonderland: Curiouser and curiouser new forms of a children's classic.* Jefferson, NC: McFarland Publishing.

Kérchy, A. (2019). Transmedia Commodification: Disneyfication, magical objects, and Beauty and the Beast. In M. Freeman & R. R. Gambarato (Eds.), *The Routledge companion to transmedia studies* (pp. 223-232). New York, NY: Routledge.

Kerrigan, S., & Velikovsky, J. T. (2016). Examining documentary transmedia narratives through The Living History of Fort Scratchley project. *Convergence: The International Journal of Research into New Media Technologies, 22*(3), 250-268.

Krum, R. (2013). *Cool infographics: Effective communication with data visualization and design.* Hoboken, NJ: Wiley.

Kustritz, A. (2014). Seriality and transmediality in the fan multiverse: Flexible and multiple narrative structures in fan fiction, art, and vids. *TV Series, 6,* 225-261.

Lamerichs, N. (2012). Holmes abroad: Dutch fans interpret the famous detective. In L. E. Stein & K. Busse (Eds.), *Sherlock and transmedia fandom: Essays on the BBC series* (pp. 179-193). Jefferson, NC: McFarland.

Laurichesse, H. (2016). Considering transtexts as brands. In B. W. L. D. Kurtz & M. Bourdaa (Eds.), *The rise of transtexts: Challenges and opportunities* (pp. 187-203). London, UK: Routledge.

Lewis, D. (2001). *Reading contemporary picturebooks: Picturing text.* New York, NY: Routledge.

Lynch-Brown, C., & Tomlinson C. M. (2005). *Essentials of children's literature.* Boston: Allyn and Bacon.

Mass, W., & Levine, S. (2002) (Eds.). *Fantasy.* San Diego, CA: Greenhaven Press.

McErlean, K. (2018). *Interactive narratives and transmedia storytelling: Creating immersive stories across new media platforms.* London, UK: Routledge.

Mikos, L. (2016). Television drama series andtransmedia storytelling in anera of convergence. *Northern Lights, 14*, 47-64.

Mitchell, W. J. T. (1994). *Picture theory: Essays on verbal and visual representation.* Chicago, Ill.: University of Chicago Press.

Mittell, J. (2014). Strategies of storytelling on transmedia television, In M. Ryan & J. Thon (Eds.), *Storyworlds across media: Toward a media- conscious narratology* (pp. 253-277). Lincoln, NE: University of Nebraska Press.

Nathan, I. (2016). *Inside the magic: The making of Fantastic beasts and where to find them.* London, UK: Harper Design.

Nikolajeva, M., & Scott, C. (2001). *How picturebooks work.* New York, NY: Garland.

Nodelman, P. (1988). *Words about pictures: The narrative art of children's picture books.* Athens, GA: University of Georgia Press.

Painter, C., Martin, J. R., & Unsworth, L. (2013). *Reading visual narratives: Image analysis of children's picture books.* London, UK: Equinox.

Pamment, J. (2016). Digital diplomacy as transmedia engagement: Aligning theories of participatory culture with international advocacy campaigns.

New Media & Society, 18(9), 2046- 2062.

Phillpot, C. (1979). *Visual literature criticism: A new collection.* Carbondale, Ill: Southern Illinois University Press.

Poore, B. (2019). Masters of the universe? Viewers, the media, and *Sherlock's* lead writers. In A. Fehrle & W. Schäfke-Zell (Eds.), *Adaptation in the age of media convergence* (pp. 133-158). Amsterdam, Netherlands: Amsterdam Univ Pr.

Porter, L. (2012). Welcome to London: The role of the cinematic tourist. In L. Porter (Ed.), *Sherlock Holmes for the 21ˢᵗ century: Essays on new adaptations* (pp. 164-180). Jefferson, NC: McFarland and Company.

Power, D. (2016). *The art of the film: Fantastic beasts and where to find them.* London, UK: Harper Design.

Raney, K. (1998). *Visual literacy: Issues and debates.* London, UK: Middlesex University School of education.

Revenson, J. (2019). *Harry Potter and the cursed child: The journey: Behind the scenes of the award-winning stage production.* New York, NY: Scholastic.

Richards, D. (2016). Historicizing transtexts and transmedia. In B. W. L. D. Kurtz & M. Bourdaa (Eds.), *The rise of transtexts: Challenges and opportunities* (pp. 15-32). London, UK: Routledge.

Rutledge, P. (2019). Transmedia psychology: Creating compelling and immersive experiences. In M. Freeman & R. R. Gambarato (Eds.), *The Routledge companion to transmedia studies* (pp. 350-363). New York, NY: Routledge.

Ryan, M. (2014). Storyworlds across media: Introduction, In M. Ryan & J. Thon (Eds.), *Storyworlds across media: Toward a media- conscious narratology* (pp. 1-21). Lincoln, NE: University of Nebraska Press.

Salisbury, M. (2016). *The case of beasts: Explore the film wizardry of Fantastic beasts and where to find them.* London, UK: Harper Design.

Salisbury, M., & Styles, M. (2012). *Children's picturebooks: The art of visual storytelling.* London, UK: Laurence King.

Salway, A. (2010). The computer-based analysis of narrative and multimodality, In R. Page (Ed.), *New perspectives on narrative and multimodality* (pp. 50-64). London, UK: Routledge.

Schwarcz, J. (1982). *Ways of the illustrator: Visual communication in children's literature.* Chicago, IL: American Library Association.

Schwartz, A., & Rubinstein-Ávila, E. (2006). Understanding the manga hype: Uncovering the multimodality of comic-book literacies. *Journal of adolescent & adult literacy, 50*(1), 40-49.

Scolari, C. A., Bertetti, P., & Freeman, M. (2014). Introduction: Towards an archaeology of transmedia storytelling. In C. A. Scolari, P. Bertetti & M. Freeman (Eds.), *Transmedia archaeology: Storytelling in the borderlines of science fiction, comics and pulp magazines* (pp. 1-14). New York, NY: Palgrave Macmillan.

Sibley, B. (2002). *The lord of the rings: The making of the movie trilogy.* London, UK: Harper Collins.

Sipe, L. R. (2011). The art of the picturebook, In S. A. Wolf, K. Coats, P. Enciso, & C. A. Jenkins (Eds.), *Handbook of research on children's and young adult literature* (pp. 238-255). New York, NY: Routledge.

Solomon, C. (2017). *Tales as old as time: The art and making of Beauty and the Beast.* California, CA: Disney Editions.

Solomon, C., & Hahn, D. (2015). *Once upon a dream: From Perrault's sleeping beauty to Disney's Maleficent.* California, CA: Disney Editions.

Styles, M., & Noble, K. (2009). Thinking in action: Analyzing children's multimodal responses to multimodal picturebooks, In J. Evans (Ed.), *Talking beyond the page: Reading and responding to picturebooks* (pp. 118-133). Abingdon, Oxon: Routledge.

Tárcia, L. P. T. (2019). Transmedia education: Changing the learning landscape. In M. Freeman & R. R. Gambarato (Eds.), *The Routledge companion to transmedia studies* (pp. 314-322). New York, NY: Routledge.

Thon, J. (2014). Subjectivity across media: On transmedial strategies of subjective representation in contemporary feature films, graphic novels, and computer games, In M. Ryan & J. Thon (Eds.), *Story across media: Toward a media- conscious narratology* (pp. 67-102). Lincoln, NE: University of Nebraska Press.

Tribe, S. (2014). *Sherlock: The chronicles.* London, UK: Random House.

Weedon, A., & Knight, J. (2015). Media literacy and transmedia storytelling. *Convergence: The International Journal of Research into New Media Technologies, 21*(4), 405-407.

Williams, S. D. (2001). Part 1: Thinking out of the pro-verbal box. *Computers and composition, 18,* 21-32.

Xu, W. W., Park, J. Y., Kim, J. Y., & Park, H. W. (2016). Networked cultural diffusion and creation on YouTube: An analysis of YouTube memes. *Journal of Broadcasting & Electronic Media, 60*(1), 104-122.

Zaluczkowska, A., & Robinson, L. (2013). Bolton storyworld- You make the story? Assessing a transmedia narrative/work in progress. *Journal of Media Practice, 14*(4), 257-277.

Zanuck, R. D., Roth, J., Todd, S., Todd, J. (Producer), & Burton, T. (Director).

(2010). *Alice in Wonderland* [Motion picture]. United States: Walt Disney Pictures.

國家圖書館出版品預行編目（CIP）資料

數位匯流之跨媒介敘事傳播：改編產業、故事品牌與人工智慧協力趨勢 / 賴玉釵著. -- 初版. -- 高雄市：藍
海文化事業股份有限公司, 2024.08
面 ；　　　公分
ISBN 978-626-98655-1-2（平裝）

1.CST：傳播產業　2.CST：數位傳播　3.CST：傳播研究　4.CST：人工智慧
543.81　　　　113008114

數位匯流之跨媒介敘事傳播：
改編產業、故事品牌與人工智慧協力趨勢

作　　　者　賴玉釵
發　行　人　楊宏文
編　　　輯　李麗娟
封 面 設 計　黃士豪
內 文 排 版　許曉菁

出　版　者　藍海文化事業股份有限公司
　　　　　　802019高雄市苓雅區五福一路57號2樓之2
　　　　　　電話：07-2265267
　　　　　　傳真：07-2233073
　　　　　　購書專線：07-2265267轉236
　　　　　　E-mail：order@liwen.com.tw
　　　　　　LINE ID：@sxs1780d
　　　　　　線上購書：https://www.chuliu.com.tw/
臺北分公司　100003臺北市中正區重慶南路一段57號10樓之12
　　　　　　電話：02-29222396
　　　　　　傳真：02-29220464
法 律 顧 問　林廷隆律師
　　　　　　電話：02-29658212

刷　　　次　初版一刷・2024年8月
定　　　價　450元
I　S　B　N　978-626-98655-1-2（平裝）